지금
당신의
삶을 찾아라

30년 공직생활이 말하는 자기주도적 인생

지금 당신의 삶을 찾아라

초판 1쇄 발행 ㅣ 2018년 1월 6일

지은이 ㅣ 정인구
펴낸이 ㅣ 공상숙
펴낸곳 ㅣ 마음세상

주 소 ㅣ 경기도 파주시 한빛로 70 507-204

신고번호 ㅣ 제406-2011-000024호
신고일자 ㅣ 2011년 3월 7일

ISBN ㅣ 979-11-5636-198-5 (03190)

원고 투고 ㅣ maumsesang@nate.com

* 마음세상은 삶의 감동을 이끌어내는 진솔한 책을 발간하고 있습니다. 참신한 원고가 준비되셨다면 망설이지 마시고 연락주세요.

이 도서의 국립중앙도서관 출판예정도서목록(CIP)은 서지정보유통지원시스템 홈페이지(http://seoji.nl.go.kr)와 국가자료공동목록시스템(http://www.nl.go.kr/kolisnet)에서 이용하실 수 있습니다. (CIP제어번호 : CIP2017033989)

지금
당신의 삶을
찾아라

정인구 지음

마음세상

들어가는 글

내 고향은 경남 하동이다. 6남매 중 막내로 태어났다.

술과 노름을 좋아하신 아버지는 천수답 논 2마지기를 남겨두고 2살 때 돌가셨다. 홀로 6남매를 키워야 하는 어머니는 농사일과, 과일행상, 나물채집, 날품팔이를 하며 어렵게 우리들을 키웠다. 어린 시절 필자의 하루 일과는 소를 키우는 일이었고, 방학 때는 높은 산으로 가서 땔감을 해왔다.

1985년 10월 11일 9급 공무원으로 임용되었다. 공무원 임용 동기와 결혼했다. 사실 결혼하지 말았어야 했다. 준비도 되지 않는 상태에서 아이가 태어났다. 맞벌이 부부로 아이를 맡길 곳이 없어서 이웃집 아주머니, 이모, 누나, 고모집을 전전하며 아들을 힘들게 키웠다. 그럼에도 육아는 아내의 몫이었고, 나는 그저 일이 전부인 줄 알았다. 회사에서는 창의적으로 일을 했고 활달하며 누구보다 열심히 했다. 그래서 '좋은 사람'으로 평가받는다. 반면 가정에는 소홀했다.

나에게 맡겨진 업무는 밤을 새워서라도 해 냈다. 대부분의 사람들이 회사 일에 최선을 다하지만 필자 역시 회사일이 삶의 전부인줄 알았다. 회사에 처음 컴퓨터가 들어왔을 때 '286' 이었다. 286 컴퓨터가 처음 회사에 들어오면서 전산에 빠졌다. 컴퓨터와 연계하여 각종 업무 개선에 노력하였고 '정보통신부 정보화경진대회' 에서 우수상을 수상하기도 했다.

우정사업본부 최우수 직원에게 시상하는 '자랑스런우정 인재상 대상', '행정안전부 공무원 중앙제안' 에 입상하여 '동상(대통령상)'을 받기도 했다. 남들은 공무원이 끝날 때까지 한 번 받기도 어려운 상들을 수상할 만큼 회사의 일에는 최선을 다했지만, 발령은 남들이 선호하지 않는 곳으로만 났다. 내가 가는 곳마다 일이 많았다. 가장 기억에 남는 곳은 『부산체신청 100년사 편찬』 프로젝트 팀장으로 일할 때이다. 개인적인 업무 외에 더 맡아서 해야 하는 부가적인 일이기에 직원들이하기 싫어하는 자리였다. 어려움을 무릅쓰고 100년사 편찬 사업을 성공적으로 수행하기도 했다.

하지만 열심히 일하는 것하고 승진하고는 별개의 문제였다. 공무원 중앙제안 대통령상을 받으면 특별승진이 가능하다. 중앙제안 동상에 입상되어 경력이 오래된 다른 동료들 보다 먼저 승진 명단에 들어갔다. 정치인 청문회처럼 온갖 모함과 비난에 시달렸다. 특별승진을 못하고 계속 승진명단에 누락되었다. 심한 우울증이 왔다. 승진에 계속 탈락되면서 술에 빠지는 방탕한 생활을 했다. 술에 취해서 들어오는 날이 잦을수록 아내와의 다툼은 계속되었다. 아내도 술에 취해 집에 오는 날이 잦아졌다. 아무리 늦어도 기다려주던 아내가 들어오면 방문을 잠그고 아는 척도 하지 않았다. 술에 취해서 집에 오면 불 꺼진 컴컴한 방이 싫었다. 바가지 긁던 아내가 그리웠다. 아내는 이혼을 요구했다. 필자도 이혼하고 싶었다. 하지만 제대로 키우지 못한 아이들에게 최소한 예의라 생각해서 이혼은 하지 않았다. 원수처럼 지내던 6개월 정도의 시간이 지났다. 잘해줘야 되겠다는 생각에 술도 자제하고 빨리 집에 들어가는 시간이 많아졌지만 이내 예전의 내 모습으로 되돌아갔다.

필자는 우유부단한 성격이다. 남에게 '착한 사람, 좋은 사람'으로 인식되어 있다고 자신을 정의하고 남이 나를 어떻게 생각할지 신경을 썼다. 남의 시선에 따라 살았다. 남들이 싫어하는 것은 하지 않았다. 남들이 부탁하는 일을 들어주지 않으면 마음이 불편했다. 어떤 때는 동료직원이 바쁘다고 일을 부탁하면 거절하지 못하고 동료 일을 다 마치고 난 후 내 일을 하는 경우도 많았다. 일을 맡긴 동료는 퇴근하고 혼자 남아 일하고 있는 자신을 보며 "내가 지금 뭐하고 있는 거지?" 황당해 하면서도 어느 새 또 남의 일을 도와주고 있는 나를 발견한다.

9급으로 공무원에 임용되어 30년 만에 행정사무관(5급)으로 승진을 했다. '공무원 중앙제안 입상 인사특전에 따른 특별승진' 혜택은 받지 못했다. 연공서열순으로 승진했다. 그로 인해 조직에 대한 불만이 쌓였다. 창의적이고 능동적이던 필자는 온데간데없고 부정적으로 변한 중년노인이 있을 뿐이다.

요즘은 젊은 사람들을 승진시켜주기 위한 제도가 생기고 있지만, 우리 때는 그러질 못했다. 일반적으로 공무원은 기간이 되면 승진되고, 열심히 한다고 월급을 더 주는 것도 아니다. 특별나게 뛰어날 필요도, 열심히 할 이유도 없다. 열심히 하면 다음 해 목표가 올라간다고 걱정하기도 한다. 퇴직을 하면 충분한 돈은 아니지만 연금으로 살아갈 수 있다. 대부분의 공무원은 자기계발의 필요성을 느끼지 못한다. 자신의 일에 애착을 갖고 전문서적을 보면서 열심히 일하는 공무원은 드물다. 임용할 때 "본인은 공무원으로서 국가와 국민에게 충성을 다할 것을 다짐하면서 다음과 같이 선서합니다." 처음 선서의 내용처럼 초심을 갖고 살아야 하는데 잘 되지 않는다.

만취한 다음 날 겨우 일어나서 화장실에 갔다. 머리는 헝클어지고, 흰머리에 얼굴 곳곳에 주름지고 찌든 한 노인이 필자를 째려보고 있다. 영락없이 괴물 같은 모습이다. 갑자기 필자가 한없이 초라해 보인다.

"이렇게 살면 안 되겠다."

퇴직까지 남은 5년을 어떻게 살아야 될지 곰곰이 생각했다. 삶의 목적도 없이 남이 하자는 대로 남에게 휩쓸려 살아왔다. 뭔가 이루어 놓은 재산도, 자식 농사도, 제대로 이루어 놓은 것이 없다. 자신이 밉다. 50살 중반이 되도록 뭔가 내세울만한 것이 하나도 없다.

"퇴직 후는 뭘 해야 하지?"

퇴직한 선배들이 하는 얘기를 듣고 남의 일이라 생각했는데 어느새 필자에게 닥친 것이다. 한 번도 나에 대해, 퇴직에 대하여 깊이 생각해 본 적이 없다.

그러던 중 국장님이 "강민구 부산지방법원장 강의를 듣고 왔는데 너무 좋았다."고 했다. 유튜브에 강민구 법원장의 동영상 강의를 모조리 봤다. 유튜브를 검색하면 좋은 정보는 좋은 정보끼리 연계가 된다.

'3P자기경영연구소' 강규형 대표의 '3P바인더프로 과정'을 수강하면서 목표 관리, 시간관리, 독서경영과 삶의 비전과 꿈을 설계하게 되었다. 지금까지 내가 주인이 아닌 남들의 시선과 의도대로 살아온 삶이 후회가 되었다. 삶의 목적과 우선순위가 있는 자기 주도적인 삶이 필요하다는 것을 알게 되었다. 무엇보다 삶의 비전을 갖고 하루하루를 충실하게 살아가는 것이 얼마나 행복한지 알게되었다. 강규형 대표는 목적 없이 살아가는 내 삶의 터닝포인트가 되게 하였다. 강규형 대표님의 강의를 듣고 머리에서 지워지지 않은 것이 있다.

"맷돌에 아무것도 넣지 않고 갈면 돌가루 밖에 나오지 않는다. 우리 머리를 종종 돌로 표현을 하는데 두부가 나오려고 하려면 맷돌에 콩을 넣어야 한다. 그 콩에 해당하는 것이 바로 책이다." "사람은 생각의 크기대로 살게 되는데 생각의 크기를 넓히는 데는 독서밖에 없다." 독서가 매우 중요하다는 것을 알게 되었다.

32년 공무원 생활 동안 책을 10권도 읽지 않았다. 32년 동안 돌만 돌리고 있었다. 나를 돌아보는 시간을 가지게 되었다. 독서의 중요성을 인식하고 '독서 리더과정'을 수료했다. '목적 있는 책읽기를 통해 가정을 세우고 이웃에게 선한 영향력을 기치는 모임'이라는 비전을 갖고 『독서모임나비』 2개를 만들어 매주 토요일 아내와 함께 운영하고 있다.

독서를 통해 아내와의 관계가 회복되고 아들이 점점 변해가는 모습을 보면 가슴이 벅차다. 독서모임 회원들이 조금씩 늘어나고 그들이 변해되어 가는 과정을 보면서 보람을 느낀다. 55세의 중년! 지금이라도 늦지 않았다고 생각한다. 100세 시대인데 아직 살아온 만큼 살아가야 할 날이 남아 있다. 꿈이 있는 사람은 항상 열정이 넘치고 행복해 보인다. 실제로 그렇다. 부산시내 모든 동 단위(205개)에 독서모임을 하나씩 만들어 이웃 주변에게 선한 영향력을 기치는 꿈을 갖게 되었다.

그동안 보내온 허송세월이 너무 아쉽다. 1분 1초가 아깝다. 40년 동안 마셔온 술을 끊었다. 매일 4시에 기상하여 QT(Quiet Time)시간으로 영혼을 맑게 한다. 6시까지 독서를 한다. 가벼운 운동으로 하루 일과를 시작한다. 밤 11시가 되면 감사의 일기로 하루를 마무리 한다. 버킷리스트를 만들어 꿈을 하나하나 실현해 나가며, 내부 직원이 아닌 외부 사람들과의 모임 비중을 많이 갖는다. 다양한 사람들을 만나기 위해서다.

거실에 있는 TV와 소파를 없애고 서재로 만들었다. 서울 양재나비 독서모임에도 참여했다. '청춘도다리 (도전하지 않는 젊은이여 다시 리셋하라)'에 참여하여 다양한 분야의 좋은 사람들과 만남을 통해 삶이 풍요로워지고 있다. 내가 책을 쓰는 것도 이런 분들과의 만남이 계기가 되었다. 많은 사람들이 꿈이 없이 살아간다. 꿈과 목표 갖고 생활하는 사람과 그렇지 않은 사람의 삶은 하늘과 땅 차이다.

꿈을 찾아 생활한지 6개월 밖에 안 되었는데 꿈 없이 살아온 32년의 공직생활보다 더 알차고 값지게 보낸 것 같다. 꿈을 하나씩 이루어 가는 요즘 생활이 행복하다. 꿈은 남에게 베푸는 꿈 일수록 좋다. 꿈을 갖고 살면 남들이 하자는 대로 휩쓸려 사는 삶이 아닌 내주도적인 삶을 살 수 있다.

공무원 생활을 하면서 책을 10권도 읽지 않은 사람이 책을 쓴다는 것은 말도 안 된다. 사람들이 '개나 소나 책을 쓰냐?'고 비웃을지 모른다. 그래서 많이 망설여졌다. 그래도 쓰지 않으면 안 될 것 같아 글을 쓴다. 이 글을 읽고 필자처럼 가정을 버리고, 목적도 꿈도 없이 술로 방황하며 살아가는 단 한 사람이라도 변해서 행복한 삶을 살아갈 수 있다면 더 바랄 것이 없다. 책을 쓸수 있도록 용기와 격려를 해 주신 자이언트스쿨, 작가 수업의 이은대 작가님에게 감사드린다.

제1장
잃어버린 시간들

누구에게나 하루 86,400초가 주어진다. 하지만 그 시간의 의미를 어디에 두느냐에 따라 결과는 많이 달라진다. 지난 세월의 시간을 의미 없이 보냈다. 중년이 지나고 퇴직을 얼마 두지 않은 지금에야 그 시간들이 아쉽다. 어린 시절에는 나를 코칭해주는 사람이 없었다. 책이라도 읽었더라면 책속에 스승을 찾을 수 있었을 텐데, 가난에 찌들어 먹고 살기에 바빴다. 철들기 전 결혼을 했다. 육아에 대한 관심도 생각도 없고 가정을 어떻게 꾸려야 하는지도 모른 채 결혼생활을 시작했다. 아이를 어떻게 키워야 하는지도 모른 채 아이들은 방목해서 키웠다. 32년의 공직생활은 아무런 꿈도 없이 술로 점철된 생활이었다. 주관도 없이 항상 남이 어떻게 나를 생각할까? 남의 눈치를 보며 내 삶이 아닌 남의 삶을 살아 왔다. 내 자존감은 없고 자신을 정해진 틀 속에 넣으려고 무진 애를 썼다. 무엇보다 꿈이 없이 살아온 내 삶이 아쉽다. 꿈과 목표도 없이 그냥 하루하루 살아가는 사람이 있다면 조금이라도 보탬이 되면 좋겠다는 생각에 이 글을 쓴다.

소몰이 소년

나의 고향은 경남 하동읍에서 4km 떨어진 '선장'이라는 동네이다. 하동배로 유명한 곳이며 금빛 모래사장과 섬진강 물이 흐르고 산과 강과 바다가 조화롭게 갖추어져 있다.

아버지는 2살 때 돌아가셨다. 홀로된 어머니는 농사일과 과일행상을 해서 6남매를 키웠다. 재산이라곤 천수답 논 2마기기(400평)가 전부였다. 큰누나 2명은 출가해 있었고 누나 2명은 중학교를 졸업하고 부산 공장에 취직하고 곧 결혼을 했다. 어머니와 형은 천수답 2마지기와 날품을 팔아 우리의 생계를 책임졌다.

어린 시절 나의 하루 일과는 소를 키우는 일이었다. 하동 장은 2일과 7일에 열린다. 매년 봄이면 어머니는 우시장에 가서 수송아지를 사가지고 오신다. 수송아지를 1년 내내 키워서 다음 해 봄에 소를 팔았다. 그 돈은 우리 집안 생계를 유지하는데 큰 도움이 되었다.

초등학교 시절은 학교 갔다 오면 소를 몰고 꼴 먹이러 간다. 돌아오는 길에 지게에 풀을 베어 집으로 가져 오는 게 내 일상이었다. 가을과 겨울에는 풀이 없기 때문에 볏짚이나 건초로 소죽을 끓여 소를 먹인다. 소죽을 끓이는 데는 땔감이 필요하다. 땔감을 구하기 위하여 해발 700m이상 높은 산에 올라가서 내 몸무게보다 2배 정도 되는 땔감을 해서 지게에 지고 집으로 오는 게 내 일이었다. 낮은 산은 모두 개인 소유라 주인이 없는 높은 산에서 땔감을 할 수밖에 없었다. 땔감을 하기 위하여 아침 일찍 밥 먹고 높은 산에 도착하면 이미 점심시간이 되었다. 어머님이 산에 올 때 싸주신 고구마로 허기를 채우고 땔감을 해서 집으로 오면 하루가 갔다. 무거운 지게 짐을 지고 내리막길을 내려오면서 몇 번을 쉰다. 지게를 언덕에 세우고 있으면 다리가 사시나무 떨 듯이 '달달달' 떨리곤 했다.어떤 때는 산바람이 거세게 불어 지게를 진 채 낭떠러지에 떨어져 다치기도 했지만 큰 부상은 없었다. 집에 오면 땔감을 때어서 소죽(건초와 벼짚을 썰어서 만든 소가 먹는 밥)을 끓였다.이런 반복된 일상은 중학교 때까지 계속 되었다.

　어머님은 4km 거리를 리어카에 배를 가득 싣고 읍내 과일 행상을 하셨다. 계절에 따라 산나물, 생선장수로 힘들게 일하시다가 밤늦게 집으로 돌아오시는 모습을 자주 뵈었다. 좀 쉬기도 하고 놀고 싶지만 그럴 수 없었다.

　앞날에 대한 꿈을 꾸는 것은 사치였다. 초등학교 때 유일한 학교 모임인 합창단에 선발되어 도내 경진대회 우수상을 수상하기도 했다. 학년이 올라가면 선생님이 바뀐다. 교내 행사가 있으면 "노래 잘하는 사람?" 하고 선생님이 물으면 모두가 나를 지목해서 대표로 독창을 한 적도 있다. 그 때 누군가 네 꿈이 뭐냐고 물으면 나는 주저 없이 "유명한 음악가요." 라고 답하곤 했다. 유명한 음악가가 무엇인지 그 꿈을 어떻게 이루고 어떻게 해야 되는지 아무런 생각도 하지 않고 그냥 노래 잘하니 음악가라 말한 것이다.

어린 시절은 내 의지와 상관없이 시키는 대로 했다. 내가 하고 싶은 일을 생각할 수가 없었다. 이웃집에 부잣집 친구가 있었는데 일 안하고 공부만 하는 게 부러웠다. '나도 공부만 하면 얼마나 좋을까' 생각했다. 쉴 틈 없이 일만 한 건 아니지만 누군가가 책 읽는 것을 가르쳐 주었더라면, 꿈에 대해 이야기하고, 그걸 이루어 가는 것을 알았더라면······.

배우고 꿈꾸지 못한 어린 시절은 그렇게 지나갔다.

이런 어린 시절의 모습들이 나중에 어른이 되어서도 나의 생각과 의지와 상관없이 내 삶을 살지 못하고, 시키면 시키는 대로 일만하는 직장인으로 생활하지 않았나 생각된다.

내 아이들에게도 꿈을 키워주고 책 읽는 모습을 보여주지 못해 후회스럽다. 다양한 문화를 접할 수 있는 기회와 올바른 삶에 대해 가르치고 양육해야 되는데 나처럼 자라게 했다. 휴일이면 함께 놀자고 해도 놀아주지 못했다. 매일 술 취한 모습과 늦은 귀가로 아내와 다투는 모습들만 보여 주었다.

아이들은 부모의 뒷모습을 보고 커간다고 한다. 진작 지금의 내 모습처럼 책을 쓰고, 읽고, 거실에 TV를 없애고, 독서모임에 참여하며 꿈에 대해 얘기하고 조그마한 꿈이라도 이루어 가는 모습을 자식들에게 보여주었더라면 좋았을 텐데, 아쉬움이 남는다.

이미 커버린 두 아들에게 지금 이런 생활을 보여준다고 해도, 해맑게 웃는 젖먹이 시절, 귀여운 유치원의 시절, 같이 공 차자고 졸라대던 초등학교의 시절, 머리카락 깎는 걸 그렇게 싫어하던 감수성 많은 사춘기의 시절로, 다시 돌아갈 수 없기 때문이다.

아! 술이여

부산 경남지역에 공무원을 응시했다. 주소지가 부산이라 발령을 부산지역으로 배치를 받을 줄 알았는데 고향인 경남 하동으로 발령이 났다. 나중에 알고 보니 부산에는 자리가 없기 때문에 우선 경남지역에 배치를 받았다가 부산지역에 자리가 생기면 부산으로 발령을 받는 구조로 되어 있었다. 발령 첫 날 옷이 없어서 형님의 옷을 빌려 입고 발령지에 갔다. 공무원은 신규 임용되기 전에 임용권자 앞에서 선서를 하게 된다. 인사주임이 나를 회의실로 데리고 갔다. 선서문을 주면서 큰소리로 선서문을 낭독하라고 한다. 임용식을 준비하기 위해서다. 간단하게 방법을 가르쳐 주고 군대에서 자주 쓰는 '자동'이라는 말만 남기고 가버린다.

회의실에서 오전 내내 공무원 선서를 연습했다. 인사주임이 가끔씩 들러서 큰소리로 선서 연습을 안 한다고 욕을 하면서 군기를 잡았다. 점심시간이 거의 다 되어서야 임용식을 할 수 있었다. 9급 국가공무원이 되는 선서식, 국장님 앞에서 교육 받은 대로 큰소리로 "선서" 하고 외쳤다. 소리가 너무 컸는지 국장님이 깜짝 놀라 뒤로 한 발짝 물러났다. 퇴직 6개월 남은 국장님이 예상도 안한 큰소리에 놀라신 것 같았다.

선서를 마치니 점심시간이 되었다. 선임이 "따라와, 인마!" 하고 앞장섰다. 처음부터 계속 반말을 해서 기분이 나빴지만 선임을 따라 읍내 버스터미널의 식당으로 따라갔다. 식당의 절반은 잡화를 팔고 절반은 소고기를 파는 집이었다. 식당에 들어서자마자 "영철아, 오늘 소 잡은 거 좀 가져 와라." 조금 있으니 소고기 천엽, 간, 육회와 대병소주 1명을 가지고 왔다. 선임이 주인과 친구지간인 것 같았다. 나를 힐끗 쳐다보며 "너도 와라. 같이 먹자." 나는 선임 옆으로 가서 앉았다. 잠시 후 선임의 친구가 대접(지금의 국그릇 3개 정도 크기) 3개를 가지고 왔다. 선임은 대접에 소주를 가득히 부어 3잔을 만들었다. 술잔을 내밀며 말했다. "자, 한 잔해." 술잔이 아니라 대접에 물을 붓듯이 가득 부은 술을 어떻게 마시라는 건지 황당했다. 술잔을 바로 놓으면 안 될 것 같아서 입에 대고 잔을 놓자 머리에 별이 번쩍했다. 선임이 머리를 때리면서 "다 안 마시고 술잔을 놓냐?" 하면서 나무란다.

"저는 술을 잘 못합니다." 사정하듯 말을 했으나 막무가내로 마시라고 한다. 졸지에 대접 한 잔을 3명이서 건배하고 다 마셨다. 머리에 별이 반짝 보이고, 얼굴에 열이 났다. '오늘 마치고 내일부터 그만 둬야겠다.'고 생각했다.

선임은 가게 주인에게 나를 소개하며 "야! 친구야. 우리 10회 후배다. 오늘부터 우리 우체국 직원이 됐다." 그제서야 후배라서 막 대했구나 라는 생각이 들었다. 오전 내내 임용식 신고 연습한다고 긴장 한 탓도 있었겠지만 처음으로 소주를 많이 마신 탓인지 몸을 가누기가 힘들고 몽롱해 지는 것을 느꼈는데 그 이후는 기억이 나지 않았다. 잠에서 깨어나 보니 다음 날 아침 선배의 집이었다. 점심시간부터 술이 취해 뻗어서 자기 집으로 데려다 재웠단다. 임용 날 점심부터 다음 날 아침까지 술에 취해 있었던 것이다. 선임이자 학교 선배의 말을 듣지 않으면 안 될 것 같았다. 이렇게 나와 술의 만남은 시작되었다. 학창 시절에는 착한 학생으로 술은 마시지는 않았다.

"술은 사람과의 관계를 좋게 만들며 사회생활 하는데 꼭 필요하다." 고들 한다. 하지만 32년을 술과 함께 공직생활을 해온 경험에 비추어 보면 득보다 실이 훨씬 많은 것 같다.

어떤 때에는 술이 취해 택시를 타고 우리 아파트로 가자고 하고 잠이 든다. 도착했다고 깨우는 기사에게 비몽사몽간에 택시비를 준다. 그런데 아파트 숲에 갇혀서 어디인지 위치를 모르겠다. 지나가는 사람한테 물어서 아파트 입구까지 가서 처음부터 다시 집을 찾아오기도 했다. 아이 돌반지로 들어온 것을 모아 1냥짜리 금목걸이를 만들었다. 얼마간 목에 걸고 다녔는데 어느 날 아침 일어나 보니 금목걸이가 없어졌다. 술집에서 흘렸는지, 길에서 흘렸는지, 택시 안인지 알 수가 없다. 한동안 모르고 있던 아내한테 들켜서 엄청 혼나기도 했다. 이후 싸울 때마다 금목걸이 잃어버린 것은 단골메뉴로 등장했다. 나도 어디서 잃어버렸는지 답답할 따름이다.

술을 끊으려고 애를 쓴 적도 많다. 술자리에서 술잔을 받지 않으려고 술을 끊었다고 하면 "쓸데없는 소리하지 말고 술잔 받아. 짜샤~" 술잔을 내민다. 거절도 하고 또 그렇게 술을 계속 마셨다. 단호하게 거절을 하지 못했다. 동료와의 관계가 나빠질 것 같았다.

비가 오면 왠지 모르게 술 생각이 난다. 주변 동료들을 소집하여 또 술자리를 만든다. '술 마신 게 뭐 자랑이냐? 라고 누군가 물을지 모른다. 자랑이 아니다. 그렇게 지나온 세월들이 한없이 후회되고 나처럼 살지 않기를 바랄 뿐이다. 돈도, 가정도, 건강도 해치는 술을 왜 거절하지 못하고 죽자 살자 마셨는지······. "술값과 택시 값만 해도 집을 1채 장만하고도 남을 거다."라고 동료 직원들이 말한다.

"사회생활을 하려면 술을 마셔야 된다."

"술을 마셔야 속에 못 다한 얘기도 속 시원하게 털어놓고 얘기할 수 있다."

"술값에 세금이 많으니 술 마시는 자는 모두 애국자다." 술 친구들 사이에 회자되는 말이다.

'술 권하는 사회! 술을 마시지 않으면 인정 못하는 사회!' 술이면 다 해결된다는 관념이 뿌리박혀 있었다. 사고를 쳐도 술 때문에 이해를 시키려 하고 이해해 주려고 하는 사회풍토가 있다.

술의 긍정적인 효과도 있다. 하지만 부정적인 면이 훨씬 더 크다. 음주운전 사고로 인하여 목숨을 잃는 사람, 고혈압, 당뇨병, 심근경색, 위장병, 암 등 소중한 생명단축과 연관이 되어 있다. 또한 가정을 파괴하는 주범이기도 한다. 술이 취하면 실수도 하고 가정을 소홀히 하게 된다. 직장생활은 어떤가? 전날 술을 마시면 다음 날 아침 비몽사몽간에 아침밥도 제대로 먹지 않고 출근하여 일을 한다면 능률이 제대로 오를까? 오전 내내 사내 메일을 확인하고 잘 들어갔는지 안부 전하고, 차 마시다 보면 벌써 점심시간이다. 점심 먹고 차 한 잔하고 문서 뒤적이다 보면 오후 4시다. 일하려고 하다보면 퇴근 시간이 된다. 이렇게 해서 급변하는 치열한 경쟁사회에서 과연 이길 수 있을까? 물론 술 마신다고 모두가 나처럼 그런 생활을 하지는 않는다. 술 마신 다음 날도 아침부터 밤 늦게 까지 열심히 하는 사람들도 있다. 그러나 적어도 술을 먹지 않고 맑은 정신으로 일하는 직원들에 비하면 훨씬 생산성이 떨어질 것이다.

요즘 젊은 직원들과 술을 마셔보면 겁이 난다. 그래도 우리 때는 술잔을 조금씩 나눠 먹었는데 무조건 원샷이다. 술 마시는 속도도 우리 때와 비교되지 않는다. 나의 전철을 밟을까봐 걱정도 된다. 타이르고 싶어도 '너나 잘하지.' 라고 말할 것 같아 그러지도 못한다. 그래도 우리 후배들에게는 나처럼 살지 않기를 바란다. 나이가 55세가 되어서야 가정이 가장 소중하다는 것을 깨닫게 됐다.

점점 삭막해져 가는 현실을 보면 가정의 소중함이 더욱 절실하다. 하지만 필자는 가정에 무관심했고 아이들은 방목해서 길렀다. 밥상머리 교육이 사라져버리고 새벽부터 저녁 늦게까지 학원에서 학원으로 끝나는 현실의 교육시스템을 보면 안타깝다.

'수신제가치국평천하' 라는 말이 있다. '수신제가' 를 하지 않은 사람이 '치국평천하'를 하려고 함으로써 국민들을 힘들게 하는 사회지도층 인사들이 많다. 알지만 잘 실천하지 못한다. 하지만 최우선 과제는 가정을 세우는 일이다. 가정을 세우면 국가의 모든 현안 문제들이 해결된다.

일은 실패하면 다시 회복할 수 있지만, 가정은 유리공 같아서 실패하면 깨어져 다시 회복할 수가 없다. 나의 의사가 아닌 남의 뜻대로 이리저리 휩쓸려 술집을 배회하는 나 같은 사람이 되지 말고 가정을 소중히 여겼으면 좋겠다. 부모도 그렇듯이 아이도 절대로 기다려 주지 않는다. 때를 놓치면 영원히 돌이킬 수 없다.

그래도 늦게나마 정신을 차리고 아내와 함께 독서를 하고, 글을 쓰고, 함께 공연을 보러가며 아이들과 대화와 편지를 주고받으며, 가정을 회복해 가고 있어서 다행이다.

세상에 허랑방탕하다가 아버지 품으로 돌아온 탕자처럼 그나마 더 늙기 전 중년에 가정으로 돌아온 나 자신에게 응원을 보낸다.

꿈을 잃고 살아온 세월

초등학교 시절, 네 꿈이 뭐냐고 물으면 나는 언제나 '유명한 음악가' 라고 말했다. 누나들이 평소에 라디오에서 흘러나오는 노래 말을 적어 따라 불렀다. 나도 옆에서 자동으로 음악리듬을 따라 흥얼거리곤 했다. 그 영향을 받았는지 나는 노래를 좋아했다. 그리고 노래를 부르면 행복했다. 학년이 올라갈 때마다 친구들이 노래 잘 하는 사람으로 선생님에게 추천했다. 선생님이 "노래 잘 하는 사람?" 물으면 당연히 친구들은 "정인구요." 라고 말했고 행사가 있을 때면 독창은 내가 도맡아 했다. 그 때까지 선생님이나 어른들이 내 꿈을 물으면 음악가가 뭔지도 모르면서 '유명한 음악가'라고 대답했다.

학교를 마치면 소를 몰고 높은 산에 꼴을 먹이러 간다. 소를 풀숲에 풀어 놓고 높은 돌 위에 올라간다. 마치 청중이 내 발 아래 있는 것처럼 폼을 잡고 노래를 불렀다.

산 아래에서 푸른 풀을 헤치며 올라오는 시원한 바람이 노래 소리와 어울려 하늘로 올라간다. 저 멀리 섬진강 푸른 물이 흐르고 금빛 모래사장이 빛에 반사되어 나를 환호하는 것 같다. 아직도 가끔씩 그런 모습이 떠오르며 입가에 미소가 생긴다. 어린 아이의 눈으로도 고향 풍경은 너무나 좋았다.

형제나 부모의 코칭이 있었더라면 음악가의 길로 갔을 지도 모른다. 하지만 주위에 그런 분들은 없었다. 지금처럼 책이 많이 있는 곳도 없었다. 집에 오면 모두들 농사일로 집에 없고 나 혼자였다. 중학교 때 옆집 형이 하모니카로 노래를 불렀다. 처음 접하는 악기라 신기했다. 불어보고 싶어 좀 달라고 해도 주지 않았다. 하모니카를 사기 위해 용돈을 모으기 시작했다. 모은 돈을 들고 4km를 달려 하모니카를 샀다. 땀이 범벅이 된 나를 하모니카 상점 주인은 이상한 눈으로 봤다. 그때부터 시간만 나면 하모니카를 불렀다. 하모니카를 많이 불면 입가에 물집이 생긴다. 내 입이 남들보다 큰 편이다. 하모니카로 입이 늘어져서 내 입이 커진 것 같은 생각이 든다. 체계적으로 배울 기회도 없었지만 독학으로 배운 악기가 하모니카이며 유일하게 연주할 수 있는 내 악기이다.

중학교 3학년이 되자 고등학교로 진로를 정한다고 희망조사를 했다. 집에는 나의 진로를 상의할 사람은 없었지만 상의할 필요가 없었다. 집이 가난하여 등록금이 면제되는 곳으로 가야 했다, 기계공고가는 것이 고생하시는 어머님에 대한 도리라고 생각했다. 그래서 진학은 환경에 맞게 선택의 여지가 없이 '진주기계공업고등학교 정밀기계과' 이다. 고등학교 시절에 학교의 모든 방향이 기술 자격증을 취득하여 회사에 취직하는 것이다. 일주일의 2/3이상을 대학진학이 아닌 기계로 기능을 연마하는 실습을 한다. 실습하기 전 사고예방을 한답시고 실습교사가 플라스틱 파이프로 엉덩이를 사정없이 내려쳤다. 정신교육을 20여 분 시키고 난 후 기계를 맡겼다. 나의 전공은 '밀링'이다. 밀링은 네모 등 각이 져 있는 부품을 만드는 기계이다. 2학년 말 기계 공고에서 가장 알아주는 '밀링정밀가공사' 자격을 취득했다. 제품의 표면의 정밀도 허용차가 ±5/1000mm안에 들도록 제품을 만들어야 자격증을 취득할 수 있다. 기계공업고등학교에서 밀링 '정밀 가공사'를 취득하면 장학금도 나오고 그때부터는 취직은 따 놓은 당상이다. 실습시간에는 수업에 참석하지 않아도 되고, 본인이 원한다면 다른 공부를 할 수 있다.

대학 진학은 생각도 하지 않았고 그런 조언을 하는 선생님도 없었다. 주로 하는 얘기는 우리학교 선배들이 어느 회사에 취직을 몇 명 했다는 그런 통계만 얘기할 뿐이었다. 학교를 졸업하면 95% 이상이 졸업 전에 회사에 취직하게 된다. 그러면 회사원이 되는 것이다. 꿈을 꾸지 않아도 자연적으로 직장을 갖게 된다. 나는 창원공단에 있는 ○○중공업에 취직을 했다.

난생 처음 기숙사 생활이 시작되었다. 그렇게 큰 회사는 처음 보았다. '회사는 창원시 귀곡동 '마산앞바다 맞은편에 위치하고 있었는데 걸어서는 다 못 돌고 차를 타고 돌아야 했다. 처음으로 월급을 탔다. 선배들이 부모님 내복을 사드려야 된다고 해서 난생 처음으로 어머님께 내복을 사드렸다. 어머님은 "장하다. 우리 아들." 하시면서 어깨를 두드려 주셨다.

토요일 오후면 동료들과 회사 통근버스를 타고 마산 시내에 술 마시러 다녔다. 당시에 대기업인 '○○중공업마크'가 있는 사원복을 입고 가면 인기가 좋았다. 술집에서는 외상도 되었다. 한국수출자유지역에는 많은 공장이 있었다. 우리 회사 남자와 수출자유지역 여직원들과 미팅을 하고 재미있게 생활했다.

그럭저럭 1년의 회사생활이 흘러갔다. 그러던 중 중학교 동창회에 참석했다. 중학교 때는 학교에서 제일 공부를 잘하는 학생들만 갈수 있는 반(특별반)에서 공부했다. 친구들 대부분은 대학생이 되어 있었다. 대학에서 여대생들과 미팅한 이야기와 대학생활이 화제로 이어졌다. 대학을 못간 것에 대한 후회가 내 가슴 한 편에 물밀 듯이 밀려왔다. 대학이 뭐하는 곳인지도 모르고 친구들 이야기를 들으니 좋은 것 같았다. 그래서 대학을 가야겠다고 생각하고 집에 상의도 하지 않고 사표를 제출했다.

얼마 되지 않는 퇴직금을 들고 무작정 부산에 살고 있는 형님 집으로 갔다. 형님은 농사일을 그만두고 결혼해서 과일가게를 하고 있었는데 나에게 그 좋은 회사를 그만 두었다고 화를 내셨다. 그렇다고 다시 회사에 들어갈 수도 없었다. 하지만 형님은 신혼에 단칸방이라 함께 생활할 수가 없어서 큰 누님 집에 가라고 했다. 큰 누님에게 나는 밥값을 낼 테니 대학공부를 하도록 1년만 살게 해달라고 부탁하니 조카와 방을 함께 쓰라고 했다. 지금 생각하면 얼마나 무모한 행동인지 모른다. 불편했을 텐데 불평 한 마디하지 않은 큰 누님과 삼촌 대우를 해준 조카들에게 감사한다.

밥값과 학원비를 마련해야 하기 때문에 인근 자전거 부품을 만드는 중소기업에 취직을 했다. 자격증이 있고 대기업에 근무한 경력이 있어서 취업하는 데는 어려움이 없었다.그때부터 낮에는 일하고 밤에는 대학입시 학원이 있는 서면에서 열심히 공부를 했다. 학원을 마치고 누나의 집 다락방에서 새벽 2시까지 공부하고 낮에는 공장에서 기계와 씨름을 했다. 사장이 잔업을 하라고 지시했지만, 학원에 가야 된다고 사정을 하고 6시가 되면 퇴근했다. 지금 생각하면 참 뻔뻔했던 것 같다. 먼저 퇴근할 때 사장과 직원들의 따가운 눈초리가 부담이 되었다. 나름 학원에서 대학교만 생각하면서 열심히 공부를 했다. 시간이 지나 같이 공부하는 재수생들을 알게 되었다.같은 학원동료에게 이야기할 기회가 있어 낮에 일하고 저녁에만 학원에 다닌다고 이야기를 했더니 대학은 주간대학만 있는 게 아니라 야간대학도 있으니 우선 공무원 시험을 봐서 합격 후 야간대학을 다니면 된다고 했다.시험을 본다고 해서 대학을 합격한다는 보장도 없었다. 또 대학등록금을 계속 벌어서 다녀야 하는 부담도 있고 무엇보다 야간잔업을 안하고 퇴근하는 것에 대한 부담을 덜고 싶었다.

대입시험학원에서 공무원 고시학원으로 학원을 바꾸어서 6개월을 공부한 결과, 공무원 시험에 합격했다. 공무원은 60세까지 정년이 보장되어 있다. 성실하면 시간이 지나 승진이 되고 봉급이 오르고 퇴직을 하면 연금도 나온다. 공무원 시험에 합격하고 나서 공부를 손에 놓았다. 특별히 뛰어날 필요도 없다. 괜히 잘난 체 하면 오히려 따돌림을 당하기 일쑤다. 핑계일지 모르지만 아무런 꿈도 없이 32년을 보내 왔다.

다시 우리 아들의 어린 시절로 돌아간다면 아들에게 "네 꿈이 뭐냐?" 고 수시로 물어보고 꿈 리스트를 함께 만들어 보고 꿈 이야기를 자주 하겠다. 아이가 집에 들어오면 "오늘 네 꿈을 위해 뭘 했니?" "아빠는 아빠 꿈을 위해 이런 것을 했어."라고 말해주고 싶다. 아이와 저녁에 만나서 얘기하는 시간을 가지고, 꿈에 대해 고민해 보며 스스로 꿈을 이루기 위한 목표를 가질 수 있도록 코칭해 주고 싶다. 하지만 이미 장성해 버렸다.

목표를 정하고 목표를 달성하기 위한 계획을 10대, 20대, 30대, 40대, 50대에 걸쳐서 세우고 적어보자. 꿈이 있는 사람은, 꿈이 없는 사람보다 시간을 알차게 보낼 수 있고, 헛된 시간을 쓰지 않는다. 100m 달리기를 하다가 넘어지면 빨리 일어나서 절뚝거리면서도 골인 지점까지 간다. 100m 골인 지점이 없다면, 그 자리에 주저앉아서 포기해 버릴 것이다.

초등학교 때는 '대통령, 법관, 의사, 변호사' 등 제법 그럴 듯한 꿈을 가진다. 성장하면서 꿈이 겸손해지고, 고학년이 될수록 꿈이 없어지기도 한다. 고등학생들에게 '네 꿈이 뭐냐?' 고 물어보면 꿈에 대해 답변하는 학생은 거의 없다고 한다. 꿈은 타인에게 보여주기 위한 것이 아니다. 너무 멋진 꿈, 큰 꿈만이 꿈이 아니다. 하루에 6시를 두 번 만나는 것, 뒷산에 오르는 것도 꿈이다. 작은 꿈을 실천하다 보면 더 큰 꿈을 꿀 수 있게 된다. 남들이 나의 꿈에 대하여 비웃어도 신경 쓸 필요가 없다. 꿈은 다른 사람의 꿈이 아니라 나의 꿈이다. 꿈을 자랑하고 남들에게 공포하라. 그러면 내 자신의 말에 책임을 지기 위하여, 열심히 그 꿈을 이루려고 노력하게 된다. 또 꿈을 성취했을 경우 자신에게 격려의 선물을 주면 좋겠다.

꿈 리스트를 만들고 난 뒤 삶이 완전히 바뀌고 있다. 꿈이 있으면 시간의 우선순위가 정해진다. 우선순위에 의해 시간을 알차게 보내게 되고, 버리는 시간이 줄어들 수 있다. 탁구동우회 월례회가 있었다. 예전에는 저녁 먹으면서 술을 마시고, 2차까지 가서 술이 취해서 늦게 귀가했다. 이제는 저녁 먹는 시간도 아깝게 느껴졌다. 저녁만 먹고 집으로 와서 글을 쓰고 있다.

꿈이 정해지면 반드시 적어야 된다. 목표 기록에 대한 연구 결과가 있다. 목표를 기록한 그룹과 목표를 기록하지 않고 생각만 한 그룹과의 생산성은 크게 차이가 난다고 한다. '김밥 파는 CEO 김승호 대표'는 자신의 꿈이 정해지면 하루 100번씩 100일간 쓴다고 한다. 아내와 결혼하기 위해서도 그랬고 자신의 사업을 확장할 때도 그렇게 썼다고 한다. 헐리우드 영화배우 짐 캐리는 무명 배우시절 할리우드가 보이는 높은 산으로 올라가서 수표책을 꺼내어 1,000만 달러라고 적었다. 이 많은 액수를 5년 후인 1995년 추수감사절까지 자신이 자기 스스로에게 지급하겠다고 쓴 후 그것을 5년 동안 지갑에 넣고 다녔고 정확히 5년 후인 1995년 짐 캐리는 적은 금액보다 훨씬 많은 금액의 출연료를 받았다고 한다. 꿈을 종이 위에 적으면 우리의 뇌는 멍청해서 종이에 적은 것을 꼭 해야 되는 걸로 착각한다고 한다. 잠을 잘 때도, 무의식 중에서도 계속 생각하게 된다고 한다. '종이 위에 쓰면 기적이 이루어진다.' 말이 있고, 난 그 사실을 믿는다. 지금 당장 펜을 내어 자신의 꿈 리스트를 적어 보자. 되고 싶은 모습, 하고 싶은 일, 갖고 싶은 것, 나누어 주고 싶은 것을 적어보자.

미안하다, 아들아

사랑하는 나의 두 아들아, 미안하다.

"환갑(60세)되기 전에 철들기는 틀렸다."고 나에게 말하던 동료들 생각이 난다. 정말 그랬다. 55세가 된 지금에야 정신을 차렸으니 말이다.

아버지가 되는 연습도 하지 못하고 아내가 임신을 했다. 장모님이 돌아가시고 결혼하기 두 달 전에 동거부터 시작했다, 얼마나 지났을까? 아내가 임신을 했다고 내게 조심스럽게 말했다. TV 드라마를 보면 아이를 가졌다는 말에 뛸 듯이 기뻐하는데 나는 기쁨보다 겁이 났다. 너무나 갑작스런 일이었다, 아버지가 된다는 생각을 한 번도 하지 못했다. 아버지는 2살 때 돌아가셨고, 어머니가 돌아가신지 1년도 안 되었기에 더욱 그랬다. 아내도 나와 마찬가지였으리라. 얼마나 놀랬을까? 결혼식도 하지 않은 상태였고, 아직 엄마가 되기에는 어린 나이였기에 더 겁이 났을 것이다. 장모님은 결혼식을 올리기 전에 돌아가셨다, 장모님이 돌아가시기 전, 편찮으셔서 병원에 입원해야 되는데 오빠는 서울에 살고 언니들도 일하러 가고 연락할 사람이 없어서 내가 업고 병원에 입원시켰다. 그 후 얼마 지나지 않아 장모님 돌아가셨기에 상의할 부모님이 없는 상태였다.

결혼 허락을 받으러 아내의 제일 큰 언니 집에 인사하러 갔다. 나중에 들은 이야기지만 반갑게 맞이하기는 했으나 궁합이 맞지 않는다고 결혼을 반대하는 듯했다. '키도 작고 복이 없어 보인다.'고 반대했었다고 했다. 아내와 작은언니는 나이가 10살 차이가 났고 아직 미혼이었다. 우리의 결혼 소식을 듣자 언니도 서둘러서 선을 봤다. 언니가 결혼하고 난 후 한 달 후 우리도 결혼을 했다. 우리는 장모님이 살던 전세 200만 원, 월세 4만 원의 작은 집에서 결혼생활이 시작되었다.

아무런 준비도 없는 결혼 생활, 부모 없는 막내 둘의 신혼생활이 이렇게 시작되었다. 아내의 배는 만삭이 되었다. 곧 아이가 출산할 것 같았다. 평소 다니던 산부인과에 문의를 하니 진통이 5분 전후로 오면 병원으로 오라고 말했다. 진통이 오기 시작하고 시계를 보면서 기다렸다. 진통이 자주 와서 택시를 타고 산부인과에 갔다. 겨울바람이 매섭게 불어왔다. 추위인지 겁이 나서인지 아내의 손은 가볍게 떨고 있었다. 친정부모도 없이 첫 애를 출산하는 어린 아내는 얼마나 무서울까? 택시 안에서 떨리는 아내의 손을 잡았다. 아이가 건강하게 잘 출산되기만 기도했다.

곧이어 우리 큰아들 다운이가 태어났다. 무사히 출산한 것에 대하여 아내가 고마웠다. 누나와 형님 집에 연락을 하니 기뻐했다. 형님은 딸만 3명이라 대를 못 이룬다고 어머니가 늘 걱정하셨기 때문이다. 병원 간호사가 산모에게 미역국을 끓여줘야 된다고 했다. 부전시장에 가서 산모에게 좋다는 미역과 소고기를 샀다. 시장 아주머니가 산모에게 가물치를 고와주면 회복에 좋다고 해서 가물치도 샀다. 가물치를 사면서 아주머니한테 미역국과 가물치를 끓이는 방법을 물었다.

미역국은 "소고기를 참기름에 먼저 볶은 다음 미역을 불려서……. 끓으면 물을 더 넣고 다시 끓여야 된다." 고 하셨고, "가물치는 참기름을 넣고 들통에 넣은 후 한참을 있다가 물을 넣고 고아야 된다." 고 설명해 주셨다.

누나가 와서 끓여주면 좋겠는데 타 지방으로 일을 가서 오는데 시간이 걸린다고 했다. 주위에 언니들이 있었는데 집에 없어서 막연히 기다릴 수가 없었다. 그냥 내가 끓여 보기로 했다. 빨리 아내에게 미역국을 끓여주고 싶어서 시장아주머니가 가르쳐 준대로 했는데 엄청난 일이 일어났다.

연탄불에 미역국을 올려놓고 방에 있는데 부엌에서 요란한 소리가 났다. 미역이 그렇게 많이 불어나는지 몰랐다. 큰 산모미역(길이가 약 1m)의 1/2를 솥에 넣고 끓였으니 부엌이 온통 불어터진 미역으로 난장판이 됐다.

지금은 인터넷에 검색하면 미역국 끓이는 레시피가 있지만 그 당시는 남에게 물어서 끓일 수밖에 없었다. 산모미역을 1/10만 넣어도 충분한데 미역을 많이 넣고 끓였으니 당연한 결과이다. 요즘도 황당한 미역국 사건을 생각하면 입가에 미소가 생긴다.

넘쳐서 바닥에 흩어진 미역은 버리고 솥에 남아 있는 미역으로만 국을 끓였다. 맛이 싱거웠다. 소금을 넣었다. 이제 너무 짜다. 다시 물을 넣고 그렇게 몇 번 하니 대충 간이 맞는 것 같다. 그런데 예전에 엄마가 끓여준 미역국 맛이 아니다. 어머님이 끓여주신 미역국은 미역을 씹으면 부드러웠는데 내가 끓인 미역국은 뻣뻣했다. 뻣뻣한 이유는 한참을 지나서야 알게 되었다.

산모의 몸에 좋다는 가물치를 끓일 차례다. 들통에 참기름을 넣고 살아있는 가물치를 씻어서 들통에 넣자마자 솥뚜껑을 닫았다. 가물치가 뜨거워지면 죽기를 기다렸다. 죽으면 물을 넣으려고 했다. 시장 아주머니가 가르쳐 준대로 했다. 잠시 후 또 엄청난 일이 일어났다. 가물치가 그렇게 힘이 좋은지 몰랐다. 들통 바닥에 깔린 참기름이 열을 받자 뜨거워 졌고 뜨거워진 기름에 견디지 못해 가물치가 엄청난 힘으로 들통 뚜껑을 치고 솟구쳐 부엌바닥에서 파닥거렸다. 시장 아주머니가 뚜껑을 누르고 있어야 된다고는 말하지 않았다. 지금 생각해 보면 당연히 누르고 있어야 되었다. 상식을 몰랐던 것이다. 부엌바닥에 파닥거리는 두 마리를 겨우 잡아서 다시 씻었다. 죽여서 넣으려고 했는데 시장아주머니가 살아있는 상태로 넣어야 약이 된다고 들었기에 다시 들통에 넣고 뚜껑을 힘껏 누르고 있었다. 들통 안에서 전쟁이 일어나는 소리가 났다. 한참을 지나자 조용해 졌다. 뚜껑을 열고 물을 시장아주머니가 가르쳐준 만큼 넣었다. 두 가지 요리가 완성되는 순간이었다. 난생 처음으로 부모 없는 설움에 감정이 복받쳤다.

아내를 퇴원시키려고 병원에 갔다. 또랑또랑한 아들 눈을 보니 예쁘고 귀여웠다. 장손인 형님이 딸만 3명이라 어머니께서 그토록 장손을 바라셨는데,'어머님이 계셨더라면 얼마나 좋아하셨을까?'라는 생각에 눈물이 났다. 한없이 어머님이 그리워졌다. 갓 태어난 아들은 자기가 태어났는데 봐주지도 않고, 먼저 하늘에 가신 할머니를 원망이나 하듯이 멍 하니 허공을 바라보고 있었다.

아내는 입덧이 엄청 심했다. 10개월 내내 입덧으로 식사를 제대로 못했다. 그래서 맛있는 음식으로 몸 조리를 해 주어야 되는데 양친이 없다 보니 안타까웠다. 집에 오자 끓여놓은 미역국과 밥상을 차려서 먹으라고 했다. 맛이 없는지 미역국을 조금 먹더니 좀 쉬겠다고 누웠다. 미역국이 맛이 있었으면 밥 한 그릇 미역국 한 그릇 뚝딱 해치웠을 건데……'맛이 없어서 그런가 보다.' 속으로 미안했다.그렇지만 나에게 비장의 무기가 하나 더 있었다. 힘겹게 끓여 놓은 몸에 좋다는 가물치탕을 한 냄비 떠서 의기양양하게 말했다.

"이거 가물치탕인데 산모의 몸에 좋다고 하더라. 먹어 봐."

아내는 처음 보는 국을 보고 한술 떠서 먹더니 이내 못 먹겠다고 다시 누웠다. 어떻게든 좀 먹으면 좋으련만……. 서운함 보다 안타까운 마음이 앞섰다. 지금 생각해 보면 부드러운 전복죽이나 먹기 쉬운 음식을 해 주면 잘 먹었을 텐데 하는 후회가 된다. 결국 어렵게 끓인 미역국과 가물치탕은 내가 다 먹고 나만 살이 쪘다.

아내는 요즈음 비가 오면 무릎이 아프다고 한다. 산후 몸조리를 못해서 그렇다면서 투덜댄다. 분명 내가 들으라고 하는 소리다. 한 없이 미안하고 미안하다. 좀 넉넉한 집에 시집을 갔으면 이런 고생을 안 해도 될 텐데…….

아내가 직장을 다니는 관계로 한달 보름간 육아휴가를 받고 곧바로 출근했다. 요즈음은 몇 년씩 육아휴가를 받는데 그때는 2개월이다. 2개월도 1달 보름쯤 지나면 직장에서 전화가 온다.

"아이는 잘 크지? 몸은 건강하고?"

"계장님 바쁘지요? 죄송합니다. 빨리 나갈게요."

"아니다. 산모가 몸조리를 해야지."

판에 박힌 전화다. 빨리 출근하라는 얘기다.

아내가 출근을 했다. 문제는 아이를 봐 줄 사람이 없다. 100일도 채 지나지 않은 아이를 수소문 끝에 생판 모르는 동네 아주머니에게 맡겼다. 아이를 맡기고 출근하면서 아내는 자꾸 뒤를 돌아봤다. 마음이 짠하다. 직장을 그만 둘까도 생각을 했지만 뻔한 형편에 아이까지 있으니 그럴 수도 없었다. "나 혼자 돈 벌어올게. 당신은 집에 있으면 안 돼?"하지만 아내는 직장을 그만 두지 않겠다고 했다. 사실 내심 아내가 계속 직장을 다니기를 바랐다. 부모에게 물려받은 재산도 없고 외벌이로는 살아가기는 힘들다는 생각이 들었다. 직장 생활과 함께 육아 전쟁이 시작되었다. 낮에는 직장에서 일하고, 밤에는 아이 키우는데 매달렸다. 직장에서도 일이 만만찮다. 회식도 많았다. 나는 어릴 때부터 홀어머니 밑에서 막내로 자라 눈치가 빨랐다. 남에게 인정받기를 원했다.

회사에서 착한사람, 일 잘하는 사람, 좋은 사람으로 통했다. 밖에서 '좋은 사람, 착한사람'이라는 소리를 듣는 사람은 아내와 자녀들에게 피해가 가기 마련이다. 나는 가정보다 직장에 더 많은 관심을 쏟았다. 아이를 키우는 것은 아내의 몫이었다. 아이는 낮에 잠만 잤는지 보채며 낮밤이 바뀌어서 잠을 거의 자지 않았다. 자다가 몇 번을 깬다. 아이와 밤새 시름을 하다가 밤이 새고 다시 출근한다.

TV에 보면 탁아방에서 낮에 아이를 억지로 재우는 것을 봤다. 혹시 그때 아이를 봐 준 사람이 낮에 잠만 재웠는지 의심이 들기도 하지만 이내 고개를 흔든다. 아이를 봐 준 것만 해도 고맙기 때문이다. 아내와 같이 회사 회식이 있는 날이면 다툼이 계속된다. 두 사람 중 한 사람은 회식을 포기해야 되기 때문이다. 놀이방에 있는 아이를 데리고 와야 한다. 아내에게 전화가 온다.

"먼저 가서 아이를 데리고 집에 가라."

"네가 여자니까 먼저 가라."

서로 아이를 데리러 가지 않겠다고 싸움이 계속된다. 결국 아내가 지는 경우가 많다. 회식 후 술이 취해서 집에 가면 또 싸운다.

"애를 나 혼자 낳았나?"

울먹이며 아내가 하소연 한다. 낮 동안 힘들게 일하고 집에 오면 아이 보느라 지치는 일이 계속 되었다. 결혼 후 아이를 놓고 나면 3년 동안 제일 많이 싸운다고 한다. 지금까지는 둘만 좋아하면 문제가 없었는데 중간에 아이가 있기 때문이다. 그러다 성격이 안 맞아서 이혼을 하기도 한다고 한다. 한번은 아들이 발작이 났다. 새벽에 이웃집 수소문 해보니 손가락을 따면 낫는다고 해서 아이를 들쳐 업고 동네방네 헤맨 적도 있다. 남의 손에 커서 그런지 아이는 병치레를 많이 했다. 엄마 품에서 자라야 엄마 숨소리를 듣고 정서적으로 안정이 되어 신체 면역성이 길러지는데 우리는 그렇지 못하니 당연한 결과다.

아이가 폐렴에 걸려 병원에 입원했다. 링커 주사기가 안 들어가 머리에 링거를 맞고 입원해 있는 아이를 보면서 잘해주지 못한 내가 한없이 미웠다. '불쌍한 우리 아이……. 부잣집에 안 태어나고 왜 우리 집에 왔니…….' 마음이 아팠다. 금세 아이는 나를 보고 환한 웃음을 띤다. 해맑은 미소를 보고 힘든 마음이 사라진다.

아이가 아플 때 입원을 자주 했는데 보통 일주일 간 입원했다. 아내와 나는 교대로 휴가를 받아 아이를 간호했다. '부모님이 계시면 얼마나 좋을까?'라는 생각이 떠나지 않았다. 아내는 가끔 이런 말도 했다. "다른 집은 친정어머니나 시댁에서 키워준다고 하는데……." 얼마나 힘들면 그럴까? 내 스스로 못난 놈이라고 자책해 본다. 늘 이런 생활을 하다 보니 아이의 교육에 관심을 가질 수도 없다. 아이에게 책을 읽어 주려고 동화책 전집을 샀다. 하지만 3일을 못가서 그만 두었다. 퇴근 후면 이내 녹초가 되어 잠들기 바쁘다. 지금 생각해 보면 바쁘고 피곤해서 아이를 잘못 키운 것은 핑계다. 술 안 마시고 가장으로서 성실히 아들을 키웠으면 가능했다. 육아에 대하여 적극적으로 알아보고 관심을 갖기에는 우리 앞에 닥친 하루하루를 보내는 게 힘들었다.

밤낮이 바뀐 아이를 보느라 한계가 왔다. 하는 수 없이 아이 보는 시간을 정하여 정해진 시간에는 한사람은 자고 한사람은 아이 보는 것으로 정했다. '퇴근 후 6시 이후부터 새벽 1시까지'는 내가 아이를 보고,'새벽 1시부터~아침까지'는 아내가 아이를 보는 것으로 정했다. 그래야 다음 날 일을 할 수 가 있었다. 둘 다 잠을 못자는 어려움을 해소하기 위한 우리들만의 조치였지만, 방이 하나 밖에 없어서 아이가 울면 둘 다 깨는 것은 당분간 계속되었다.

또 시련이 왔다.아이를 키워주던 이웃집 아주머니가 개인 사정으로 아이를 못 봐 주게 되었다. 형제들에게 여기저기 부탁을 했지만 다 사정이 있다고 한다. 어렵게 막내누나에게 부탁해서 아이를 맡겼다. 막내 누나의 집은 우리 집과 15km정도 떨어져 있다. 왔다 갔다 하기가 힘들어 이륜차를 샀다. 그 당시만 해도 자동차가 있는 집이 별로 없었다.내가 운전하고 아내는 아이를 등에 업고 누나 집과 우리 집을 오고 갔다. 이웃집 아주머니가 봐 줄 때 보다 훨씬 힘이 많이 들었다. 한번은 이륜차로 오는 도중 교통사고로 사람이 다쳐서 병원비를 물어주고 합의를 보는 일까지 있었다. 그때 요즘처럼 육아휴직제도가 있었으면 얼마나 좋았을까? 하는 생각을 든다.

아들이 어느 정도 성장하자 다시 우리 집으로 데려왔다. 인근 놀이방에 맡기기로 했다. 아이가 철이 드니까 요구하는 것이 많았다. 놀이방에 가는 것을 엄청 싫어했다. 아침마다 놀이방에 보내기 위한 전쟁이 시작된다. 겨우 달래서 매일 장난감을 한개씩 사 주고, 도망치듯 나온다.아내는 또 눈물을 흘린다. 애를 제대로 가르치지 못해서 흘리는 눈물이고, 사랑하는 아들을 남의 손에 키우는 안타까움의 눈물이다. 또 마음이 아파진다. 준비 없이 아버지가 된 것에 대한 결과다. 요즘에는 가정생활을 위한 사회교육기관이 많다.

'결혼예비학교, 아버지 학교, 어머니 학교, 부부행복학교.' 가정을 이루기 위해서 꼭 이런 교육을 받기를 바란다. 나 같이 준비 없이 아이를 방목해서 키우지 않기를 바란다. 요즘 서점에 책을 사러 가보면 온통 육아관련 책이고 베스

트셀러도 육아관련 책이 많다. 엄마들은 '어떻게 하면 우리아이를 잘 키울까?'
지 고민한다. 육아가 가장 큰 관심사다. 그러니 내가 이래라 저래라 할 필요가
없을 것 같다.

아이가 7살쯤 되었을 때다. 아이는 놀이터에 가서 놀고 있었다. 아내가 농담
삼아 아이가 없으니까 심심하다고 한다. 늘 아이 키우느라 정신이 없다가 조금
여유가 있을 무렵이다.

그런데 하늘이 그걸 알았는지 일주일도 안 되어 아내가 임신을 했다고 한다.
피임기구가 잘못되었는가 보다.아내도 운명인 것 같다면서 힘들어도 아이를
낳아서 키우자고 했다. 딸을 낳을 것으로 보고 이름을 지어 두었다. 큰애는 '정
다운' 작은 딸은 '정아름' 으로 지어 아들, 딸의 이름을 '아름/다운' 만들려고 했
다. 그런데 또 사내아들이 태어났다.

안타깝게도 그때는 짐으로 생각했다. 철없는 아빠에게는 아들이 짐이었다.
직장생활에 바쁘고 늘 술 마시고 늦게 퇴근했다. 토요일이나 휴일에 아들이 함
께 공차자고 조르기라도 하면 "친구들하고 놀아라." 하고 회피한다. 휴일은 피
곤해서 잠만 잤다. 아이가 아빠를 찾을 때 제대로 키우지 못해 지금도 아들에
게 미안하게 생각한다.

둘째 아들은 이웃집 근처 작은 이모집에서 맡아 키웠다. 월요일부터 금요일
까지는 이모의 집에서 크고 토요일 오후면 집으로 왔다. 어릴 때부터 이모의
집에서 크다보니 정이 들어서 그런지 이후 집으로 잘 오지 않았다. 그렇게 크
다가 고등학교 2학년 때 우리 집에 왔다. 한참 감수성 예민할 때 아빠와 함께
하지 못해서 미안하다. 제대로 양육하지 못한 비겁한 아빠를 용서하기를 바란
다.부부는 함께 평생을 살아가야한다. 혼자가 아니다. 아내와 아이와 함께 가
정을 이루어 가야 한다. 준비 없는 결혼생활은 모두를 힘들게 한다. 부디 나처

럼 살지 않기를 바란다.

자식은 우리의 소유물이 아니다. 우리에게 잠시 맡겨진 존재다. 부모가 아이에게 해 줄 수 있는 최상의 것은 '아이가 재능을 발견할 수 있도록 옆에서 도와주고, 그 재능이 충분히 발휘될 수 있도록 물을 주고 비료를 주는 역할이다.' 뜨거운 태양에는 나무그늘이 되어주고 비오는 날에는 우산이 되어주는 것이 부모의 역할이라 생각한다.

다시 '두 아들의 어린 시절로 돌아 갈 수만 있다면 얼마나 좋을까? 다시 시작하면 잘할 수 있을 것 같은데……' 하지만 그 시절로 돌아갈 수 없다. 해맑게 웃으며 공 차자고 조르던 아들은 온데간데없고 퇴근 후면 잠시 얼굴을 내밀고 자기 방에서 나오지 않는 아들이 있을 뿐이다.

한심한 가장

나는 아버지로서 남편으로서 빵점이었다. 아니, 마이너스 평가점수가 있다면 더 하위점이다. 아버지로서는 비겁했다. 남편으로서는 성실하지 못했다. 노래가사처럼'토끼 같은 자식과 여우같은 마누라를 사랑하며 장미꽃 넝쿨 우거진 집에서 평생을 행복하게'이런 가정을 원했다. 사는 방법도 몰랐고 가르쳐 주는 사람도 없었다. 아니 노력을 하지 않았다고 하는 게 맞을지도 모른다.

32여 년간 공무원 생활을 하면서 '집-회사-술집-집'의 생활 패턴이었다. 가정에서 시간을 많이 보내야 했는데 회식 자리에서 시간을 더 많이 보냈다. 술에 취해서 나도 모르게 험한 말이 나와 아내와 다투며 상처 주는 말을 많이 했다.아내는 참 순박하고 마음이 아름다운 여자다. 포항 흥해의 시골마을에서 자연과 함께 자라서 그런지 순박했다. 아내가 고등학교에 다닐 때 학교에서 야간 자율학습을 하다 보니 버스가 끊겼었다고 한다. 15km를 걸어서 집으로 왔다고 했다. 택시가 있었지만, 택시타는 것은 생각지도 못했다고 하니 순진하다고 해야 될지 바보라고 해야될 지……

그런 아내에게 몹쓸 일을 많이 했다. 아내는 항상 눈물이 마를 날이 없었다. 착해서 그런지 조금만 심한 말을 하면 닭똥 같은 눈물을 흘렸다. 신혼의 달콤함도 잠시고 아들이 태어나자 많이 싸웠다. 싸움의 주제는 하나다.

"아들에게 관심을 가져주라. 내 마음을 몰라주어 서운하다." 비싼 루이비똥, 샤넬 같은 명품가방을 사주라는 것도 아니고, 귀금속을 사달라는 것도 아니고, 비싼 옷을 사 달라는 것도 아니었다. 지극히 당연한 일인데 그런 말을 무시하고 싸울 때면 나의 이기적인 주장만 했다. "왜? 내가 잘못한 게 뭐가 있냐?""술을 내가 먹고 싶어 먹냐? 나도 미치겠다."말도 안 되는 소리로 아내와 다투기가 다반사였다. 그때는 그래야 되는 줄 알았다. 상사가 술 마시러 가자고 하면 가정의 약속은 뒷전이었다. 직장의 분위기가 그랬다.

우체국은 특별회계로 운영되는 정부기업이다. 쉽게 말하면 국가 세금으로 봉급을 받는 게 아니라 사업의 수익금으로 자체 봉급을 해결하는 정부 공기업이다. 우편은 물론 예금사업과 보험 사업을 하기에 사업실적 향상을 위하여 일반 공무원보다 술 먹을 기회가 많다. 직장에서 인정 받으려고 엄청 노력했다. 신규 임용부터 일을 잘한다는 이야기를 들었고 성격이 좋아 사람들과 잘 어울린다는 평을 자주 들었다. 직장이나 주변에서 내게 거는 기대에 부응하기 위하여 열심히 일했다. 상사가 시키는 일이면 밤늦게까지 일했고, 술이 약했지만 술자리가 끝날 때까지 분위기를 맞추었다. 나의 의지와 상관없이 그런 삶을 살아왔다.

반면 가정에는 신경을 안 썼다. 학교의 행사가 있어 부모가 참여해야 할 때는 늘 아내가 가도록 했다. 그때마다 아내는 "아들을 나 혼자 낳았냐?"며 짜증스런 불평을 한다. 오로지 회사 일에만 신경을 썼다. 아니, 내가 없으면 회사가 안 돌아갈 것 같았다. 또 가정 일은 언제나 사소하고, 후순위라고 생각했다. 가정 일로 휴가를 내면 안 될 것 같다는 생각이 들었다. 철저하게 가정은 외면하고 회사에만 매달렸다. 둘째 아이가 태어나는 날이었다. 회사에 전화를 걸어 출산으로 인하여 하루 쉬겠다고 전화를 하니 계장님이 전화를 받았다. "계장님, 아내가 출산을 해서 하루 휴가 좀 내겠습니다." "그래, 축하한다. 아내 몸조리 잘 시키고……." 하지만 계장님의 목소리를 넘어 과장님의 목소리가 전화기로 들렸다. "여자가 애를 낳았는데 왜 자기가 휴가를 받나?"

그런 전화소리를 듣고 집에 있을 수가 없었다. 당연히 회사에 가야될 것 같았다. 회사에 출근을 했다. 그런데 하필 그날 우리 과에서 2명이 승진을 해서 다른 곳으로 발령이 났다. 하는 수 없이 송별회에 참석을 했다. 그때는 과의 서무를 담당했다. 서무는 각종 회식이나 행사 진행을 마지막까지 마무리를 해야 한다. 회식 장소를 예약하고, 노래방도 예약하고, 회식이 끝나면 과장님을 택시 태워 보내드리고, 뒷정리하는 것이 서무의 역할이다.

아내는 출산해서 병원에 있었다. 걱정이 되어서 저녁만 먹고 동료직원한테 맡기고 아내에게 가기로 마음먹었다. 아니, 마치면 바로 아내에게 달려갔어야 했다. 어쩌면 1차 장소에 가지 말았어야 했다. 1차가 끝나고 2차로 술이 이어졌다. 승진한 두 사람이 3차를 사겠다고 한다. 그때만 병원에 왔어도 되는데 술을 권하는 바람에 술을 마셨다. 시간은 벌써 11시를 넘어섰다.

"어이쿠! 큰일 났다." 자리를 박차고 병원으로 향했다. 병실 문을 열자 아내는 많이 울었는지 눈이 퉁퉁 부어 있었다. 병원 문을 열고 들어가자 아내가 화를 내며 말했다. "내가 고아야?" 아내는 하염없이 눈물을 흘렸다. "미안하다." 하지만 이미 엎질러진 물이였다. 술이 확 깼다. '내가 죽일 놈이지.' 내 자신이 한없이 미웠다. 지금도 그때 일을 생각하면 가슴이 먹먹해진다. 아내는 이후 오랫동안 부부싸움 할 때 마다 그 얘기를 했다. 이 일은 내가 평생 아내한테 갚아야 할 숙제로 남아 있다.

'그때 왜 과감하게 내 감정을 표현할 수 없었을까?'

우리는 때로는 내 감정을 솔직하게 표현해야 할 용기가 있어야 한다. 그래야만 내 주도적인 삶을 살 수 있다. 역설적인 것 같지만 감정표현은 어린 아이한테 배워야 한다. 배고프면 운다. 필요한 것이 있으면 떼를 써서 그걸 쟁취한다. 때로는 원하는 걸 얻을 때까지 운다. 기쁘면 이내 깔깔거린다.

성경에도 이런 구절이 있다. "가라사대 진실로 너희에게 이르노니 너희가 돌이켜 어린 아이와 같지 아니하면 결단코 천국에 들어가지 못하리라.(마태복음 18:3)" 어린아이와 같이 '자기감정을 솔직히 표현하고, 필요한 것이 있으면 생각 없이 요구하고, 싫으면 싫다고 하며 원하는 것을 매달리는 자세'가 필요하지 않을까? 내 자신의 삶이 아닌 허수아비 삶을 살아왔다. 내 주도적인 삶을 살 용기 없었는지도 모른다.

아내는 아이의 방을 예쁘게 꾸미고 예쁜 이불을 사고 그림책도 사주고 장난감도 사주며 자녀 교육에 관심을 많이 가졌다. 나는 '아들은 엄마가 키우는 것'이라고 생각했다. 어린 시절 어머니께서는 늘 내게 말씀하셨다.

"남자가 부엌에 오면 불알 떨어진다."

부엌에 오지 말라는 애길 자주 듣고 커서 그런지 가사 일은 당연이 아내의 몫으로 알았다. 아들에 대한 교육에는 관심도 없었다. 동화책 한 번 읽어준 적도 없다. 유치원 장기자랑 발표회에도 일이 바쁘다는 핑계로 참석하지 못했다. 발표회 때 아버지를 찾았을 아들을 생각하면 지금도 가슴이 아프다. '다른 부모님은 와서 꽃다발도 주며 축하하고 예뻐해 주었을 건데, 얼마나 힘이 빠졌을까.' 후회해 봐야 지나간 시간을 돌이킬 수 없다. 자식을 낳으면 아버지가 된다. 그러나 아버지가 되는 방법을 배우지 못하고 아버지가 되는 경우가 많다. 내가 첫 아이를 29세 때 얻었다.

"애가 애를 어떻게 키워?"

이런 말을 많이 들었다. 맞는 말이다. 아이를 키우는 법도 모르고 아빠가 되었다. 아버지가 가정을 꾸리는 것을 보고 자랐더라면 아버지가 하는 대로 하면 되었을 지도 모른다. 하지만 2살 때 아버지가 돌아가셨다. 아버지 얼굴도 기억하지 못하고 편모슬하에 자랐기 때문에 배울 수 있는 기회가 없었다.

늦게나마 교회 다니는 분의 권유로 좋은 아버지가 되기 위해서 '아버지 학교'를 수강했다. 아버지 학교 교육 내용 중 마음의 쓴 뿌리를 제거해야 된다는 것이 있었다. 내 속에 있는 쓴 뿌리는 그대로 두면 그 뿌리가 계속 커서 내 인생을 송두리째 빼앗아간다는 것이었다. 교육과정에 아버지에게 편지를 보내고 그 내용을 발표하는 숙제가 있었다. 편지 내용을 한 사람씩 나와서 발표했다. 각자 아버지에 대한 원망, 상처, 미움 등을 발표했다. 그런데 덩치가 큰 아버지들이 닭똥 같은 눈물을 흘리면서 편지를 읽어 내려간다. 어떤 분은 아버지와 의절하고 말도 안하고 지내는 분도 있었다. 편지의 공유를 통해서 누구나 가슴한 켠에 쓴 뿌리를 가지고 있다는 것을 느꼈다. 마음속의 상처가 치유되는 순간이었다.

'부모님께 전화하기'숙제가 있었다. 평소 전화를 하지도 않던 아들의 갑작스런 전화를 받고 무슨 일이 생긴 것인지 걱정하는 부모가 대부분이었단다.

"아버지 사랑합니다." 라고 전화한다.

"갑자기 왜 그래? 무슨 일 있냐?"

"어디 먼 길 가나?" 혹시 자살하는 건 아닌지 다른 형제를 통해 알아보는 부모들도 있었다. '아내한테 편지쓰기''자식한테 편지쓰기''마지막 밤은'아내를 모시고 와서 발 씻어주는 행사가 있었다. 아내의 발을 씻어 주는 시간이 아버지

학교의 마지막 하이라이트였다. 모두들 그 순간 울음바다가 되었다. 고생한 아내의 발을 씻어주며 그동안의 잘못에 대한 반성을 하고 부부가 회복되는 시간이다. 불행히도 나는 그때 아내와 사이가 좋지 않아서 가자는 말을 못했다. 말을 해도 오지 않을 것 같았다.

아버지라면, 아니 예비 아버지라도 꼭 아버지 학교를 수료하기를 권한다. 인생의 마지막 종착역까지 함께 가는 사람은 오직 가족뿐이다. 가정을 세우는 일에 온 역량을 결집해야 한다. 가정을 이루어 가는 법을 배우지도 못하고 무작정 아버지가 된 것에 대해 후회를 많이 했다. 그래도 늦게나마 정신을 차렸으니 다행이다.

최근 독서기본과정를 듣고 독서를 취미로 가지려고 애쓰고 있다. 책에는 없는 것이 없다. 아이의 코칭, 부모의 역할, 남편의 역할, 행복한 가정을 이루는 법, 꿈, 삶에 대한 목표와 어떻게 살아야 되는 것 등 다양한 경험들이 있다. 책속에 길이 있다는 것을 최근에 알았다. '왜 진작 독서를 하지 않았을까?'하는 아쉬움이 남는다. 하루 30분이라도 꼭 책을 읽기를 바란다. 성공한 사람의 88%는 하루 30분 이상 책을 읽는다는 통계가 있다. 요즈음은 새벽 4시에 일어나서 꼭 1시간 이상 책을 읽는다. 평생 책을 손에서 놓고 싶지 않다. 책 읽는 게 재미있는 줄을 몰랐다. 몸을 유지하기 위해 음식이 필요하듯, 뇌에도 음식이 필요하다. 그게 바로 독서다. 새로운 생각과 지혜를 가르쳐 준다. 매일 30분이라도 책을 읽기 바란다. 독서를 하다보면 남이 원하는 삶이 아닌 내가 원하는 삶으로 살아갈 수 있다. 다시 한번 '아버지 학교' 수료를 권한다, 아버지 학교를 수료해서 진정한 아버지로 거듭나기를 바란다.

성경에 이런 말이 있다. '또 아비들아, 자녀를 노엽게 하지 말고 오직 주의 교훈과 훈계로 양육하라.(에베소서 4:6)'

무엇을 위해 살아왔나

내비게이션은 설정된 목적지로 가지 않으면, 방향을 수정해서 가르쳐 주지만, 우리의 삶의 꿈과 목표는 스스로 설정해야 한다. 그렇지 않으면 방황하다가 삶을 낭비하게 된다. 아무런 생각도 꿈도 없이 하루하루를 보내는 것은 신이 나에게 준 삶에 대한 죄악이다.

오늘 상부기관 과장님 및 직원들과 식사를 했다. 우체국사업을 하는데 있어서 특별한 방향이 없이 꼭 같은 이야기다. 뭔가 다른 사업 방향을 제시해 주면 좋겠는데 특별한 것이 없다. 예전 같으면 별다른 생각 없이 공감하고 끝이 났지만 요즘은 개인적인 일 뿐아니라 직장의 앞날에 대하여 생각하고 고민하는 등 생각의 폭이 좀 넓어진 것 같다.

금요일 탁구 동호회 월례회에 참석했다. 동호회가 좋은 것은 나이가 1살 차이가 나도 선후배가 명확히 구분된다. 사회적 지위와 아무런 상관이 없다. 그러기에 회사동료들과 술을 마실 때 보다 마음이 편하다. 적어도 동료들을 헐뜯고 미워하는 말들이 없으니 말이다. 가급적이면 단체 회식 외에 사내 직원들과 개인적인 술자리를 자주 하지 않는 것이 좋다.공직생활을 되돌아보면 내부 직원간의 술좌석은 우물 안 개구리처럼 일부 직원이나 상사의 뒷담화로 생산성 있는 말보다 부정적인 것을 많이 얘기한다. 요즈음은 가급적이면 공식적인 자리 외에 사내 직원들과의 술자리는 피한다.

동호회에서는 술을 마시면 마음이 편하다. 상하관계도 없다. 같은 목적으로 모였기에 지향하는 목표도 같다. 후배는 선배를 존경하고 선배는 후배를 이끌어 주는 그런 분위기가 좋다. 그래서 동호회 월례회에서는 술을 많이 마시게 된다. 땀 흘리고 마시는 맥주는 정말 꿀맛이다. 그날도 술을 많이 마셨다. 토요일 아침, 눈을 뜨니 해가 중천에 떴다. 아내는 요가학원에 가고 없다. 머리가 빠개질 듯 아프다. 어제 비가 와서 '파전에 막걸리'로 과음을 했다. 부엌으로 가서 물을 마시고 화장실을 갔다. 화장실 거울에 비친 내 모습을 보고 깜짝 놀랐다. 웬 중년 노인이 거울 속에 있었다. 애써 내가 아니기를 바랐으나 영락없는 내 모습이다. 40세 이후의 얼굴은 본인의 책임이라고 한다. 얼굴은'얼이 담긴 그릇'이라고 한다. 인생 살아온 모습이 고스란히 담겨있다고 한다. 부처님 말씀에'현재의 내 모습은 생각의 소산이다'라고 말한다. 정말 그런 것 같다.

거울 속에 있는 괴물 같은 중년이 웃지도 않고 애처롭게 나를 바라보고 있다. 헝클어진 머리, 주름진 야윈 얼굴, 희끗희끗 흰머리가 그동안의 삶의 굴곡을 나타내는 것 같았다.내가 아니라고 애써 부인 해 본다. 하지만 어쩔 수 없는 내 모습이다. 그동안 무엇을 위해 살아왔나? 삶의 꿈도 목표도 없이 그저 하루하루 닥치는 대로 살았다. 너무 늦었다고 후회해도 소용이 없다.퇴직이 5년 밖에 남지 않았다. 1년 전 퇴직예정자 교육과정을 다녀왔다. 퇴직 후 삶에 대한 준비를 하라고 했다. 그러나 내 삶과 연계시키기에는 별 도움이 되지 않았다,

얼마 전 『세바시』의 김미경 원장님의 강의를 들었다.

'꿈은 다른 먼 곳에 있지 않다. 바로 네가 있는 그 직장의 일을 꿈으로 삶고 살아라.' '꿈은 가슴이 뛰어야 된다고 그것만 찾는 사람들이 있는데 평생 그럼 꿈은 오지 않는다.' '자기가 하고 있는 일을 꿈으로 삶고 그 일을 꿈처럼 하다가 보면 가슴이 뜨겁게 된다.'는 내용이었다. 나는 지금까지 남을 위하여 살아왔다. 내 자신에게 투자하지 않았다. 시중의 자기계발서 책을 보면 월급의 3%~10%는 자기계발을 위해 돈을 쓰라고 한다. 그게 가장 유익하고 중요한 투자 방법이라고 한다. 하지만 30년 넘게 내 자신의 가치를 높이기 위한 돈을 한 번도 쓰지 않았다. 교육원에서 교육받은 게 거의 전부였다.

요즘은 나를 위한 투자를 한다. 최근 2개월 동안 천만 원 정도의 강의료를 투자했다. '운동, 독서리더' '3P바인더' '정리력' '책 쓰기' '헬스' '아내가 하는 요가' 등 하고 싶은 걸 하다 보니 가슴이 뛴다. 행복감이 커진다. 내 자신을 사랑하게 되었다. 꿈을 갖는 다는 것은 단순히 꿈을 꾸는 것과는 다른 것 같다. 꿈은 하고 싶은 것을 바로 시작할 때 꿈이 이루어진다고 생각한다.

늦은 나이에 어릴 때 꿈이었던 보디빌더가 되는 꿈을 이루기 위해 헬스장에 등록을 해서 배우고 있다. 시작을 했다는 것은 꿈이 이루어진 것이나 마찬가지다. 100가지 꿈보다는 바로 한 가지라도 실행하는 것이 꿈을 이루는 방법이라고 생각한다. 또 꿈은 확장성이 있다. 요즘 강의를 듣다 보니 같은 수강생들끼리 네트워크가 형성되고 그들과의 긍정적인 교류를 통해서 내가 꿈꾸고 있는 것들에 대한 조언과 도움도 얻는다. 또 이미 내가 꿈꾸던 일을 이룬 분들과의 교제를 통해서 더 많은 것을 알게 되었다.

얼마 전 꿈에 대한 강의를 들었다. 꿈은 식당에 가서 주방에 음식을 주문하는 것과 같다고 한다. 주방에 가서 음식을 주문하듯이 온 우주를 주방이라 생각하고 꿈의 주방에 주문만 하면 온다고 한다, 꿈을 주문하면 이루어지고 가슴이 뛴다고 했다. 3가지만 주문하면 3가지가 오고, 100가지를 주문하면 100가지가 온다. 우리가 주방에 음식을 주문하듯이 말이다. 음식을 주문하지 않으면 아무도 음식을 주지 않는다. 온 우주에 널려 있는 꿈의 주방에 지금 당장 주문하자. 우리가 음식을 주문할 때 좀 짜게, 고기는 바싹 구워서 주고, 후추를 좀 뿌리고, 라면사리를 넣고, 구체적으로 주문하듯이 꿈도 주문할 때 구체적으로 기한을 정해서 주문하면 훨씬 더 빨리 이루어진다고 한다.

　잠시 내가 하는 일을 멈추고 내가 지금 어디로 가고 있는지 잠시 뒤돌아보는 시간이 되었으면 좋겠다. 부산에서 서울로 가려면 목적지와 경로를 정해서 가야만 빨리 갈 수 있다. 하지만 방향과 경로 없이 무조건 서울로 간다면 가다가 평생 서울에 도착하지 못할 수도 있다.

　내가 가고 있는 이 길이 서울로 가는 바른 길인가?

거절하지 못하는 내 성격

나는 거절을 못하는 성격이다. 얼마 전 성격 테스트를 했는데 어린 순종형이고, 피플형으로 나타났다. 어린 순종형은 누가 시키면 시킨대로 한다는 성격이다. 피플형은 누군가가 부탁하면 꼭 그것을 들어 주어야 되며 거절하면 마음이 불편한 형이라고 한다. 그래서 손해 볼 때가 많다고 한다. 공무원 임용되고 얼마 되지 않아 가수 조영남의 '화개장터'로 유명한 경남 화개우체국에 근무한 적이 있다. 어느 날 고등학교 동창이 우체국에 찾아왔다. 고등학교 때 선생님한테 몽둥이 맞은 얘기, 친구들 얘기, 취업 얘기 등 저녁도 먹고 함께 술을 마셨다. 친구 집은 쌍계사 절 밑에 있다고 했다. 이후 우체국에 자주 놀러 왔고 우체국 통장도 만들고 적금식 보험도 가입을 했다. 어느 날 아침 일찍 우체국에 왔다.

"어머니가 갑자기 쓰러져서 병원 가는 길인데 돈이 필요하다며 자기통장 돈을 다 찾았는데 병원비가 더 들지 모르니 돈이 있으면 빌려 달라"고 한다. 큰 병일지도 모르니 가능한 만큼 빌려 달라고 한다.

"돈은 병원에 갔다가 농협적금 해약해서 준다."며 급하게 돈을 요구했다.

마침 그 당시 어머님이 돌아가신지 얼마 되지 않은 상황이라 남의 일 같지 않았다. 통장에 모아 놓은 돈 전부를 인출하여 동창에게 전달했다. 점심시간 될 무렵 친구의 다급한 목소리가 전화기로 들렸다.

"어머니의 병이 커서 당장 수술해야 되는데 돈을 좀 더 빌려줄 수 없냐?"

자기는 농협에 적금을 넣어 놓은 것이 있는데 통장이 집에 있어서 우선 입원시키고 가서 준다고 한다. 내심 찝찝한 마음이 들었지만 어머니의 병이 크다고 하니 걱정이 되었다. 국장님과 직원들 돈을 빌려 동창에게 계좌로 송금을 했다. 이후 친구는 연락이 되지 않았다. 수소문 끝에 동창의 집을 방문해서 어머니를 만났다. 병원에 입원한 적도 없단다.

"그 놈이 또 사기를 쳤다!" 고 하시며 털썩 주저 않으셨다,나처럼 당한 사람이 많이 있다고 했다. 그 돈은 나의 5년 월급이었다. 돈도 돈이지만 믿었던 동창한테 배신당한데 대한 상처가 오랫동안 지속되었다.

이 사건 이후 사람을 믿지 말자고 다짐을 했다. 시간이 흘러 부산으로 발령이 났다.중학교 동창모임에 참석했다. 친구들 중 잘 되어 있는 친구도 많았다. 법원 판사도 있고 서울지검 검사도 있었다. 말단 공무원인 나는 부럽기만 했다. 나도 집안 형편만 넉넉했으면 대학을 진학해서 잘되어 있을 건데 하는 후회가 되었지만, 그건 핑계일 뿐이다. 중학교 때는 대학을 꿈꾸어 보지도 못했다. 내 적성에 관계없이 집안사정만 생각하고 등록금이 면제되는 기계공고로 갔다,

친구들이 잘 되어 있는 것에 대하여 질투심도 났다. 나도 모르게 비교가 된

다. 한쪽 구석에 앉아 죄 없는 술만 마시다가 왔다. 이후 중학교 동창모임은 잘 나가지 않았다.고등학교 동창모임에 참석했다. 기계공고 출신이라 대부분이 창원공단, 울산중공업 등에 취업해 있었다. 중소기업 사장된 친구가 창원에 있다고 명함을 건넨다. 술 한 잔 사줄 테니 창원으로 놀러 한번 오라고 한다.

얼마나 지났을까? 창원 동창이 찾아 왔다. 부산에 거래업체 갔다가 보고 싶어 왔다고 하면서 자기 회사 구경시켜 준다고 가자고 했다. 내심 내키지 않았지만 따라서 창원으로 갔다. 공장 규모는 50평 정도 되는 것 같았다. 직원들도 8명 정도 근무했다.

"공무원이 무슨 돈이 있냐? 내가 살 테니 걱정 말라."고 하면서 저녁 대접을 받았다. 고맙기도 하고 미안하기도 했다. 동창이 잘되어 있는 것을 보면서 창원 ○○중공업에 퇴직하지 않고 계속 근무할 걸 하는 후회가 되었다.

그런 후 얼마 지나서 창원에서 동창이 또 왔다. 얼마 전 창원에 갔을 얻어먹은 것도 있고 해서 대접을 해야겠다고 마음먹고 부산 자갈치 횟집으로 안내했다. 지난번의 대접 받은 것에 비하면 훨씬 부족하지만 비싼 곳은 특별히 아는 데도 없고 평소 잘 가는 식당보다 좋은 횟집으로 안내했다.저녁 식사를 마치자 2차는 꼭 자기가 산다고 하면서 양주 집으로 데리고 갔다. 한 잔 먹는 중 시중 드는 아가씨를 물리고 나한테 부탁을 했다.

"회사가 잘 되어서 공장을 넓히려고 하는데 돈이 좀 부족하다. 은행에 갔더니 공무원 보증을 서면 가능하다고 해서 네 생각이 나서 왔다." 공장만 넓히면 3개월 안에 금방 갚을 수 있으니 별 걱정 안 해도 된다고 서류를 내밀었다.

"친척들한테 보증을 부탁할 수도 있는데 공무원이 아니면 3명을 세워야 하고, 여러 곳 다니면서 부탁하기도 싫어서 왔다. 간곡히 부탁한다."

지난 번 동창한테 사기 당한 것도 있어서 망설여졌다. 공장도 확인해 봤고,

사업이 잘 되어서 공장을 넓히는데 별 문제없을 거라는 생각을 하고 지장을 찍어 주었다. 나중에 엄청난 일이 일어날 줄 꿈에도 생각을 못했다.

6개월이 지났는데 은행에서 전화가 왔다. 동창의 회사가 부도가 나서 돈을 갚으라고 한다. 순간 앞이 캄캄했다. '올 것이 왔구나.' 절대로 믿지 않겠다고 했는데 또 당했다. '왜 나는 이렇게 바보처럼 살까?' 돈을 갚을 길이 없었다. 회사로 봉급 압류가 들어와서 봉급의 1/2밖에 받지 못했다. 나중에 알고 보니 친구는 부도가 나서 감옥에 가 있었다. 때려죽일 수도 없었다. 수소문해서 부인을 찾아가 보니 반 지하 단칸방에 2살 정도 되는 애를 업고 울고 있었다. 나 말고도 많은 사람이 찾아온 듯 많이 지쳐 있고 자포자기한 모습이었다. 그런 상황에서 돈 얘기를 꺼낼 수도 없어 허탈한 마음으로 발길을 돌려야 했다.

거절해야 되는데 거절 못하는 내 자신이 한없이 미웠다. 그 돈은 12년간 나를 괴롭히고 따라 다녔다. 이후 친척들이 보증을 서 달라고 하고, 친구들도 부탁을 해왔으나 은행에 가봐야 어차피 자격이 안 된다고 말했다. 비싼 대가를 치른 후 비로소 보증의 무서움을 알게 되었다. 이후 주위에 보증으로 인하여 패가망신 하는 사람들을 많이 봐왔다. 친한 친구나 친척이 보증을 서주라고 할 때 거절하기가 참 힘이 든다. '돈을 빌려주면 친구도 잃고, 돈도 잃는다.'라는 말이 틀린 말이 아니다.

친한 친구나 친척이 보증을 서 달라고 하면 잠시 시간을 두고 생각해 보자. 그래도 지속적으로 요구하면 보증을 서 주는 대신에 빌려줄 수 있는 범위 내에서 안 받는다고 생각하고 현금을 빌려주는 게 좋다. 보증을 서 주면 또 다시 보증을 서 주어야 된다. 현금을 주는 것이나 보증을 서 주는 것이나 어차피 못 받을 생각을 해야 한다. 현금을 주면 그것으로 끝이지만 보증을 서면 채무관계가 형성되어 껄끄러워지며 결국 친구도 잃고 돈도 잃게 된다.

친구나 동료, 사람들을 잃지 않는 방법은 거절을 할 줄 아는 것이다. 순간은 기분 나쁠지 모르지만 적당한 핑계를 대고 가능한 현금을 주는 것이 현명하다. 나의 경험을 주위 동료들에게 기회 있을 때마다 보증을 서지 말라고 많이 얘기해준다.

거절하지 못하는 성격으로 힘들어진 일은 이것뿐만이 아니다. 회사에서 동료들과 1박 2일 놀러가자고 한다. 다음 날 집안일이 있어서 가면 안 된다. 거절하지 못하고 갔다가 아내와 다툼이 나는 경우가 많이 있었다. 왜 거절하지 못하는지 모르겠다. 거절하면 내가 죄를 짓는 기분이 들기 때문이다. 그래서 밖에서는 항상 매너 있는 직원, 안 되는 게 없는 직원으로 통하기도 한다. 내 업무가 아닌데도 일을 부탁을 하면 거절을 못하고 끙끙 앓고 남의 일을 다 처리해준다. 런 후 나의 일을 하다가 늦게 퇴근하는 경우도 많았다.

혼자 스트레스를 받으면서도 왜 말을 못하는지 내 자신도 모르겠다.

한 번씩 나의 일이 아닌데 동료직원이 일을 부탁해서 일을 해주는 경우가 있다. 일을 부탁한 직원은 퇴근을 해버리고 혼자남아 그 직원의 일을 처리하면서 '왜 내가 이러고 있지? 후회를 하고 다시는 안 그래야겠다고 다짐을 해보지만 다음에 또 마찬가지다. 항상 아내가 하는 말이 있다.

"밖에서 당신 욕을 하면 나만 못된 여자 취급 받는다."

거절하지 못하고 항상 OK하는 사람으로 통하다 보니 남들은 나를 착하고 좋은 사람으로 인식되어 있다. 아내는 밖에서는 늘 나를 칭찬 해줘서 고맙다. 자기 직원들한테도 칭찬을 많이 해서 '부부금술이 좋다느니, 연구대상 부부'라느니 하는 소리를 많이 듣는다고 한다. 못난 남편을 항상 좋다고 하는 아내 마음은 얼마나 불편했을까? 하는 생각에 가슴이 아프다. 아내는 항상 홈쇼핑이나 시장에서 파는 싼 옷을 사 입는다. 그렇지만 내 옷은 항상 백화점에 데리고 가서 비싼 옷을 사 주었다. 자기는 표준 사이즈라 시장 옷도 잘 어울리지만 나는 키가 작아서 백화점 옷을 입어야 겨우 사람처럼 보인다고 한다. 왜 예쁜 백화점 옷을 입고 싶지 않으랴? 자기보다 못난 남편에게만 좋은 걸 사주는 아내에게 한없이 고맙고 미안한 마음이 든다. 이번 주에는 백화점에 가서 예쁜 옷을 한 벌 사 주어야겠다. 안 간다고 거절하겠지만…….

남의 부탁을 거절하면 큰일날 것 같지만 별다른 일도 일어나지 않는다. 거절에 대하여 내가 생각하는 것만큼 상대는 심각하게 받아들이지 않는다. 대신 거절할 때는 상대의 기분이 상하지 않도록 정중하게 거절하고 또 단호하게 거절해야 한다. 이것도 저것도 아닌 어중간한 거절은 나뿐 아니라 상대방을 혼란스럽게 만든다. 거절하는 방법을 계속 터득하면 마음이 평안해진다. 무엇보다 내 목표가 있으면 거절하기 쉬워진다. 목표를 갖고 우선순위에 따라 삶을 살아가면 주춤할 시간이 없다.

인기 없는 보직은
내 보직

어릴 때 모내기 시절이 되면 어김없이 제비가 우리 집 처마 밑에 집을 지었다. 새끼를 4~5마리 정도 키우는데 어미가 먹이를 물고 오면 눈도 떠지지 않는 새끼들이 입을 벌려 먹이를 먹고 싶어 쟁탈전이 벌어진다. 어미는 입을 제일 크게 벌리는 새끼에게 먹이를 준다고 한다. 직업도 천직이 없다고들 하지만 사람들은 쉽게 호응하지 않는다. 직장에서도 마찬가지다. 보직도 인기 있는 보직이 있는 반면 남들이 가기 싫어하는 보직이 있다. 한정된 보직에서 좋은 보직을 다 줄 수는 없다. 새들처럼 입을 크게 벌려 먹이를 요구하는 사람에게 좋은 보직이 주어질 기회가 많다.

하지만 나는 한 번도 좋은 보직을 위해 요청해본 적이 없다. 미련하고 바보스러운 것 같지만 사실 그랬다. 그리고 내가 가는 보직은 항상 일이 많았다. 어떤 상사들은 다른 사람 업무인데도 불러서 일을 시키는 경우도 있다.

"이 일은 저의 일이 아닙니다."라고 말할 용기가 나지 않는다.

"이 일은 옆에 김 주사의 일인데……."

불평을 하면서도 그 일을 다 한다.

내가 상사가 되어 보니 그때 상사의 마음을 조금은 알 것 같다. 내 마음에 들게 보고서를 작성해 오는 사람에게 일을 맡기고 싶어진다. 그렇다고 내가 일을 잘 했다는 것은 아니다. 상사의 의도에 맞게 보고서를 작성해 갔기 때문이었을 것이다.

공무원 사회는 일을 많이 한다고 승진시켜주는 것도 아니다. 흔히 '일 따로, 승진 따로' 라는 말이 회자된다. 일도 열심히 하지 않고 상사 비위만 맞추며 승진을 더 빨리 하는 직원들을 보면 힘이 빠질 때가 있다. 나는 일만 열심히 하는 축에 속했다. 그래서 그런지 가는곳 마다 일이 많았다.내가 주임시절 동 단위 소규모 우체국에 근무한 적이 있다. 모처럼 좋은 보직이었다. 그때 당시는 우체국에서 보험을 모집하면 수당이 굉장히 많았다. 수당이 봉급의 2배 정도 되었다.

'나에게 무슨 이런 복이…….'

라고 생각하며 열심히 일했다. 1년도 되지 않아 감독국 인사계장이 전화가 왔다. 감독국에 와서 근무해야 되겠다고 한다. 보통 발령을 받으면 3년은 채우고 다른 보직으로 발령이 난다.바로 감독국에 가서 인사담당 계장을 만났다. 밥도 사주고 술도 사주면서 1년 밖에 안 되었으니 그대로 근무하게 해 달라고 했다. 술 마실 때는 알았다고 하더니 일주일도 안 되어서 감독국으로 발령을 내버렸다.

발령을 낸 것에 대하여 기분이 좋지 않았다. 불편해 하면서 감독국으로 자리를 옮겼다. 돈도 돈이지만 감독국에 가면 인원 사정이 좋지 않았다. 원래 인사 1명, 세출 1명이 근무하는데 나한테 주어진 업무는 인사와 세출 2명의 업무가 주어져 있었다. 그런데다가 발령을 낸 인사담당계장은 창구계장으로 발령이 났다. 인사담당계장은 명분상만 있었다. 당시 서무담당 계장은 사무관 승진시험 공부한다고 출근도 하지 않았다. 지금은 그렇지 않지만 주사에서 사무관 승진시험을 공부할 때는 시험기간 동안 회사에 출근을 하지 않아도 눈감아주는 시기였다. 졸지에 혼자서 인사담당계장 대리업무 + 인사 + 세출 세 사람 업무를 혼자하게 되었다. 나를 발령 낸 창구계장은 "이 일을 할 사람이 너뿐이라서 발령을 냈다." 며 칭찬인지 위로인지 분간할 수 없는 말을 한다. 그 발령으로 인하여 7급으로 승진되어 다른 국으로 발령을 받을 때까지 3년 동안 엄청 힘이 들었다.

부산체신청 우편영업과 근무하던 때다. 근무기간이 1년 6월쯤 되어서다. 과장이 복도 조용한 곳 응접소파로 불러서 따라갔다.

"정 계장, 감사실로 발령을 희망했다고 하대?"

나이가 들어가면 상대의 말투로 기분을 알 수가 있다. 기분 안 좋은 말투다. 당시 감사실에는 고향 선배가 감사관으로 근무하고 있었다. 감사실 선배가 나를 데려 가려고 우리 과장한테 말을 한 것 같았다.

과장님은 애원하는 말투로 나에게 부탁을 했다.

"영업과에 더 있으면 안 되겠냐?"

과장도 그럴 것이 직원이 바뀌면 다시 시작해야 되기 때문에 그렇게 말한 것 같았다. 남들이 선호하는 감사관실 보직으로 가고 싶었으나 과장의 반 협박 같은 의도를 보니 선뜻 거절할 수가 없었다.

"네, 알겠습니다. 그러면 그대로 있겠습니다."라고 말했다. 그래서 전보는 마무리되는 듯 했다.

오후가 되어서 인사과장이 호출 전화가 왔다.

"정 계장, 총무과에 근무하러 와야겠다. 네가 적임자다."

"과장님, 저는 오전에 감사실 오라고 했었는데 우리 과장님이 우편영업과에 같이 좀 더 근무하자고 해서 안 간다고 했습니다."

"발령받은 지 1년 6개월 밖에 안 되었는데 그냥 있겠습니다."

라고 말씀을 드렸다. 사실 우편영업과도 총무과도 남들이 선호하는 보직이 아니다. 어느 곳에 근무하나 마찬가지라고 생각했다. 또 오전에 과장님한테 감사실 안가겠다고 마음을 정리한 상태에서 다시 총무과 간다고 하는 것도 말이 안 되기 때문이다.

사실 내가 가고 싶은 곳은 감사실이었다. 승진 가점도 있고, 감사실만의 네트워크가 군대 조직처럼 결속되어 서로 밀어주고 끌어주는 그런 부서이기 때문이다.

인사과장이 보내려고 하는 총무과는 누구도 가기 싫어하는 보직이었다. 그래서 더 싫었다. 인사과장이 다시 명령하듯 말했다.

"조직이 원할 때는 원하는 대로 따르는 것도 직원의 미덕이다."

"앞으로 네가 맞게 될 총무과 보직을 맡는 사람은 다음 전보할 때 본인이 원하는 보직으로 가게 해줄게."

인사를 좌지우지하는 인사과장의 말을 어떻게 거절할 수 있겠는가? 하는 수 없이 오전에 있었던 이야기를 했다.

"과장님 오전에 감사실에 오라고 했었는데 우편영업과 그냥 있겠다고 했습니다. 감사실 안간다고 우리 과장님한테 이야기 했는데 총무과 간다고 말 못하겠습니다. 그러니 우리 과장님께 말씀해 주십시오."

"너희 과장한테는 내가 얘기할게." 하시면서 내려가 보라고 했다.

우리 과에 도착하자 벌써 우리 과장님과 인사 과장님과 통화를 하고 있었다. 통화를 마치자 과장님이 나를 불렀다.

"정 계장, 총무과로 가기로 했어요? 나도 온지 얼마 되지도 않았는데 정계장까지 가버리면……."

기분 나쁜 투로 말한다. 이렇게 해서 또 내가 원하지 않는 보직으로 발령 받게 되었다.

남들이 원하지 않는 총무과에 와서 하는 일은 청장님의 본부 보고서를 PPT로 작성하는 일, 국정감사, 국회업무, 심사분석, 주요업무계획 작성, 각종 업무 보고서 등을 처리한다. 업무가 비중이 있을 뿐더러 급하게 시간을 요하는 일이 많다. 더구나 이것보다 더 큰 일이 내 앞을 기다리고 있었다. 업무 외에 「부산 체신청 100년사 편찬」 사업이었다. 말 그대로 100년의 역사를 책으로 만들어 내야 하는 어머어마 한 일이었다. 앞이 캄캄했다.

또한 모든 보고서를 PPT로 작성하여 보고해야 했다. 모든 txt 보고서를 PPT로 만들어 보고하게 했다. 종이보고서에 비하여 PPT 보고서는 시간상으로 노력이 많이 필요하다. 더군다나 본부에 사업보고서를 매월 PPT로 작성하여 보고하는데 전국 8개 체신청장의 보고서가 서로 비교가 되기 때문에 신경을 써서 작성하지 않으면 안 되었다.

때로는 밤을 새워 만드는 경우도 있었다. 아침부터 밤늦게까지 PPT를 수정하는 작업을 계속한다. 초안, 본안1, 본안2, 본안3, 본안4, 본안10……. 청장수정1, 청장수정2……. 최종안이 나오기까지 수정작업을 수도 없이 한다. 아침부터 하루 종일 컴퓨터 모니터만 보고 저녁 늦게까지 PPT 작업을 했다. 저녁 11시경 되면 컴퓨터 모니터가 여러 색 물감을 물에 풀어 놓은 것처럼 뿌옇다. 눈이 피로해서 모니터 화면이 그렇게 보이는 것을 처음 봤다. 업무보고서는 이것뿐 아니었다. 그 당시 대형 국제행사가 부산에서 많이 있었다. 「2004년 아시아 텔레콤」, 「2005APEC」 행사로 장차관님들이 수시로 방문했다. 그에 따른 업무보고서가 쏟아져서 밤을 새워 일하는 경우가 많았다.

남은 것을 나빠진 시력이다. 그나마 얻은 게 있다면 PPT 작성 실력은 좋아졌다는 것이다.

이것보다 더 큰 일은 「부산체신청 100년사 편찬」 사업이었다. 전임자가 이 것을 안 맡으려고 도망간 것 같았다. 전임자에게 원망해 보았지만 어쩔 수 없었다. 더구나 이 업무는 주어진 업무를 하면서 같이 해야 한다는 것이다.

「부산체신청 100년사 편찬」 TFT가 만들어졌다. 나를 팀장으로 3명이 추가로 영입되었다. 차출된 사람들은 도살장 가는 사람들처럼 억지로 왔다. 그것도 편찬 작업이 마무리 될 때까지가 아니라 3개월 동안 만이었다.

나는 팀장으로 전국 도서관, 우체국 창고, 부산우취가〈우표를 취미로 수집하는 사람〉 사료, 자갈치시장, 시골지역우체국 창고, 사진첩, 국사원부 등으로 자료 수집을 위하여 발품을 팔았다. 3개월 후 TFT로 차출되었던 3명은 해당과로 복귀했다. 결국 「부산체신청 100년사 편찬」 업무는 내 몫이 되어버렸다.

사료를 집필하는 것은 역사가에게 용역을 맡기면 되는데 문제는 사료를 찾아내는 게 큰 문제였다. 90년대 초 우체국을 확장하는 공사를 많이 했다. 수십년 동안 창고에 있던 귀한 사료들이 폐기처리 되는 경우가 많았다. 역사에 아무런 관심이 없는 직원들이 3년 이내 것은 두고 나머지는 다 버렸다. 작년에 '명량'이라는 영화를 봤다. 12척으로 300척의 왜적을 무찌르는 기적 같은 영화였다. 12척으로 300척의 왜적을 물리치고 해전에서 23전 23승을 거둔 것보다 더 중요한 것은 전쟁 중에 먹을 갈아 '난중일기'를 기록했다는 것이다. 난중일기를 통하여 우리가 '명량'을 알 수 있는 것이다. 또한 다산 정약용은 억울하게 유배를 당했지만 임금을 원망하지 않고 유배지에서 500여 권의 책을 저술했다.

'적자생존'이란 말이 있다. '강한 자만이 살아남는다.'로 알고 있지만 요즘은 약간 변형되어 '적는 자(기록)만 살아남는다.'로 통용된다. 사료편찬사업을 하면서 가장 어려웠던 점은 기록물이 없다는 것이다. 소중히 만든 자료들을 매뉴얼로 만들어 지속적으로 후임들에게 인계하면 좋겠다. 그런 자료들이 모이고 모여서 100년사, 200년사로 귀중한 사료로 길이 남을 것이다. 100년사 TF팀원들이 해당과로 복귀했다. 기간 내 완수해야 됨에 따라 더 큰 무게로 다가왔다. 역산스케줄에 따라 기간이 정해진 일들이기에 시간이 지나면 지날수록 맘이 급했다. 문제는 나의 업무를 다른 사람이 대신해 주는 것이 아니라 업무는 그대로 하고 100년사 편찬사업이 추가로 되었으니 더욱더 미칠 지경이었다. 진척이 늦어지자 성질 급한 과장은 수시로 고함을 친다.

'자기가 해 보라지!'

나한테 짐 다 맡겨놓고 신경 써 주지 않는 상사가 무척 얄미웠다. 부하직원은 국이 끓는지, 밥이 끓는지 알지도 못한다. 원망해보고 욕도 해보지만 달라지는 것은 없다.

설상가상으로 「6시그마과제」를 과별로 수행하여야 되었는데 이번에는 우리과 차례라고 한다. 당시 6급 계장이 나를 포함하여 2명 있었는데, 총무과 총괄담당 선임계장이었다. 과장님한테 시그마 업무를 총괄계장이 할 수 있도록 해 달라고 부탁을 했다. 아무래도 내가 직접 총괄계장한테 하는 것 보다 과장이 하는 편이 좋을 것 같았다. 하지만 내가 하는 일을 뻔히 알면서도 거절했다.

할 수없이 「6시그마과제」까지 하게 되었다. 총괄계장은 노사담당 업무 외에 별다른 일이 없는데 나를 조금만 생각해 주면 할 수 있을 건데 못한다고 하니 야속하기만 했다. 직접 가서 계장에게 따지고 싶었으나 계속 봐야 하는 직원에게 더 이상 얼굴을 붉히기 싫었다. 이렇게 바보같이 살아왔다. 얼마 동안 그 계장이 보기도 싫어졌다. 얼마 지나지 않아 동료계장은 사무관으로 승진을 해서 다른 부서로 갔다. 역시 승진과 일은 별개다. 과장은 그런 나의 업무를 분담해 주는 것에는 관심도 없었고, 일의 결과만 요구했다. 그런 과장이 야속하기만 했다. 어릴 때부터 아버지 없이 혼자 커왔기 때문에 어려운 일을 남에게 말할 사람도 부탁할 사람도 없기에 모든 일을 나 혼자 감당하는 버릇이 언젠가부터 생겼다. 어려운 일이 있으면 혼자서 그 짐을 다 질려고 하지 말고 남들에게 도움을 청하기를 바란다.

2년 뒤에 「부산체신청 100년사 편찬」 사업이 성공적으로 수행이 되었고 책과 CD도 나왔다. 보람된 일이었다. 사업지원국장님이 나와 TFT 3명을 불러서 저녁을 사 주셨다. 우리는 100주년 기념하자면서 소주 100잔을 마셨다. 그런 여유도 잠시, 100주년 기념행사 준비로 또 바쁜 나날을 보냈고, 100주년 행사도 성공적으로 수행하였다. 바쁜 중에 수행한 「6시그마과제」도 전국에서 은상(3위)을 수상하는 기쁨을 얻었다.

3년간의 세월이 어떻게 지나갔는지도 몰랐다. 말 그대로 일에 파묻혀 살았다. 가정은 아예 뒷전이었고 부부관계는 점점 안 좋아졌다. 어느 날 저녁 자장면을 시켜 먹고 본부장에게 보고할 청장님 업무보고 자료를 PPT로 작성하고 있었다. 저녁 8시쯤 지났을까 내 자리 옆과에 앉아 있던 인사과장이 나에게 말했다.

"정 계장! 내일 발령이 났는데 뭐해?"

"네? 제가 발령이 났다고요? 어디로 났는데요?"

"우편물류과로 났다."

순간 모든 걸 때려치우고 싶었다. 총무과로 발령 받을 때 다음 보직은 네가 원하는 보직'으로 발령을 내 준다고 그렇게 하더니 내 의사 한번 물어 보지 않고, 초임계장이 보직을 받는 자리이고, 인기 없는 우편물류과로 발령이 났다고 하니 기분이 좋지 않았다. 더 서운한 것은 나의 발령 사실을 옆과 과장에게서 전달 받았다는 것이다. 우리과장이 발령에 대한 귀띔도 해 주지 않고 퇴근했다.

'그토록 밤을 새워 가면 3년 동안 일한 결과가 이것인가?'하는 생각에 원망이 컸다.

일하던 것을 당장 때려치우고 집으로 가려고 하다가 그래도 청장님 본부보고 자료인데, 마무리하고 가야겠다고 PPT 작업을 계속 했다. 업무가 끝나고 집으로 가는 길에 집 앞에서 혼자 소주 3병을 마셨다. 도무지 잠이 오지 않을 것 같아서다. 정신은 더욱 더 말똥말똥해졌다. 원망과 함께 나에 대한 자괴감이 밀려왔다. 일만 하다 보니 발령에 대한 관심을 가질 수도 없고, 부탁도 안했으니 남들이 가고 싶어 하는 보직을 다 받고 나서 남은 보직을 받게 되는 당연한 결과일지도 모른다. 상사들이 좀 알아서 해 주기를 바라는 것은 내 욕심일까? 요청하지 않으면 아무도 내 일을 알 수가 없고 도와주지 않는다. 자신들의 삶에만 관심이 있다. 상대방의 일을 생각할 여유가 없는지도 모른다. 어미 새도 새끼가 입을 크게 벌리는 순서대로 먹이를 준다고 한다. 자신이 스스로 할 수 있다고 생각하고 독불장군처럼 행동해서는 안 된다. 나를 조언해 줄 멘토를 꼭 구하기 바란다. 알아서 나의 어려움을 해결해 주는 일은 별로 없다.

제2장
사랑하는 내 가족

못난 아빠의 모습

가정이라는 단어를 별로 생각하지 않았다. 어떻게 이끌어 가야하는지도 모르고 그저 회사 일에만 몰두했다. 치열한 경쟁사회에서 살아남기 위해서는 어쩔 수 없이 일에만 매달려야 했다. 문제는 아버지의 역할에 대하여 생각해 보지 못했다. 어쩌다 보니 아들이 태어났고 세월이 흐르는 대로 방목해서 키웠다.

아버지의 역할에 대하여는 사람마다 다르다고 생각한다. 이 글을 쓰기까지 아버지의 역할에 대하여 어렴풋이 알고 있었지만, 글로 적어보기는 처음이다. 내가 생각하는 아버지의 역할은 가정에서는 아내를 내 몸과 같이 사랑하고, 자녀들의 재능이 무엇인지를 알아내어 그 재능대로 살아 갈수 있도록 돕는 것이다.' 일에서나 가정에서나 제대로 한 것이 없는 것 같다. 조금 위안이 되는 것은 내 개인적인 생각이지만, 직장에서는 남들에게 손가락질 받지 않도록 일해 왔다. 그런데 가정에서는 실패한 인생을 살아왔다. 그 사람을 알려면 먼저 '그 가정을 보면 안다.'고들 한다. 가정은 그 사람 됨됨이의 바로미터다. 아내를 내 몸같이 사랑하지도 못했고 자녀들도 재능대로 키우지도 못했다. 신혼 때 마음으로 아내를 끝까지 사랑하며 사는 사람도 있다. 하지만 그런 삶을 살지 못했고 사랑보다는 정으로 살아왔던 것 같다. 아내의 말을 경청하지 않아 부부싸움도 많이 했다. "자기는 남이 말할 때 제발 건성, 건성으로 좀 듣지 마라" 이런 말을 수시로 듣는다. 아내의 마음을 헤아려 주지도 못했다. 첫 애를 임신했다. 출근 때 버스를 타기위해 횡단보도를 건너는데 만삭인 아내의 손을 잡고 천천히 걸어야 되는데 혼자 빨리 걷다가 만삭인 아내가 넘어지는 일도 있었다. 이 일로 부부싸움 할 때 단골 메뉴가 되기도 했다. 또 둘째아들이 태어났을 때는 만취된 상태로 저녁 11시에 병원으로 갔다.

술 취해서 집으로 돌아와서 부부싸움을 했는데 나도 모르게 손으로 아내를 밀친 적도 있었다. 둘째아이 임신했을 때 울산에서 출퇴근을 했는데, 매일 술이 취해서 2~3시에 집으로 왔다. 다음 날은 아침 일찍 출근 했다. 아내는 "자기 보기가 하늘에 별 따기보다 힘들다." 고 말하기도 했다. 이런 아버지를 아버지라고 부르면 따랐던 아들한테 한없이 미안하다. 그런 남편인데도 아내는 항상 밖에서는 내 자랑을 했다. 남편자랑 한다고 팔불출이라는 소리를 들었다. 아내는 참 힘들게 살아왔다. 가정에서 애들을 키우며 행복한 나날을 보내야 되는 아내는 항상 가정과 일을 번갈아 했다. 그런 아내의 고마움도 모르고 항상 술에 찌들려 살아온 나는 정말 나쁜 사람이다.

휴일 날 아들이 함께 놀아주기를 그토록 바랐건만, "친구들하고 놀아."라며 잠만 잤다. 아들의 재능이 무엇인지, 꿈이 무엇인지도 알려고 하지 않았다. 성장해 가는 시기마다 감정을 알아주고 코칭을 해주지도 못하고 관심도 없었다.아버지의 도리에 대하여 생각하지도 않았고, 육아 책 한 권 읽어보지도 않고, 세월이 흐르는 대로 대책 없이 살아왔다. 지금 생각해도 난 아버지로서, 남편으로서 빵점이다. 아들은 아버지의 뒷모습을 보고 자란다고 한다. 혹시 아들이 나처럼 살지 않을까? 하는 걱정이 된다. 출근할 때 놀이방에 아이를 데리다 주러 갈 때면 안 가려고 한참을 떼를 쓴다, 한바탕 전쟁이 치러지는데 좀 쉬운 방법은 장난감을 사 주는 것이다. 퇴근 후 집으로 데리고 올 때도 또 장난감을 사 주었다. 낮에 보살펴 주지 못한 보상으로 장난감을 사주다보니 장난감이 방에 가득 차기도 했다. 아이한테 잘해주지 못한 미안함에 조금 잘못해도 나무라지 않았다. 아이가 슬프게 울어도 그냥 실컷 울라고 내버려 두었다. 잘못을 잘못이라 하고, 슬픔 감정에 대하여 느끼게 하고 올바른 감정을 갖도록 코칭을 했어야 했는데 그러지 못했다. 학교 공부에서도 마찬가지였다. 성적이 좋지 않아도 좋지 않은 것에 대하여 나무라지도 않았고, 성적이 좋든 나쁘든 크게 신경 쓰지 않았다.

아이는 기분 내키는 대로 행동하고 자기중심적이다. 어떤 행동이 적절한지 판단하기 어려워하는 것도 그렇게 키워온 결과라 생각된다. 아이가 어느 정도 성장하여 아들과 대화를 나눈 적이 있다. 대화 중 "아빠를 엄청 미워해 왔다고 한다. 아빠가 술 취해 와서 엄마와 싸우는 소리를 옆방에서 들었는데 엄마가 당하는 것 같아 칼로 아빠를 해치고 싶었다고 한다." 순간 가슴이 섬뜩했다. 힘이 없어 어떻게 할 방법도 없는 아들에게 얼마나 큰 상처를 주었는지……. 아마 아들은 평생 그것을 잊지 못하고 살 것이다.어릴 때의 아픈 감정은 잊으려고 해도 저 마음 깊숙한 곳에 있다가 무의식중에 그것이 표면으로 노출된다고 한다. '아버지의 폭력을 보고 자란 아이가 커서는 절대 아빠처럼 되지 말아야지 하면서도 자신도 모르는 사이에 이미 아버지처럼 하고 있다'고 한다. 이런 것도 무의식 속에서 뿌리박혀 있는 쓴 뿌리가 밖으로 표출된 것이라 생각한다. 자녀를 잘 양육하는 것은 신이 우리에게 맡긴 아버지의 역할이다. 첫애가 중학교 3학년 때였다. 교회 다니는 집사님이 자기 딸은 서천에 있는 대안학교에 보낼 거라고 한다.

"그 학교는 뭐하는 학교입니까?"

"독서를 많이 하고 기독교 중심 이념으로 가르치며 전인 인격체를 만드는 좋은 학교입니다." 라고 했다. 성적도 그다지 좋지 않았고 제대로 가르치지도 못해서 어느 고등학교에 보낼까 고민하던 차에 잘 되었다고 생각하고 아들의 생각을 묻지도 않고 대안학교로 보냈다. 그 곳에서는 왠지 아버지로 잘해 주지 못한 것을 잘 해줄 것 같았다. 신실한 기독교인으로 생각하는 집사님 말이라 무조건 믿고 싶었다. 아이한테 미안한 생각이 든다. 여러 학교를 알아보고 자기 성적에 맞는 학교와 아들 의사를 물어보고 보냈어야 하는데 아이의 장래에 관한 중요한 문제도 남의 소리만 듣고 바로 결정했다. 그때는 애들 키우기가 힘들어 충남 서천까지 보내면 기숙사 생활을 하니 편안한 생활을 하려고 한건 아닌지 비겁한 생각이 든다. 하지만 그 당시는 잘 못 키운데 대해 보상해 주고 싶은 마음 때문인 것은 확실하다. 그 기간은 특별 새벽기도 40일 기간 중 집사님과 함께 새벽기도를 하던 때다. 하나님이 예비 해놓으신 길이라 생각했다. 술을 마시고 새벽2시에 집에 와서 4시에 일어나 새벽기도를 갔다. 새벽 4시면 집사님이 집으로 어김없이 온다. 아내한테 미안해서 미리 옷은 출입문 근처에 벗어놓고 바로입고 기도회를 갔다. 새벽기도 갈 때 봉고차에 8명정도 타고 갔다. 봉고차에 탔을 때 술냄새가 진동했을 건데 참아준 집사님들 한테 미안한 생각이 든다.

성격이 꼼꼼하지 못하고 덤벙댄다고 아내가 나무랄 때가 많다. 아들 장래문제도 대충 결정하는 것에 대하여 아직도 많이 아쉽다. 식사할 때 국을 잘 쏟기도 하고 잘 떨어뜨리기도 한다. 이런 나를 보고 아내는 "어구, 털푼이." 라고 한다, 동호회에서는 음식 먹을 때 자주 쏟는다고 '지지리' 라고 놀린다. 꼼꼼하지 못하고 자주 실수를 한다.

어떤 결정을 할 때 깊게 생각하지 않고 즉흥적으로 결정해서 항상 후회하곤 한다. 이런 아빠를 어떻게 아내와 자녀가 존경하겠는가? 아버지는 가정의 제사장이라고 한다. 하늘에서 내려준 권위인데 아버지가 아버지의 역할을 못하니 가정이 무너지는 것은 아닌지 반문해 본다. 적어도 우리 집의 예로 보면 그런 것 같다. 요즈음은 도서관에 가면 육아에 관한 책이 수도 없이 많다. 그런데 아이를 키울 때는 육아 책이 있는지도 몰랐다. 분명히 그 당시에도 육아에 관한 책이 있었을 것이다. 도서관에 가끔씩 아이 책을 사주기 위해서 간 적이 있었는데 육아 책은 보이지 않았다. 사람은 관심을 갖는 대로 보이는 것 같다.

황수빈 작가의 '너를 있는 그대로 사랑해.' 라는 책을 읽었다. 뇌전증을 앓고 있는 엄마의 전쟁과 같은 자녀 양육에 관한 책이다. 집보다 병원에서 더 오래 살았고, 어려운 환경 속에서 자녀를 잘 키우려고 혼신을 정을 쏟는 엄마의 글은 감동적이었다.

"엄마의 아들로 태어나줘서 고마워 사랑한다, 사랑한다!" 고 하는 작가의 글을 읽으면서 계속 눈물을 훔쳤다. 사지가 멀쩡한 우리 아이를 위해 얼마나 관심과 사랑을 기울였는지, 자녀를 짐으로 생각하고 피했던 것은 아닌지? 힘들다는 핑계로 비겁하게 교육기관에 떠넘긴 건 아닌지? 아들이 해맑게 웃던 어린아이로 다시 돌아올 수만 있다면, 운동장가서 공차자고 그렇게 졸라대던 초등시절로 갈수만 있다면, 까까머리 질풍노도의 시기인 사춘기로 되돌릴 수만 있다면……. 황수빈 작가처럼 아이를 있는 그대로 사랑하며, 내 곁에 존재하는 것

자체로 만족하며 하얀 백지 위에 차곡차곡 행복을 채워줄 수 있을 텐데……. 어느새 커 버린 두 아들을 보니 한없이 미안하다. '좀 더 잘 키웠더라면' '남들처럼 떳떳한 직장에 취직도 하고 결혼도 시켜주었을 텐데…….' 임용고시 준비에 힘들어 할 아들을 생각을 하면 마음이 아프다.

아버지는 험난한 파도를 맞서 망망대해를 나아가는 선장과도 같다. 잠시만 한눈을 팔아도 배는 침몰하고 만다. 다시는 돌이킬 수 없다. 자녀도 시기가 지나면 다시는 돌이킬 수 없다. 아내에게 사랑을 받으려면 먼저 사랑을 베풀어 주어야 한다. 나중에 '원수'가 되기 전에…….가정은 유리 공처럼 소중히 다루어야 한다. 그렇지 않으면 깨어져서 다시는 되돌릴 수 없다.

아내와 별거하다

가정은 등한시하고 직장에만 신경을 썼다. 가정과 아내에 대하여는 별로 관심을 갖지 못했다. 부부사이가 점점 멀어졌다. 큰아들은 충남 서천에 기독교 이념으로 아이를 가르치는'대안학교'에서 공부하고 있었다. 작은 아들은 어려서부터 이모 집에서 자랐다. 작은 애를 집에 데리고 와야 되는데 어려서부터 이모 집에 커다가 보니 잘 오려고 하지 않았다. 억지로라도 집에 데려 왔어야 했다. 집에 아이가 없다 보니 밖에서 저녁을 해결하고 오는 경우가 많았다. 동호회 활동 등으로 술 마시는 기회가 많아졌다. 술을 많이 마셔서 기억을 자주 잃는 경우가 잦아 졌다. 술을 마셔본 사람들은 알겠지만 술에 취해서 필름이 끊긴 뒷날은 기분이 좋지 않다. 더구나 지난밤에 마신 술집 카드영수증이 주머니에 발견되는 순간 죽이도록 자신이 미워진다.

한번은 정신을 차려보니 자동차로 대로를 주행하고 있었다. 반대편 밝은 헤드라이트 불빛에 정신을 차린 것 같다. 중앙선을 침범하니 상대편 차가 쌍라이트를 켰던 모양이다. 사고가 나지 않아서 천만 다행이다. 한적한 골목에 주차하고 택시를 타고 집으로 왔다. 이를 계기로 술의 주종을 소주에서 맥주로 바꾸었다. 술을 끊었으면 얼마나 좋았을까? 하지만 술을 끊을 수가 없다. 이후 맥주만 마셨다. 술자리에서 내가 있으면 동료가 맥주를 추가로 시켜준다. 이렇게 살면 안되는데 하면서도 술 분위기에 휩쓸려 가정을 등한시 하는 생활이 지속되었다.

부부관계가 좋을 리가 없다. 애들이 집에 없으니 우리 부부는 점점 집에 오는 시간이 늦어졌다. 술 취해 집에 오면 싸우는 횟수가 잦았다. 내 잘못은 모르고 아내가 미워졌다. 아내가 늦으면 "어느 놈 하고 있다가 이제 오냐?"며 아내를 닦달했다. 괜히 아내를 의심하는 횟수가 늘어갔다. 아내가 늦으면 꼭 다른 남자들하고 같이 있는 것 같은 생각이 들었다. 의처증 증세인 것 같다. 싸울 때 아내가 늘 얘기했다. "뭐 눈에는 뭐만 보인다고, 내가 자기하고 같은 줄 아냐?"며 밖으로 나가 버린다. 정말 아내 말대로 내가 바람을 피우니 그런가? 하고 생각해 봤다. 나 같은 남자를 좋아할 여자가 있겠는가? 술집에 가면 술을 팔아주니 아가씨들이 좋아 하는 척 했다. 아내는 "차라리 이혼하자." 고 했다. "이혼하면 될 거 아니가 나도 당신하고 못 살겠다." 싸우면서 하지 말아야 할 '이혼'이란 단어를 쓰는 횟수가 많아졌다. 그래도 이혼은 하지 않았다. 비겁했는지도 모른다. 혼자 애들을 키울 자신도 없었다. 무엇보다도 맞벌이한다고 제대로 키우지도 잘 해주지도 못한 아이들에 대한 죄책감이 들어서이다. 적어도 가정이라는 최후 울타리는 붕괴하지 말아야겠다는 생각이 들었다. 얼마 지나지 않아 또 부부싸움을 했다. 아무리 술에 취해도 기다려주고 같은 방에서 자던 아내였는데 어느 날부터 들어오면 안방 문을 잠궈 버리고 열어주지 않았다. 별거생활의 시작인 셈이다. 갈수록 세상이 싫어지기까지 했다. 설상가상으로 특별승진에서 계속 탈락했다. 탈락함에 따라 술을 더 많이 마시게 되었다. 공무원중앙제안에서 입상하면 특별승진을 하도록 인사규정에 되어 있다. 그런데도 승진은 시켜주지 않았다. 몇 번 연속으로 승진에서 밀리자 조직을 원망하며 술 마시는 횟수는 점점 늘어났다.

승진에서 떨어질 때마다 우리 과 직원들에게 미안했다. 다른 과 직원들은 승진했다고 환호하고 축하주를 마시러 가는데 우리 과는 위로주를 마시러 가야 했다. 축하주와 위로주는 술 분위기가 하늘과 땅차이다. 위로주를 마시러 가는 것은 직원에게 못할 일이다. 위로주를 마시는 날은 분위기가 침울하다.

"다음에 되겠지. 기분 풀어라."라는 과장님의 말로 시작된다. 이어서 동료들의 위로 술잔이 이어진다. 승진 탈락에 대한 서운한 마음은 쉽게 가라않지 않는다. 조직에 대한 원망은 마음속에 가득하다, 승진은 1년에 한번 있다. 또 1년을 기다려야 한다. 1년을 여러 해 반복했다. 특별승진 3번째 탈락했다.

'왜 승진심사는 꼭 가을에만 있는지……' 승진에서 떨어지고 나면 낙엽이 주위에 뒹굴었다. 3번째 승진 탈락되던 날이었다. 이번에도 승진자 명단에는 내 이름이 없었다. 그날도 여전히 낙엽이 떨어지고 있는 가을이었다. 승진이 발표되자 조용히 밖을 나왔다. 또 위로주를 마시러 갈 것인데 동료 직원들에게 더 이상 못할 짓이었다. 퇴근 시간이 다 되어 동료계장에게 먼저 퇴근한다고 과장님께 말씀 좀 드려 달라고 하고 차를 몰았다. 어디인지 목적지도 없었다. 아무 생각도 안 났다. 그냥 계속 앞만 보고 달렸다. 동료나 친구에게 위로받는 것도 싫었다. 아니 혼자만 있고 싶었다. 눈앞이 뿌옇게 변했다. 서러웠다. 원망의 눈물인지, 자신에 대한 자학의 눈물인지 모른다. '실패자, 낙오자'라는 생각이 온 몸을 감쌌다. '회사 일은 누구보다도 정말 열심히 했는데……' 회사와 조직에 대한 원망이 들었다. 사람도 싫고 회사도 싫고 모든 게 싫어졌다. 한참을 달렸는데 고속도로 이정표에'안동휴게소'가 보였다. 그러고 보니 부산에서 3시간 넘게 쉬지 않고 달려온 셈이다. 어쩌다가 여기까지 왔는지, 어디로 가는지도 모르고 달려왔다. 화장실에 가고 싶었다. 휴게소에 차를 세우고 화장실에 갔다. '인생의 낙오자! 패배자!'라고 말하는 눈빛으로 모두가 나를 보는 것 같았다.

"그래, 비웃으라면 실컷 비웃어라."

혼잣말을 하며 식당으로 갔다. 밥맛도 없지만 속을 채우면 서러운 마음이 좀 나아질 것 같아 우동 한 그릇을 시켰다. 어제 먹은 술 탓인지 속이 쓰리다. 그렇게 맛없는 우동은 처음이었다, 음식은 기분이 좋을 때 먹는 것과 기분이 안 좋을 때 먹는 것이 차이가 있는 것 같다.

한쪽 구석에 자리 잡고 식사를 하는데 옆 테이블에 친구인 듯한 2명이 식판을 들고 왔다. 두 사람의 대화내용을 우연히 듣게 되었다. "에이 씨 지난번에 가서 돈을 얼마 잃었는데 이번엔 대박 한 번 터트리고 오자. 강원랜드는 승률을 너무 안주는 것 같아." 강원랜드 카지노 이야기하고 있었다. 기분도 좋지 않고 여기까지 온 김에 강원랜드 카지노에 한번 따라 가보자고 생각했다. 밥은 다 먹었지만 일부러 그 사람들이 식사를 마치기를 기다렸다. 식사를 마치자 두 사람은 커피를 마셨다. 나도 따라 커피를 마셨다. 그들 차를 무작정 따라갔다. 어느 새 차는 강원도 정선으로 들어가고 있었다. 가을이지만 한기가 느껴졌다. 차는 지하 주차장에 세웠다. 주차할 곳이 그 사람들의 옆에는 없었다. 주차할 곳이 없어 한참을 찾다가 겨우 빈자리를 찾아 주차했다. 주차장이 적은 곳도 아닌데 주차장이 비좁은 것을 이해할 수가 없다. 주차를 했다. 팻말은'카지노'로

가는 것과 '호텔'로 가는 것으로 나뉘어져 있었다. 카지노 팻말을 따라 갔는데 그
냥 들어갈 수가 없었다. 입장료를 발급해야 가능했다. 돈 쓰러 온 사람에게 입
장료를 받는 게 이해가 되지 않았다. 더 이상한 것은 신분증을 제시하라고 한
다. 본인이 아니면 들어갈 수 없다. 미성년자도 들어갈 수 없다고 한다. 입장료
가 5천 원이었다. 입장료를 지불하고 티켓을 받았다. 카지노 입구에 가니 보안
검색대가 있었다. 외국에 나가는 것도 아닌데 뭐 이런 것 까지 하는지 짜증이
났다. 카지노는 처음이다. 휘황찬란한 분위기에 매료가 되었다. 이 많은 기계
들이 도박하는 기계들인가? 아무도 나에 대한 관심도 없고 기계와 씨름을 하는
것 같았다.

어떤 아주머니는 넋이 잃은 것 같은 표정이다. 만 원짜리 돈을 카지노 기계
에 계속 쑤셔넣고 있었다. 들고 있는 손가방에는 5만 원짜리 현금이 가득 보였
다. 카지노 전문 도박꾼인 것 같았다. 돈이 없어 현금인출기에 돈을 찾았다. 이
곳저곳을 돌아다니면서 어깨 너머로 남들이 하는 것을 구경했다. 거의 모든 기
계가 배팅 버튼으로 배팅만 하면 되게 되어 있었다. 100원, 500원, 1000원, 1500
원, 2000원 다섯 개 배팅버튼으로 구성이 되어있다. 금액이 높으면 높을수록
보너스가 나올 확률이 높아진다. 빈 곳의 기계 앞에 앉았다. 기계는 계속해서
나의 돈을 먹기만 했다. 순간, 승진 탈락에 대해 하늘이 불쌍해서 도와 준건지,
모니터 화면에 휘황찬란하게 반짝거리고 빵빠레가 울렸다. 무엇인지 몰라 옆
사람한테 물었다.

"아저씨, 보너스 나왔네. 이 기계는 보너스가 나오기 힘드는데."

"이제 어떻게 해야 됩니까?" 하고 물으니 이상한 눈으로 나를 쳐다보면서 내
기계의 버튼을 눌러준다. 보너스가 많이 나왔다. 계속해서 보너스가 나왔다.
보너스가 나오면 돈을 배팅 안 해도 자동으로 계속 배팅이 진행되며 그때마다

획득금액은 계속 올라갔다. 187만원까지 올라갔다. 시간가는 줄을 몰랐다. 그냥 돈을 뺄까도 생각했지만 빼는 방법도 몰랐다. 돈을 따고 잃기를 반복했다. 어느새 마감시간을 알리는 방송이 나왔다. 밤을 꼬박 새웠다. 81만원을 땄다. 더 하고 싶은 생각이 들었다. 다행히 토요일이다. "에이, 여기서 하루 더 있다 가자." 다음 날 10시부터 시작한다고 했다. 인근 모텔에서 잠을 잤다. 아침에 일어나 소고기 해장국을 먹었다. 어느새 승진 탈락한 것에 대한 생각은 까맣게 잊고 있었다. 다음 날 아침 10시경 카지노에 갔다. 이게 웬 일인가? 200여 명이 줄을 서 있다. 도대체 이 사람들은 뭘하고 사는 사람들인가? 나처럼 승진에 탈락해서 욱하고 온 사람들도 아닐 테고…….입장료를 발급 받는데 한참의 시간이 걸렸다. 어제의 경험을 바탕으로 여러 개의 슬롯머신을 경험했다. 하지만 어제처럼 잘 되지는 않았지만 시간이 잘 갔다. 따고 잃고를 반복하다가 오후가 되어서는 잘 되지 않았다. 슬롯머신은 돈을 계속해서 빨아 들였다. 결국은 50만 원의 돈을 잃었다. 그러자 흥미가 사라졌다. "에이, 땄을 때 그냥 내려갈 걸." 후회해도 소용이 없다. 카지노 밖을 나왔다. 주위에는 어느새 어둠이 짙게 드리워져 있었다. "이제 술도 모자라서 도박까지 한단 말인가?" 내 자신이 한없이 미워졌다. 다시는 도박을 하지 않아야겠다고 다짐해 본다.

부산으로 내려오는 길은 엄청 멀었다. 잠을 못 잤는데도 눈은 말똥말똥하다. 이틀을 꼬박 도박을 했는데 왜 안 피곤한지 모르겠다. 본전 생각이 났다. '다시 가서 좀 더하고 갈까?' 하지만 마음을 잡았다. 도박에 빠지는 사람의 심정을 조금이나마 알 것 같다. 회사에서 인정 못 받고 가정에서도 버림받고 심지어 카지노에서도 버림받은 낙오자다. "이대로 죽어버릴까." 세상이 살기 싫어졌다. 무엇을 위해 살아왔는지 원망만 쌓였다. 강원도 산속의 가을 공기는 차갑다. 소고기 국밥에 맥주 반병을 마시고 운전대를 잡았다. 한적한 길이다. 앞에 차가 한대도 없다. 엑셀을 바닥에 닿을 때까지 밟았다.

"이대로 죽어버릴까? 그래, 죽어버리자."

차가 더 이상 속도가 나지 않는다. 차가 떨리며 요동친다.

"내가 죽으면 아들은 어쩌지? 에이~ 아내가 키우겠지. 그래도 불쌍하잖아. 그래, 너무 불쌍한 우리 아들, 죽을 용기조차 없는 놈!'혼자 중얼거리며 엑셀레이터에 발을 뗐다.

승진에 떨어지고 난 뒤 회사에 오면 분위기가 참 어색하다. 동료들의 눈초리가 동정인지, 애처로운 눈길인지, 비웃는 눈길인지 알 수가 없다. 동료 직원들도 못할 짓이다. 그것도 3년 연속으로 떨어졌으니……. 다시 일상이 시작되었다. 집에 오니 불 꺼진 텅 빈 방 오자마자 씻지도 않고 그대로 침대에 널 부러져 잤다. 아내도 매일 늦었다. 점점 귀가시간은 더 늦어졌다. 그래도 필름이 끊기지 않기 위해 소주대신 맥주를 마셨다. 하루는 집에 오다가 전봇대에 부딪혀 머리에 피가 철철 났다. 술이 취해선지 별로 아프지도 않다. 언젠가부터 집에 오기도 싫어졌다. 화장지로 피를 닦고 차안에서 잤다. 이렇게 살아서는 안 되겠다는 생각을 하고, 열심히 살아보기로 했다. 아내도 매일 술을 마시고 들어오다가 조금씩 마음의 문을 열었다. 아내와의 별거 생활은 막을 내렸다. 이제부터라도 열심히 살아야겠다고 다짐했다. 하나뿐인 아내와 우리 두 아들을 위해서, 새로운 부부로 살아보기로 했다.

여보, 미안해

여보! 25살의 꽃다운 나이에 아무런 준비도 되어 있지 않는 나와 결혼해서 죽도록 고생만 시켜서 미안하다. 그리고 함께 살아준 것에 대해 고맙게 생각한다. 아내와 나의 첫 만남은 9급 공무원 신규 때 신입공무원 교육원에서였다, 교육 때는 인사만 하는 수준으로 지냈는데 나중에 하동우체국에 첫 발령을 같이 받게 되었다. 그것은 아내가 나에게 시집을 와서 고생하게 된 역사적인 사건이 된다. 나보다 집안 환경이 좋은 남자, 부모님이 있는 남자, 키 크고 잘 생긴 남자, 모아둔 돈이 있는 남자, 자상하고 여자를 존중해 주는 교양 있는 남자에게 갈 수도 있었을 텐데 나는 그 어떤 것에도 들지 못했다. 나는 키가 작고, 양친 안 계시는 막내, 모아 둔 돈도 없었다. 또한 여자를 존경하는 자상한 남편감도 아니었다. 회사 회식을 했다. 그날도 술을 많이 마셨다. 비가 많이 왔다. 아내가 혼자 사는 집이 회식집 근처에 있어서 잠시 비만 피하고 간다고 한 것이 같이 밤을 새워버렸다.

장모님이 입원하신 후, 돌아가신 것을 계기로 결혼 2개월 전부터 아내와 장모님이 살던 집에서 동거를 시작했다. 방을 얻을 돈도, 결혼할 돈도 없었다. 형님한테 부탁하고 이리저리 빚을 내어서 결혼했다. 신혼집은 동거를 하던 200

만 원 전세에 4만원 월세를 내는 단칸방이었다. 아내는 초라한 단칸방도 신혼집이라고 도배도 하고 예쁜 가구도 사고 곧 태어날 아기를 위하여 신발이며 천정에 매달 모빌로 구입했다. 퇴근하면 아내는 나의 발을 씻어주었다. 누군가에게 들었는지 결혼하면 "남편 발을 씻어 주라고." 들어서 그런다고 그랬다. 기분이 좋았다. 아내는 대학교 중퇴하고 공무원에 임용되었기에 자기 친구들 중 결혼을 제일 먼저 했다. 친구들을 단칸방에 초대해서 손수 많은 음식을 만들어 집들이를 했다. 친정어머니가 있었으면 덜 고생하고 음식을 준비했을 건데……. 그래도 음식은 맛있었다. 친구들이 8명 정도 왔다. 방이 꽉 찼다. 집안 배경이 좋은 집, 키 크고 잘생긴 남편을 소개하고 싶은 마음이 없었겠냐마는 아내는 그래도 내색 한 번 하지 않고 나를 친구들에게 아주 자신 있게 남편 소개를 했다. 많이 부족해서 좀 쑥스러웠다. 아내는 못난 남편을 그때까지 내가 무척 좋았던 것 같다. 적어도 6년 동안은 그랬던 것 같다.

　큰 아들이 6살 때 아파트 승강기 1층을 내렸는데, 아내가 "당신은 키가 왜 이리 작아?"라고 물었다. "내 키가 원래 이런데 왜?" 아내의 눈에 콩깍지가 벗어지는 순간이었다. 아내는 참 마음씨가 고운 여자이다. 남에게 피해 끼치는 행동은 죽기보다 싫어 했다. 그리고 자기도 남에게 피해를 받지 않으려는 성격이다. 또한 피부는 어린 애처럼 고왔다. 일처리도 빠르다. 무슨 일이든지 즉시 실행하는 실행의 달인이다. 머리도 똑똑했다. 한번 본 것은 잘 잊지 않는다. 항상 검소했다. 순수하다. 열정이 있다. 마음씨가 곱다. 아내의 장점을 써 보는 기회가 있었는데, 장점 50개가 순식간에 완성이 된 것을 보면 아내는 좋은 사람인 것은 확실하다. 그런 아내를 사랑하고 지켜주어야 되었는데 그러지 못한 것이 몹시 후회된다. 친정도 시댁도 부모님이 일찍 돌아가셔서 맞벌이로 인해 애를 키우는데 눈물로 밤을 새우는 게 한두 번이 아니었다. 아내는 한 번씩 투정을 부리며 말할 때가 있다. "우리 직원 누구는 친정엄마가 애를 봐준다느니, 누구는 시어머니가 애를 봐주는데……." 마음이 짠하기도 하지만 한편으로는 서운한 생각이 든다. 내 마음은 아내보다 더 했으면 더했지 못하지는 않았다.

어른들이 "막내들은 불쌍하다고 했다." 라고 말했다. 어릴 때는 그 말이 무슨 말인지 몰랐는데 지금 생각해보니 부모님의 보살핌을 오래 받을 수 없기 때문인 것 같다. 지금처럼 1~2명 자녀를 기를 때는 몰라도 우리 시절에는 보통 6남매 이상은 되었으니 그럴 수밖에 없었다. 요즘에도 맞벌이 하면서 자녀 양육 때문에 애를 먹는다. 혼자서는 벌어서 자녀 키우기가 힘이 들기 때문에 맞벌이를 하지 않을 수가 없다. 첫 애를 키울 때 너무 힘들어 아내가 사표를 썼다. 애를 키우는데 드는 돈이나 버는 돈이나 비슷하다며 차라리 아이를 잘 키우는 게 낫겠다고 했다. 처음에는 '혼자 벌어서 어떻게 하나?'하고 걱정을 했지만 아이를 남의 집에 맡기는 게 너무 힘들었기 때문에 잘 되었다고 생각했다. 아내가 집에 있으면 더 없이 좋고 마음이 편할 것 같았다. 좀 지나자 마음 한 구석에서는 사표 쓴 것이 못마땅하게 느껴졌다. 참으로 나쁜 남편이다. 내 마음을 알았는지 당시 아내의 인사담당 계장이 사표를 가지고 있다가 사표를 수리하지 않았다고 출근하라고 연락이 왔다. 좀 참고 다니면 길이 있을 거라고 했다. 아내가 다시 출근한다고 한다. 내심 기분이 좋다. 참 나쁜 놈이다. 아내를 돈 버는 도구로 생각하는 건 아닌지 내 능력이 이것 밖에 안 되는지 서글픈 생각이 든다.

죽기 살기로 출근하는 것을 말리고 자녀를 양육하게 했더라면 내가 술을 마시지 않고 더 열심히 살았을지도 모른다. 물론 경제적으로 좀 쪼들리기는 하겠지만. 맞벌이로 돈을 벌었지만 혼자 번 것과 별다른 차이가 없다. 대부분은 양육비로 다 들어가 버리고, 맞벌이를 이유로 흥청망청 헤프게 돈을 써 왔다.

자녀를 제대로 키우지도 못하고 아내를 편하게 해 주지도 못하고 그렇다고 경제적으로 여유 있는 것도 아니다. 그저 고생만 시켰을 뿐이다. 여유가 조금만 된다면 가급적 맞벌이를 안 하는 게 나은 것 같다. 적어도 나처럼 육아가 어려운 경우는 말이다. 맞벌이는 가족뿐만 아니라 주변 사람들까지 힘들게 한다. 그때 아내의 사표가 수리되었더라면 좋았을 걸 하는 후회가 계속되는 것은 왠지 모르겠다. 항상 남을 의식하면서 형식과 체면을 중요시하고 쥐뿔도 없는 게 밥값이나 술값을 먼저 내며 줏대 없이 살아온 내 삶이 후회된다.

아내는 업무적으로나 머리 쓰는 것 등 모든 것이 나를 능가했다. 그런데 내가 본청에 있다 보니 부부라서 본청으로 올 수가 없었다. 다른 사람들도 아내가 본청에 왔으면 능력을 더 발휘했을 거라고 한다. 하지만 아내는 내가 본청에 있다는 것을 동료직원들에게 늘 자랑했다. 남편의 능력을 띄우며 항상 응원해 주었다. 그런 아내가 항상 고마웠다. 한번씩 "당신이 나의 앞길을 다 막는다."고 투정을 부릴 때도 있었다. 시간이 흘러 내가 행정사무관으로 승진을 했다. 아내도 사무관을 승진하기 위하여 총괄국으로 발령을 받으려 해도 부부 중 한쪽만 사무관 되어야 된다면서 발령을 내 주지 않았다. 다른 지방우정청에는 부부가 능력만 있으면 사무관으로 승진이 되었는데 유독 부산청만은 규정도 없이 암묵적으로 금지되고 있다. 아내보다 경력이 한참 늦는 후배들도 모두 사무관으로 승진을 했다. 아내는 나를 원망했다. "당신 때문에 되는 게 없다고……." 베이비붐 세대가 퇴직하는 바람에 사무관 승진 인원 수가 많아졌다. "저런 사람도 사무관이 되냐?"는 비아냥거리는 사람도 되는 경우도 있었다. 몇 년 동안을 억울해 하며 눈물로 밤을 지새우는 경우가 많았다. 자다가 일어나 멍 하니 허공만 바라보는 경우도 몇 번이나 있었다.

"여보, 청에 방침이 그렇다는데 어쩌겠어? 그냥 자자." 하지만 아내는 심한 우울증에 시달렸다. 마음을 털기까지 1여 년의 시간이 걸렸다. 3년 정도 흘러서 총괄국으로 발령이 났다. 하지만 자기보다 경력도 낮은 후배가 총괄국 상사로 발령 나 있고 후배인 동기가 승진 평정을 받고 있다. 앞 사람이 승진하고 나서도 3년 정도 있어야 승진이 가능 할 것 같아서 부산강서로 연고지 희망신청을 냈다. 그런데 또 부산사상으로 연고지를 낸 직원이 부산강서로 가고 자기는 누락이 되었다. 인사규정이 뭘 지키는지 모르겠다고 우정청 인사담당에게 전화와 메일도 보냈다. 이번이 처음이 아니었다. 지난 번 전보 기회에서도 그랬다. 다른 곳은 규정이라 하니 어쩔 수 없이 있었지만 부산강서로 간 직원이 내 소속직원이기 때문에 인사규정대로 하지 않는 다는 것을 알았다. 아내는 그날도 술을 많이 먹고 세상 살기 싫다고 하면서 집으로 왔다. 뭐라고 달래도 마음을 풀어줄 방법이 없었다. 무슨 말을 해도 수긍이 안 간다. 벌써 이런 일들이 3년 동안 계속되고 있으니 말이다. 차라리 바꿀 수만 있다면 내 직위 사무관 자리와 자기 자리를 바꾸고 싶다. 아내가 이해된다.

금요일 저녁, 술을 먹고 울었는지 얼굴이 퉁퉁 부어서 집으로 왔다. 몹시 힘들어하는 모습이 한눈에 느껴진다. 오자마자 방으로 들어가 이불을 덮어쓰고 누었다. 아내가 속상해 하는 걸 보면 마음이 아프다. 다른 청은 부부 공무원이 사무관으로 승진해서 잘 근무하는데 집에서만 부부이지 회사에서는 각각의 인격체인데, 말도 안 되는 규정을 만들어 놓았는지 모르겠다.

아내를 내 몸같이 사랑하지도 못했다. 최소한의 행복으로 가정을 이끌지도 못했다. 아내의 지나온 세월과 억울한 삶을 어디서 보상받을 수 있을까? 상식이 통하는 사회가 되었으면 좋겠다. 그게 일이든, 승진이든, 성별이든, 끼리끼리만 통하는 사회가 아닌 능력 있는 사람에게 기회를 주고 약자를 배려하는 그런 사회가 되길 바란다. 강자에게는 강하고 약자에게는 약한 사람이 많은 밝은 사회가 되었으면 좋겠다.

술이 망친 내 가족

술은 마시는 사람은 술을 마시지 않는 사람보다 가정을 바르게 세울 수 없다.

"사회생활을 잘하려면 술을 마셔라. 술은 상하관계를 부드럽게 하고 마음속에 있는 말을 쉽게 할 수 있다."고 한다. 술이라는 가면 뒤에 나의 부족함과 가식과 비겁함을 숨겼다. 못 배운 것에 대한 열등감, 키 작고 왜소한 신체에 대한 열등감, 변변하지 못한 가정환경의 열등감, 가난함에 대한 열등감을 술 뒤에 숨기고 드러내지 않으려 했던 것 같다. 술 뒤에 꼭꼭 숨어서 나의 삶이 아닌 술에 의지한 타인의 삶을 살아왔다. 나는 술을 원래 술이 약했다. 그런데 근무 첫날부터 필름이 끊겼다. "술은 아버지한테 배워야 된다." 고 한다. 아마 술을 처음 배울 때 술버릇을 잘 들이기 위함일 것이다. 아버지가 안계셨으니 아버지한테는 배울 기회가 없었다. 직장 선배한테 술을 배웠다. 그 선배는 술을 굉장히

즐겼다. 술자리는 안주 없이 소주 두병을 기본적으로 마시고 난 후"아! 입에서 박카스 냄새가 난다."고 하며 그때부터 본격적으로 술을 마셨다. 체격이 왜소했지만 나는 그런 선배를 따라 다니며 술을 마셨다. 뱁새가 황새 따라가려니 가랑이가 찢어지는 줄도 모르고 계속 따라 다니면서 마셨다. 술이 늘었다. 처음에 필름이 몇 번 끊기고, 토하고 했더니. 어지간히 마셔도 술이 별로 취하지 않았다. 술을 예찬하는 선배들이 이렇게 말한다. "술이 느는 것은 술을 마시면 우리 몸에 알코올 분해세포가 생긴다. 간이 지속적으로 알코올을 분해해야 되기 때문에 몸에서 알코올 분해세포가 생겨나서 술이 세진다."는 논리다. 정말 그럴까? 며칠 안 마시다가 술을 마시면 금방 취하고 다음 날 많이 힘들다. 그러나 매일 마시면 첫날보다 뒷날이 뒷날보다 셋째 날이 더 편하다.

술을 적당히 마시면 몸에 보약이 된다고들 한다. 그러나 술은 적당히 마셔지지 않는다. 아무리 조심하고 용의주도한 사람도 언젠가는 취하기 마련이다. 40여년 동안 마셔본 경험으로 술을 많이 마시고도 취하지 않는 사람은 거의 없었다. 여인이 유혹하면 맨 정신인 남자들도 넘어간다. 더구나 술 취한 남자들을 여자들이 유혹하기란 얼마나 쉽겠는가? 또한 술 취한 사람을 상대로 먹고사는 업종이 엄청 많다. 어디든지 시내 번화가에 가면 한집 건너 술집이고 한집 건너 모텔이다. 번화가 근처 리모델링하고 사업을 확장하는 곳은 대부분이 술집과 모텔이다. 사업이 잘된다는 것은 수요가 있기 때문이다.

'외상이면 소도 잡아먹는다.' 는 속담이 있다. 맞는 말이다. 변변한 직업도 없는 젊은이들도 카드(외상)가 있으니 겁 없이 돈을 쓴다.

만약 술집에서 양주를 시켜먹고 현금 100만 원을 선뜻 줄 수 있는 사람이 얼마나 있겠는가? 하지만 카드는 그렇지 않다. 우선 결제가 쉽다. 나중 갚아야 하는 돈임에도 그 순간은 느끼지 못한다. 술을 마시다 보면 술이 술을 먹는다. 2차 가는 것은 기본이다.쥐뿔도 없는 말단 공무원이 겁도 없이 카드를 그려 댔다. 그렇다고 월급이 갑작스럽게 오르는 것도 아니다. 카드가 안 되니 돌려 막기를 계속 했다. 돌려막기를 하다 보니 한계가 왔다. 7급으로 승진해서 울산으로 발령 나서 가게 되었다. 카드 펑크가 났다. 도저히 막을 길이 없었다. 아내에게 말을 해야 되는데 용기가 나지 않는다. 며칠을 망설였다. 아내와 친한 동료직원들과 술자리가 무르익어갈 무렵 자연스럽게 이실직고 했다. 순간 아내의 얼굴이 울그락 불그락 하더니 대신 갚아 줄 테니,

"오늘부터 통장을 내가 관리하겠다."고 했다. 있는 카드와 통장을 모두 아내에게 빼앗겠다. 이때부터 용돈을 타서 쓰게 되었다. 불편한 게 이만저만이 아니었다. 그러다 카드의 유효기간이 지나니 신규카드가 나에게 배달되었다. 또 카드를 쓰기 시작했다.

울산에서 출퇴근하다 보니 늦는 경우가 많았다. 본청에서 손님이 오면 부산에 오지 않고 회사 숙소 휴게실에 잤다. 무더울 때는 인근 찜질방이나 모텔에서 잤다. 그러다 보니 자동적으로 카드 빚이 생겼다. 이러기를 몇 번 또 카드빚이 또 엄청 늘었다. 하는 수 없이 아내에게 싹싹 빌어서 빚잔치를 했다.이런 생활의 지속되었고 자녀에 대한 교육은 뒷전이었다. 일요일 외에는 술을 마셨으니 돈은 돈대로 낭비되고 아내는 아내대로 속상해 했다. 휴일이면 가끔씩 인근 아파트에 있는 동서의 집에 간다. 큰 동서가 술을 굉장히 좋아했다. 술친구가 어서 찾아가면 엄청 반겨준다, 휴일은 쉬어야 됨에도 또 술이다. 그런 모습을 아들이 보고 자랐으니 바르게 성장하기를 기대하는 것은 욕심이다. 또 맞벌이한다고 고생만 하고, 돈은 모아지지 않는다.맞벌이를 해도 일반 대기업의 한 사람 봉급밖에 되지 않았다. 그런데다가 한 사람의 월급은 애 봐주는 아주머니

몫이다. 아이 양육비로 들어가는 돈도 만만하지 않는다. 아내가 아무리 열심히 살려 해도 나란 놈이 도와주지 않으니 밑 빠진 독에 물 붓기다.

그래도 참 아내는 착한 사람이다. 끝까지 나를 응원해 주었다. 아들은 나를 점점 멀리했다. 어릴 때 함께 다니던 목욕탕도 같이 가지 않는다. 대화도 없어지고 집에 오면 인사하고 방으로 바로 들어가서 나올 줄을 모른다. 괘씸한 생각이 들어서 아들 방문을 열고 들어가서 나무란다.

"너는 아빠가 오면 좀 반갑게 하고 얘기도 하지 그냥 방에 처박혀 나오지도 않냐?" 야단을 쳐도 별 반응이 없고 고개를 숙인다. 이미 어릴 때 명랑하고 해맑은 아들의 모습은 아니다.

"그렇게 같이 놀자고 해도 안 놀아주더니 이제 와서 아빠하고 놀자고? 택도 없는 소리하지 마세요." 라고 말하는 것 같다. 늦게 퇴근해서 집에 가면 아들은 자고 있었다. 아침에 일어나면 출근하기 바쁘다. 그런 아버지가 아들을 제대로 양육할 수 있겠는가? 지금 생각해도 한심한 생각이 든다. 그래도 크게 사고를 치지 않고 지금까지 성장해준 것만 해도 기적이다. 아들한테 감사한다.TV 연속극을 보면 남편은 아내에게 사랑한다는 말도 수시로 하고, 좋은 옷도 사주고, 선물도 비싼 것을 사준다. 그러나 아내에게 아직까지 변변한 옷 한 벌 사준 적이 없다. 항상 시장에서 산 옷을 사 입는 검소한 아내 덕분에 그래도 집이 유지되고 있는 것이다. 아내가 내 옷을 사준다고 백화점에 데리고 간다. 내 옷을 사고 난 후 미안하여 아내의 옷을 사라고 억지로 끌고 간다. 마음에 드는 옷이 있는가 보다. 가격표를 보고 아내는 다른 곳으로 발을 옮긴다.

"마음에 들면 사지?" 하지만 설레설레한다. 돈이 없는 걸 자기가 너무 잘 알기 때문이다. 그리고 허름한 싸구려 집에 가서 옷을 사곤 했다. 그런 아내에게 왜 그렇게 몹쓸 일만 저질렀는지 내가 죽일 놈이다.

"진인사 대천명." 자기가 할 일 다 하고 하늘의 뜻을 기다리라는 말이다. 진인사도 하지 않고 잘되어 있는 남들의 자식들을 보면 샘이 난다. 고약한 심보다. 나도 좀 더 잘 키울 걸……." 그러나 차는 이미 떠나 버렸다.

"애들과 부모님은 기다려 주지 않는다." 애들 키울 때는 항상 때가 있다. 그 시기를 놓치면 영영 다시 되돌릴 수 없다. 부모님도 마찬가지다. 다음이란 없다. 효도하려고 해도 기다려 주지 않는다. 타임머신이 있으면 얼마나 좋을까? 귀여운 아기 때로, 해맑게 웃고 떠들던 어린 시절로, 호기심 많던 유년 시절로, 다시 돌아갈 수만 있다면 책을 읽어주고, 꿈을 키워주고, 하늘을 보여주고, 움트는 싹의 의미를 가르쳐 주며, 가고 싶은 곳에 함께 여행도 하고, 용기를 심어주고, 자존감 높여 주고, 아낌없이 칭찬해 주며, 뭐든지 지원해 주고, 하늘의 섭리와 신앙을 키워주며, 나무라기보다 그저 바라봐 주고 한없이 기다려 주는 그런 아버지가 될 수 있을 텐데……. ·

먼 곳에서 잔잔한 미소로 바라보며 위험에 처할 때 보호해 주며 무엇이든지 할 수 있도록 지원하는 그런 아버지가 될 수 있을 텐데……. 아내와 얘기하며 친구처럼 지내고 아름다운 여성으로 성장할 수 있도록 지원하고 격려하고 사랑해 주며 서로 돕고 행복한 가정을 꾸밀 수 있었을 텐데……. 그런 행복하고 소중한 시간들을 술잔 속에 넣어버린 지난 날들을 이제 어찌 할까?

빚진 자의 마음

나는 사랑하는 두 아들과 아내에게 큰 빚을 졌다. 그리고 허송세월을 지낸 나의 인생에 빚을 졌다. 기독교인들은 '예수님이 자신들의 구원하기 위하여 과거와 미래의 모든 죄를 짊어지고 십자가에서 피 흘려 돌아가셨' 고 믿는다. 그래서 감사하는 마음으로 예수님을 믿으며 때로는 순교하는 사람도 있다.

나는 애들이 태아에 있을 때부터 해준 게 거의 없다. 아니, 태교에 방해만 되었다. 다른 사람들은 태아를 위하여 클래식 음악도 틀어주고, 머리를 좋게 하려고 책도 읽고 좋은 그림도 많이 본다. 태아를 위한 학교에 가서 배우기도 한다.

그러나 나는 결혼 당시 전세금 200만 원도 빚으로 얻었으며, 학력은 실업계 고등학교 졸업이 전부였다. 직업은 말단 9급 공무원이었다. 요즈음은 공무원에 임용되기가 엄청 어려우나 그때는 지금만큼 경쟁이 높지 않았다. 85년도 첫 공무원 임용 당시 봉급은 16만 원이었다.

내가 2살 때 아버지가 돌아가셨다. 재산도 없이 홀로 6남매를 힘들게 키우신 어머니이시다. 더구나 아내도 맞벌이를 했기 때문에 낮에 일하고 힘든 몸으로 집에 오면 시어머니도 친정어머니도 없이 혼자 저녁을 짓고 식사를 해결해야 했다. 좀더 부잣집에서 태어났더라면, 좀 더 많이 배웠더라면 아내와 아들에게 더 잘해주었을 텐데……

하지만 그건 아버지 역할을 다 못한 핑계에 불과하다는 것을 나는 잘 안다. 나보다 얼마든지 어려운 환경에서도 훌륭하게 아들을 잘 키워온 사람들을 주변에서 많이 봐 왔기 때문이다. 맞벌이를 함에 따라 경제적으로 많이 쪼들리지는 않았지만 아들을 양육 방법에 대하여 생각해 보지 않았다. 아들의 꿈에 대하여 한 번도 생각해 보지 않았다. 아들의 장래에 대한 진지한 고민도 해 보지 못했다. 아들과 여행도 하지 못했다. 겨우 여름휴가 때 1박 2일 정도 했으니 여행이라 할 수도 없다.

큰아들은 어릴 때 조용하면서도 감성이 풍부하며 사진 찍기를 좋아했다. 항상 사진을 찍을 때는 가르쳐 주지 않았는데도 손가락을 'V' 자로 하며 찍는다. 사진도 예쁘게 나온다. 그리고 항상 옷을 예쁘게 입었다. 지금 생각하면 모델이나 배우 쪽이 어울렸을 것 같다. 그런 재능을 알았음에도 키워줄 생각도 못했다. 고민도 해보지 않았다.

작은아들은 참 명랑했다. 감정이 풍부하고 또 남들과 어울리기를 좋아했다. 동식물을 무척 좋아했고 자연과 어울리는 걸 좋아했다. 예의도 바르고 착한 아이였다. 차분하면서도 자기 고집을 굽히지 않는 성격이었다. 한번 생각한 것은 꼭 이루고 내는 성격이었다.

그런 아들의 감정을 잘 코칭하고 아들의 재능을 키워주기 위하여 다방면으로 연구하고 전문가에게 조언도 얻었어야 했다. 함께 독서도 하고 토론도 해보며 삶과 인생에 대하여 생각하는 폭을 넓혀 주었어야 했는데 그렇지 못해서 미안하다. 늘 술 취한 모습밖에 보여주지 못했는데, 성인이 다 되어 버린 우리 두 아들에게 어떻게 해야 보상이 될지 안타깝기만 하다.

아내는 내 옆에서 입을 반쯤 벌리며 작은 코골이를 하고 자고 있다. 그 곱던 얼굴은 내가 얼마나 애를 먹였는지 50대 아주머니로 변해 있다. 머리숱이 검고 유난이 풍성했는데 많이 빠졌고 흰머리도 보인다. 얼굴의 잔주름은 내가 다 만든 것이다. 들리는지 자는 아내가 맞장구를 치는 것처럼 코를 더 크게 곤다. 아내는 손이 정말 곱고 예뻤다. 이제는 온갖 고생에 찌들려 거칠어져 있다. 자는 아내의 손을 잡아본다. 코고는 걸 잠시 멈추고 눈을 뜨더니 다시 잔다.

"남은 인생동안 좀 더 잘해 줄게. 여보, 미안해." 자신이 한없이 미워지는 밤이다. 아내는 평생 가정적인 남편이기를 바라며 살아왔다.

"이 인간 오늘은 몇 시에 올까?" 왜 그때는 아무 생각 없이 살아왔는지, 왜 사랑하는 아들을 생각해 보지 못했는지, 왜 나만 따르며 나 하나밖에 모르는 아내보다 술집에서 더 많은 시간을 보냈는지……. 왜 직장이 전부로만 생각했는지, 소중한 가정을 왜 소홀히 했는지, 소중한 내 인생을 왜 아무 생각 없이 허송세월만 보내 왔는지 모르겠다.

"사랑하는 큰 아들아, 아빠가 제대로 너를 키우지 못해 정말 미안하다. 늘 술 취해서 엄마와 싸우는 모습만 보여준 아빠다. 너의 의견을 무시하며 아빠 생각대로만 키워온 아빠다. 너의 장래를 위해서 진지하게 고민해 보지 않고 대안학교를 보냈다. 더 함께 놀아주지도 못했고 함께 여행 가지도 못했다. 장래의 꿈을 키워주지도 못했다. 이 못난 아빠를 용서해다오."

"사랑하는 작은 아들아 군 복무에 고생이 많지? 명랑하고 쾌활하고 꿈이 많던 너였는데 맞벌이라는 핑계로 너를 이모 집에서 크게 해서 정말 미안하다. 한참 성장기에 너의 고민도, 무엇이 힘든지도, 무엇이 아픈지도 제대로 보살피지 못했구나. 엄마, 아빠가 있는데 남의 집에서 크면서 네 정체성에 혼란도 왔을 텐데 무책임한 아빠를 용서해 다오. 초등학교 4학년 때인 '아빠, 집에서 살고 싶다.'고 한 적이 있었다. 그래, 그렇게 하자고 해 놓고 계속 이모 집에서 크게 했다. 얼마나 집에 오고 싶었을까? 엄마, 아빠가 없는 것도 아닌데, 한참 성장기에 아빠가 곁에 있어 주지 못했다. 아빠를 용서하지 마라. 아빠가 평생 우리 두 아들에게 못 다한 것을 조금이나마 잘해주려고 노력할게. 하지만 어린 시절로 되돌아 갈 수 없어서 죽도록 안타깝다. 미안하다 우리 두 아들, 지나온 그 많은 시간들을 되돌릴 수 없다. 남은 생애 동안 너희들을 위해 할 수 있는 것은 다 해 주도록 노력할게. 어린 시절의 보상은 되지 않겠지만······."

"여보! 못난 남편을 위해 살아줘서 고맙소. 가끔씩 당신의 손을 잡으며 살아갈게. 가끔씩 사랑한다는 말도 하며 살아가리다. 그 수많은 잠 못 자던 세월들, 닭똥 같이 흘리던 눈물들, 나 때문에 승진도 못하며 내 앞길 막는다고 눈물 콧물 흘리며 원망하던 당신모습은 평생 잊혀지지 않을 것 같소!그토록 곱던 손과 피부가 어느덧 쭈글쭈글해졌네. 코골며 자는 당신 모습은 그래도 아름답소. 남은 생애 동안 그런 눈물을 지워줄 수 있는 손수건이 되어 평생을 살아가리다. 사랑합니다. 여보! 평생 빚진 자의 마음으로 살아가리다."

나는 언제나
너희들을 응원한다

사랑하는 다운, 영찬아. 아빠는 너희들을 끝까지 응원한다. 비록 지금까지는 아빠로서가 아닌 옆집 아저씨처럼 살아왔지만 앞으로 너의 앞날을 후원하며 지원하며 끝까지 살아갈게. 너희를 잘못 키운 못난 아빠가 잘 양육하지 못한 빚을 조금씩 갚아가며 살아갈게. 지나간 세월을 되돌릴 수는 없지만 그래도 끝까지 최선을 다 할게. 진작 이런 아빠가 될 걸 하는 후회가 많이 된다. 너희들은 아빠처럼 살지 말고 아름다운 가정을 이루는 멋진 아빠가 되라. 그런 너희들이 될 수 있도록 아빠가 도와줄게.

지금 엄마, 아빠는 50 중반이 넘어 자기계발에 엄청 투자를 많이 한다. 경영의 창시자 피터 드러크는 최전성기가 66~86세였다고 하니 늦은 나이지만 그래도 위안이 된다. 지금부터라도 엄마, 아빠의 뒷모습을 보면서 살아다오. 비록 어릴 때의 꿈과 감성과 해맑은 마음에 닮을 수는 없겠지만 좋지 않는 기억들을 지우개로 지워서라도 엄마, 아빠를 닮아가며 살아가기를 바란다. 지금 엄마와 경기도 양평에 독서리더과정 교육을 수강하고 있다. 요즘은 매일 새벽 4시에 일어난다. 남은 인생 열심히 살아갈게. 어떻게 사는 것이 더 나은 삶인지를 몸소 실천하며 보여줄게.

오늘 독서리더과정 강규형 대표님의 강의에 이런 말이 마음에 꽂히더라."종업원을 위한 최상의 복지는 지독한 훈련이다." 우리 두 아들을 위한 지독한 훈련을 위해 투자를 아끼지 않을게. 함께 해주면 좋겠다. 거실에 TV도, 소파도 없애고 서재를 만들어 놓았다. 적어도 너희들은 아빠처럼 가족을 내 팽개치지 않았으면 좋겠다. 명품 우리 가족사를 만들어 갔으면 하는 바람이다.

사랑하는 다운아! 비정규직 교사를 그만두고 임용고시 공부를 한다고 해서 아빠는 얼마나 기뻤는지 모른다. 힘들고 어려운 공부의 길이지만 지원을 아끼지 않을 테니'인생의 마지막 관문이다.' 생각하고 열심히 해보면 좋겠다. 임용고시가 하늘의 별따기라고 하지만 우리 아들의 인내심과 머리로 가능하리라 생각한다. 끝까지 해도 안 되면 할 수 없지만 그래도 그것만큼 이익이 아니겠니?그리고 지속적인 자기계발을 위해 하루 한 권씩이라도 독서를 하면 좋겠다. 우선 임용고시 공부하기 전에 동기부여가 될 수 있는 교육을 아빠가 추천해줄 테니 그것부터 수료하고 공부를 시작해도 늦지 않을 것으로 생각한다. 엄마, 아빠도 남은 인생 알차게 살기 위해서 많은 교육을 받고 있다. 한 번씩 얼굴을 쳐다보며"우리가 미쳤지? 진작 이렇게 했으면 고시도 합격했을 건데." 라고 하면서 웃는다.우리 두 아들이 명품가정을 이루어 가는 초석이 되도록 아빠가 먼저 실천하며 보여주도록 할게.

사랑하는 둘째, 영찬아! 널 생각하면 항상 미안한 마음부터 든다. 이모 집에서 자라게 한 것이 항상 마음에 걸린다. 군복무 무사히 마치고 빨리 복귀해라.

학교 공부가 잘될 수 있도록 모든 집안 환경을 조성해 두었다. 네가 원하는 꿈 마음껏 펼칠 수 있도록 해줄게. 그래도 형보다는 원하는 걸 많이 하고 있으니 조금이나마 위안이 된다. 해외여행도 많이 갔다 왔고……. 기회 있을 때 마다 여행도 자주가라. 해외여행 경비조달에 힘들겠지만 지원을 아끼지 않을게.좋은 것만 생각하고 잘 지냈으면 한다. 군 생활이 힘들어도 지나고 보면 살아가는데 큰 밑거름이 된다. 기초체력을 기르는데도 괜찮은 것 같다. 먹여주고 재워주고 운동 시켜주며 조금이지만 용돈이 될 만한 월급도 주니 이것만큼 좋은 게 어디 있겠니? 요즈음 해병대를 지원하는 군인들은 익스트림 스포츠를 즐기러 간다고 하더라. 돈 안 들이고 암벽등반하고, 다이빙하고, 낙하산 타고, 서바이벌 게임하고…….적어도 영찬이는 즐긴다고 생각하고 군 생활하면 좋겠다. 모든 것이 마음먹기에 달린 것 같다. '에이' 하면서 웃는 네 모습이 떠오른다." 아니라는 거겠지.

아침 양평호수가 유난히 아름답다. 태양 빛이 함박웃음을 짓는다. 아마 엄마, 아빠가 너희들의 앞날을 생각하는 마음과 같은가 보다.그래도 다행이라 생각해 주면 좋겠다. 평생 너희들을 생각하지 않고 인생을 허비할 수도 있는데, 늦게나마 정신을 차린 엄마, 아빠를 예쁘게 봐주라. 너희들 결혼도 시키고 예쁜 손자도 안아보는 기쁨을 느릴 수 있도록 다 함께 노력하자. 아빠가 못 배운 부모 노릇을 어떻게 해야 되는지 가르쳐 줄게. 태아 교육은 어떻게 하는지, 아들을 어떻게 키우는지, 유년시절, 초등시절, 사춘기, 고등학교 등 시기별도 감정코칭을 어떻게 해야 되는지, 술이 얼마나 해로운지, 아내를 사랑하지 않으면 늙으면 얼마나 고생을 하게 되는지! 그런 걸 가르쳐 주기 위해서 엄마, 아빠가 열심히 독서도 하고, 교육도 받고 한다. 적어도 너희들은 아빠처럼 50중반이 되어서 후회하는 삶이 되지 않도록 도와주고 응원할게.

오늘 교육이 기대된다. 새로운 것을 배운다는 건 항상 가슴이 부푼다. 기분 좋은 멋진 날이 될 것 같다. 저 밝고 영롱한 태양처럼 너희들 앞날에 후광이 비치길 간절히 기도한다. 세상에서 제일 못난 아빠지만 너희들의 삶을 끝까지 응원할게!

"사랑한다! 우리 아들, 다운이! 영찬이!"

제3장
자기주도적 인생이란

자기주도적 인생이란? 내 삶의 주도권을 다른 사람이 아닌 내가 갖고 살아가는 것이다.

다른 사람이 나를 어떻게 생각하는지에 초점을 맞추어 삶을 살아간다면, 인생은 결코 행복해질 수 없다. 함께 살아가는 세상에서 다른 사람의 말이나 행동을 완전히 벗어나기는 쉽지 않다. 하지만 후회 없는 삶을 살기 위해서는 '일과 상사와 술'에 포로가 되지 말고 나의 감정을 솔직하게 표현하는 용기가 필요하다.

'갑'이 아닌 '을'로 살아가는 세상에서 '일과 상사와 술'에 자유로울 수는 없다. 하지만 하나뿐인 나의 인생, 아무도 내 삶을 진지하게 관여하거나 책임질 수는 없다. '체면에 죽고 체면에 산다.'는 말이 있다. 가면을 쓰고 살아가는 인생은 결코 행복할 수 없다. 내 삶을 남의 기준에 맞추지 말고 자존감을 갖고 자신을 사랑하며 끊임없이 자신을 갈고 닦아 자신의 가치를 높이자. 자기주도권을 갖는 삶을 살아야 행복해질 수 있다.

내 삶의 주인은 나다

25세에 공무원으로 임용이 되었다. 그때부터 나의 삶이 아닌 타인의 삶을 살았다. 신규임용 때는 업무하기도 벅차서 뒤를 돌아볼 여유가 없었다. 주임 시절에는 동료 직원들과 어울려 가정은 뒷전이었다. 중간 간부 때는 상부기관과 상사의 눈치를 보며 싫은 것도 거절하지 못하고 가면을 쓴 생활을 해왔다.

온 우주에 나는 유일한 존재이다. 다이아몬드가 비싸고 귀한 것은 그만큼 희소성이 있어서다. 내가 잘생겼든지 못생겼든지 장애가 있던지 세상에서 단 하나뿐인 귀하고 소중한 존재다. 우리는 귀한 나를 모르고 살아가는 경우가 많다. 나를 학대하고, 비난하고, 끊임없이 남과 비교하고, 스스로 자신을 미워하며 자존감을 떨어뜨린다. 행복하려면 먼저 자존감을 회복해야 한다. 죽음을 앞둔 사람들은 회사와 상사, 돈에 대해 관심이 없다. 삶의 가장 기본이 되는 것들에 대한, 즉 나를 사랑하지 못한 것, 나의 행복을 위해 살지 못한 것들에 대한 후회로 삶을 마감한다.

'일에만 왜 그렇게 매달려 살아왔는지.'

'왜 좀 더 행복하게 살지 못했는지.'

'친구들과 왜 더 친하게 살지 못했는지.'

'왜 사랑한다고 말을 못했는지.'

우리는 알고 있으면서도 왜 그렇게 살지 못할까? 학창시절 부모님들이 그렇게 공부하라고 해도 깨우지 못하는 경우가 많다. 친구들과의 노는 것이 재미있어서 공부 따위엔 관심이 없다. 철이 들어서야 부모님의 말씀을 깨닫고 뉘우치게 된다. 어른이 되어서는 좋아하지 않는 일에만 매달리게 되고 별로 기쁘지 않는 일에 억지로 웃으면서 살아갈 때가 많다. 회사에 잘리지 않으려면 어쩔 수 없는 일이라고 생각할지 모른다. 죽기 전에 후회하는 것들 중 미리 생각해서 할 수 있는 일을 실천하면서 살자.

첫째, 챙기지 못한 가정을 우선으로 생각하자. 둘째, 친구들을 만나서 우정을 나누자. 셋째, 사랑한다는 말을 자주하자, 실천하느냐 마느냐는 나의 선택이다.

직장동료와 아버님 장례를 마치고 술 한 잔할 기회가 있었다. 동료는 어린 시절 아버지한테 학대를 많이 받고 자라서 아버지를 원수처럼 생각하고 지냈다고 한다. 평소 전화도 한 번하지 않고, 용돈을 주는 것은 생각지도 못했다. 어릴 때 받은 상처가 지워지지 않았고, 아버지를 생각하면 아픈 기억만 떠올랐다고 했다. 술이 취하자 동료는 가슴을 치며 후회했다,

"왜 아버지한테 '사랑합니다'라는 말을 못했을까?'용돈도 드리지 않았고, 전화도 하지 않았다고 한다. 다른 사람들에게는 많은 메일을 보냈고, 쓸데없는 SNS검색에 많은 시간을 보냈으면서도 아버지한테는 그렇게 하지 못했던 것이다. 아버지가 갑자기 돌아가시고 나니, 아버지와 찍은 사진이 한 장도 없어서

영정사진을 찾는데 한참을 걸려 미안하고 죄스러웠다고 했다. 자신의 아들, 딸들하고는 그렇게 많은 사진을 찍었는데 정작 아버지하고 찍은 사진은 없었다고……

나는 2살 때 아버지가 돌아가셔서 아버지의 사진이 한 장도 없고 아버지 얼굴도 모른다, 동료의 말을 들으니 공감이 갔다. 우리는 소중한 것들을 잃거나 어떤 계기가 있어야 깨닫는다. 작은 일상의 행복보다 내가 갖지 못하는 행복을 찾아서 평생을 헤맨다. 소중한 것들은 가까이 있다. 아침에 출근할 때 아들을 안고 등을 다독여 준다던지, 아내에게 사랑한다는 말을 건네던지, 휴일에는 부모님과 외식도 하고 사진도 찍고, 함께 여행가는 것은 단순하지만 우리가 실천하지 않는 행복들이다. 어려운 것은 없다. 습관을 만들면 쉽게 할 수 있다. 우리는 부모님들한테 그런 것을 배우지 못했다. 이러한 행동들이 습관이 되지 않아 어색하고 쑥스럽다. 지금 부터라도 작지만 기쁨을 얻을 수 있는 일들을 찾아서 습관화 시키면 좋을 것 같다. 부모님의 사진이 없다면 더 늦기 전에 함께하는 시간을 갖자. 갈 수 없는 상황이라면 안부인사라도 했으면 한다, 일찍 퇴근해서 애들과 같이 저녁을 같이 먹자. 행복을 유보하지 말자.

"아버지 잘 계시죠? 사랑합니다."

평소와 다르게 인사를 하면 부모님은 무슨 일인가 걱정할 수도 있다. 처음에는 어색할지 모르지만 습관화를 시키면 괜찮을 것이다. 습관이 되도록 상황에 맞는 시나리오를 짜서 처음에는 의식적으로 해보자. 습관이 되면 자연스럽게 될 수 있다.

부모에게 상처를 많이 받았다고 해도 부모를 이해해야 한다. 내가 부모가 되어 보니 부모의 마음을 조금은 알 수 있을 것 같다. 부모는 자식을 키우면서 많은 용서를 하고 인내를 한다. 아이를 키울 때 부모 마음은 대부분 비슷할 것이다. 부모는 진자리, 마른자리 갈아주는 분이 부모님이다.

메슬로의 5단계 욕구 중 마지막 단계가 '자아실현의 욕구다.' '자신이 할 수 있는 적합한 일을 본성에 진실 되게 하는 것을 의미한다.' 마지막 5단계가 1단계 〈생리적 욕구〉로 가야 된다는 비판도 있다. 이론적인 것을 이렇게 정의해 보았다.

'자신이 할 수 있는 적합한 일을 본성에 진실되게 하는 것 = 나 삶의 주인은 나다' 즉 '자아실현이 욕구는 삶의 주인인 자신을 사랑하고 자신의 가치를 높이며 행복을 위해 살아가는 것'이라고 생각한다.

자아실현을 위해서는 자신을 사랑해야 한다. 가족이나 주위 분들을 사랑하는 것도 출발은 나 자신을 먼저 사랑하는 것이다. 자존감을 회복해야 한다. 사랑하는 나 자신의 삶을 위해 살아보자.

우리는 살아가면서 한 번씩 독화살을 맞을 수 있다. 독화살은 남을 원망하고, 아픈 가슴을 부여잡고 남과 비교하며, 아픔을 느끼며 자신을 힘들게 한다. 독화살은 아무런 효과가 없다, 독화살을 맞아 삶이 힘들 때면 얼른 화살을 빼고 내 심장을 마사지 하자. 심장을 쓰다듬어 위로를 해보자. 내면의 소리에 귀 기울이자, 자신의 생각을 펼치며 마음껏 자유를 누려보자.

아무도 나의 삶을 대신 살아주지 않는다. 거절이 필요할 때는 과감하게 'NO' 하자. 내가 주도하는 삶을 살아가기에도 시간이 짧다. 내가 원하는 것을 하면서 살아보자. 여행하고 싶으면 바로 떠나보자. 내가 되고 싶은 모습을 먼저 그려보고, 하고 싶은 것, 갖고 싶은 것, 꿈 리스트를 만들어 하나씩 실천해보자.

어떤 일을 결정할 때 '해도 후회, 안 해도 후회'가 되는 경우가 많다. 일단 한 번 해보자, 해 보지 않으면 기회조차 없다. 해보고 아니다 싶으면 그만두면 된다. 내가 하고 싶고 원하는 것이 있으면 과감하게 도전해 보자. 자신에게 당당해 지고 싶으면 남들의 목소리보다 내면의 소리에 귀 기울이자. 하루 단 1번이라도 자신을 생각하는 시간을 갖자.

"남이 아니라 내가 진정 원하고 하고 있는 것은 무엇인지?"

성경에 "네 이웃을 네 몸과 같이 사랑하라." 라는 말이 있다.

여기서 '네 이웃' 이란 작게는 나와 가까이 있는 사람이고 크게는 온 우주에 흩어져 있는 사람들을 말하는 거라 생각한다. '네 몸과 같이 사랑하라'는 말은 작고 사소한 것이라도 나누어 주라는 말이 아닐까?

얼마 전 교육시간에 나눔에 대한 영상 『약을 훔친 소년』 을 봤다.

병을 앓고 있는 어머니의 치료를 위해, 소년은 약국에 약을 훔치다가 주인에게 들켜서 혼나고 있었다. 이웃집 마음씨 좋은 아저씨가 그 약값을 대신 지불해준다. 30년이란 세월이 지난 어느 날, 일을 하다가 사고로 쓰러져 병원에 입원하게 된다. 많은 병원비를 걱정하고 있는데 치료비가 계산되고 "0"이 적힌 치료비 청구서를 보고 놀란다. 병원 청구서에 '치료비는 이미 30년 전에 이미 지불되었다'라고 적혀있었다. 담당 의사 선생님이 30년 전 약을 훔친 소년이었다.

나눔에 대한 영상 중에 하나 더 소개하려고 한다. 『눈물 젖은 사과』다. 프랑스 브리엔 유년 군사학교 인근 사과 가게에는 휴식 시간마다 사과를 사 먹는 학생들로 붐볐다. 많은 학생들 사이에 돈이 없어서 멀리 떨어진 곳에 혼자 서 있는 학생 한 명이 있었다.

"학생, 이리 와요. 사과 하나 줄 테니 와서 먹어요."

가게의 주인은 가난한 학생의 사정을 알고, 만날 때마다 불러서 사과 하나씩을 주었다. 그 뒤 30년이라는 세월이 흐른 후 황제가 된 나폴레옹이 허리가 구부러진 할머니 사과 가게에 찾아와 서 사과를 먹으면서 얘기했다.

"옛날 나폴레옹은 돈을 주지 않고 사과를 먹었다면서요."

할머니는 "아닙니다. 공짜로 먹은 적이 없습니다, 돈을 받았습니다." 혹시 나폴레옹에게 누가 될까봐 조심스럽게 얘기했다. 나폴레옹은 할머니 손에 금화를 쥐어주며 말했다.

"할머니, 제가 나폴레옹입니다. 이것은 저의 얼굴이 새겨진 금화입니다. 이것을 쓰실 때마다 저를 생각해 주십시오. 정말 고마웠습니다." 나폴레옹이 은혜를 갚은 내용이다.

내가 나눠줄 수 있는 것은 나누고, 자신과 가족을 사랑하며 살아가는 것이'내 삶의 주인'으로 살아가는 것이라 생각한다.

꿈과 비전을 갖는 삶

꿈과 비전이 없이 살아가는 것은 깊은 산속에서 길을 잃고 헤매는 것과 같다. 꿈을 응원하는 모임 '청춘도다리' 회원으로 활동하고 있다. '청춘도다리' 회원이 모임 뒷풀이에서 꿈에 대하여 이야기 하는 것을 들었다.

'스위스에서 실제로 있었던 이야긴데 알프스 산에서 길을 잃은 남자가 13일 간, 매일 12시간씩 걸어서 거의 죽기 직전에 간신히 구출되었다고 한다. 2~3일이면 빠져 나올 수 있는 6km의 거리를 13일씩이나 헤맸다고 한다. 산에 눈이 덮여서 방향 감각을 잃었기 때문이었다.' 만약 인생의 나침판이 없다면 길을 잃고 숲속을 헤매고 있는 사람과 똑같다. 꿈은 인생의 나침판 역할을 한다.

좀 더 일찍 꿈이 있었더라면 32년이 지난 지금, 지난세월을 아쉬워하며 후회하지는 않았을 것이다. 회사를 경영하는 사람은 비전이 필요하다. 비전은 종업원의 힘을 한 곳으로 모을 수 있는 길잡이다. 회사의 비전처럼, 개인에게도 꿈이 있어야 한다, 꿈이 있으면 꿈을 달성하기 위한 목표가 있게되고 목표는 허송세월을 보내지 않게 도와준다.

얼마 전 '세바시'에서 들은 강의 내용이다. 토요일 친구가 집으로 찾아오기로 약속을 했다. 전날 친구를 위해 음식과, 꽃과, 음악을 준비했다. 다음 날 아침 7시쯤 친구에게 전화가 왔다.

"친구야, 급한 용무가 생겨 오늘 못갈 것 같아. 다음 주에 갈게." 그러면 여러분의 기분은 어떻겠는가? 라는 질문에 백지를 주며 내 기분을 적어보라고 방청석에 요청을 했다. 방청석에서 "속상하다." "기분이 안 좋다." "짜증난다." "꺼져라." "김빠진다." "서운하다" 등 대부분 부정적인 단어들로 적혀 있었다.

반대로 친구가 집으로 놀러오게 되어 있는데 아침에 일어나니 '몸이 너무 안 좋다. 사람들이 보기 싫다. 푹 쉬고 싶다.' 생각이 드는데 친구에게 전화가 온다.

"친구야, 가려고 했는데 몸살이 심해 도저히 못가겠다. 다음 주에 갈게." 라고 한다. '이때 여러분 기분은 어떻겠는가?'의 질문을 하며 백지에 또 적어 보라고 했다. 이번에는

"다행이다 ""아싸~~" "고맙다." "신난다." "안심이 된다." 등 긍정적이고 자기 위안적인 말들이 많았다. 상황은 똑같은데 왜 이처럼 감정이 다르게 나올까?

우리는 감정통제가 어렵다. 감정을 스스로 통제할 수 있다면, 삶의 질이 향상된다. 자신의 감정을 스스로 책임 질수 있을 때, 진정한 자유를 느낀다고 한다.

영상을 시청하면서 삶에 적용해 봤다. 같은 상황에서 목적에 따라 감정이 달라진다. 삶의 목적을 돈이나 권력, 로또 등 이기적이고 개인적인 것에 둔다면

우리의 감정은 순간순간 변하여 행복해 질 수 없다. 이기적인 욕망은 아무리 채워도 채울 수 없기 때문이다. 남에게 베푸는 삶을 목적으로 둔다면 더 행복 질 수 있다.

나카무라 마사토의 '오늘이 마지막 날이라면'에서 저자는 삶의 마지막 날에 행복할 수 있는 사람의 조건을 크게 세 가지로 정리했다. 첫째는 원하는 일을 찾아 행동으로 옮긴 사람이고, 둘째는 인생의 미션, 즉, 자신의 역할을 인식하고 많은 사람에게 도움이 되고자 한 사람. 셋째, 사랑하는 사람들과의 시간과 관계를 소중히 여기는 사람이라고 했다.

인생의 마지막 날, 자기가 하고 싶은 일을 하면서, 내 주위에 있는 사람들에게 도움을 주고, 가족들과 이웃을 사랑하는 것에 삶의 목적을 두고 사는 것이 후회 없는 삶을 사는 것이다.

어떻게 하면 자기가 하고 싶은 일을 찾을 수 있을까? 자신의 하고 싶은 일을 종이 위에 적어보면 좋겠다. 될 수 있으면 블루타임 (5시간 이상의 덩어리 시간)을 확보하여 종이 위에 적어보자.

되도록 많이 적고 유사한 것 끼리 그룹핑 해보자. 그리고 그것 들 중 나의 장점인 일들을 연관지어 보면 하고 싶은 일을 발견할 수 있을 것이다. 3P연구소 강규형 대표에게 꿈에 대한 강의를 들었다. '존 고다드의 종이 위의 꿈'에 대한 이야기다. '종이 위에 쓰면 이루어진다.' 고 했다. 존 고다드가 17살 때 자신의 할머니와 숙모가 말씀을 하시는 가운데'이것을 내가 젊었을 때 했더라면…….' 후회의 말을 듣고 〈나는 커서 '무엇을 했더라면…….' 이라는 '후회는 하지 말아야지'라는 결심으로 종이위에 〈나의 인생 목표〉라고 적었다. 그리고 127가지의 인생 목표를 적었다. 1972년 미국〈라이프〉지가 존 고다드를'꿈을 성취한 미국인'으로 대서특필했을 때 그는 127개 목표 가운데 114개를 달성하였고 결국 1980년 우주비행사가 되어 달에 감으로서 115를 달성하였다고 한다. 그리고 그는 "나는 틀에 박힌 생활을 하고 싶지 않으며 끊임없이 자신의 한계에 대해 도전을 하고 싶었습니다. 독수리처럼 말입니다." 라며 인생 사는 동안 실천하는 삶을 살았다고 한다.

강의를 듣고 워크숍 시간에 꿈에 대하여 적어보며 내 인생의 목적도 함께 적었다. 그동안 아무런 생각 없이 살아왔기에 더 이상 후회하는 삶을 살고 싶지 않다. '적자생존'이라는 말은 '환경에 적응하는 생물만이 살아남고, 그렇지 못한 것은 도태되어 멸망하는 현상'이라고 한다. 그런데 요즘은 달리 쓰이고 있다.

'기록하지 않는 자는 도태되어 멸망한다.'는 뜻으로 쓰인다고 한다. 주기적으로 직원들을 면담한다. 애로사항, 건의사항, 동료 간 관계, 희망보직부서, 꿈 등을 묻는다. 대부분 직원들이 꿈이 없다고 한다. 그러면 꿈에 대하여 이야기를 나눈다. 그러면서 목적 없이 32년 동안 허송세월을 보내온 나의 생활 이야기를 들려주면서 나처럼 살지 말라고 얘기한다. 그리고 나의 꿈 리스트를 보여주며 꿈을 갖고 살라고 조언한다. 그리고 최근에 만든 나의 삶의 사명선언서를 보여준다. 나의 사명선언서는

'가족과 이웃을 사랑하며 열정적이고 뜨거운 가슴으로 지식과 지혜를 습득하여 바쁜 일상으로 몸과 영혼이 지친 사람들에게 건강하고 활기찬 삶을 살 수 있도록 돕는 일에 헌신하겠다.' 이다.

이를 위해서 몸을 건강하게 할 수 있도록 돕기 위하여 '밸런스워킹' 등 스포츠 관련 자격증을 취득하고 영혼의 건강을 위하여 부산광역시 205개 동에 독서모임을 만들고, 창조주 하나님을 믿도록 선한영향력을 기칠 것이다.

다소 추상적이라 직원들의 마음에 와 닿지는 않는 부분도 있겠지만 분명 목적 있는 삶이다. 그리고 직원들에게 공표를 함으로써 내 자신을 목적에 맞게

살려도 노력한다. 그리고 기회가 있을 때마다 나의 사명 선언서를 보면서 아침마다 소리 내어 읽는다.

나는 나의 꿈과 비전을 성취하기 위하여 매일 아침 4시에 기상한다. 조용히 경건의 시간을 갖고 하루를 시작한다. 아침의 1시간의 능률은 낮의 3시간과 같다는 연구결과가 있다. 4시부터 6시 30분까지 2시간 30분 동안 책을 읽고 하루 일정을 정리하고 하루를 시작한다.

집중이 잘 된다. 출근할 때 기분이 좋다. 뭔가가 성취되어 가고 있다는 느낌이 든다.

지금까지 나의 가정과 사회생활에서 나를 망치게 했던 주범인 술을 끊기로 결심했다. 물론 술 없이 사회생활을 어떻게 하느냐고 묻는다면 얼마든지 말할 수 있다. 술 마시는 시간에 아이디어를 창출 하고 프로젝트를 연구해서 동료들에게 일을 편하게 해주고 성과를 더 많이 올린다면 누가 술을 안 마신다고 싫어하겠는가? 수년 동안 마셔보니 분명히 술은 백해무익이다. 젊을 때 술을 많이 마신 선배들이나 동료들을 보면 노년에 금방 늙고 빨리 사망하는 경우가 많다. 물론 술을 마신다고 다 그런 것은 아니다.

직원들에게 2017. 7. 1자로 술을 끊겠다고 공표했다. 배수진을 치기 위해서 '앞으로 내가 술을 마시는 것을 본 사람에게 1천만 원을 주겠다.'고 했다. 직원들은 비웃는다.

"과장님이 술을 끊는다면 지나가는 개가 웃겠다."고 말하는 후배직원도 있다. 그러나 나는 꼭 지킬 것이다. 바로 실행해야지 왜 2017. 7.1자 인지 아내가 묻는다. 7.1일이 되려면 글을 쓰고 있는 지금 4일 남았다. 곧 6월 말 정년퇴직 인사발령이 있고 송별회가 있을 예정이다. 30년~40여년 간 공직에 몸 담고 함께 일하던 직원들 6명이 정년퇴직을 한다. 그분들을 마지막 보내면서 그동안 먹어온 술을 먹지 않는다고 하면 예의가 아닐 것 같은 생각이 들어서다. 아마 이 책이 완성될 때 쯤이면 정말 술을 끊었는지 알 수 있을 것이다.

내 삶의 목적 '사명 선언서'를 작성하고 그대로 살아가기 위해 노력하고 있는 요즈음 행복하다. 어떻게 노력하고 있는지는 4장에서 말하려 한다. 그토록 좋아하는 술 모임을 온갖 핑계로 피한다. 언제부터인지 모르게 술이 별로 좋지 않다. 그리고 목적이 이끄는 대로 생활하니 자연이 시간을 낭비하지 않고 알차게 보내게 된다. 꿈과 비전을 갖고 사는 삶은 나와 이웃과 사회를 풍요롭게 할 것으로 확신한다. 더 이상 헛된 꿈을 찾아 술집거리를 헤매는 불나방이 되지 않겠다.

나는 10대 시절부터 세계의 모든 가정에 컴퓨터가 한 대씩 설치되는 것을 상상했고, 또 반드시 그렇게 만들고야 말겠다고 외쳤다. 그게 시작이다. _**빌게이츠**

아주 어렸을 때부터 내 마음속에는 세계 제일의 부자가 된 나의 모습이 선명하게 자리 잡고 있었다. 나는 내가 거부가 되리라는 사실을 의심해본 적이 단 한 순간도 없었다. _**워런 버핏**

매순간 성장하는 인생

나는 중학교 때 가장 열심히 살아온 것 같다. 학교를 마치고 집에 오면 소를 키우는 일을 했다. 봄부터 가을까지는 소를 몰고 산으로 가서 풀을 먹이고 밤이 되어야 풀을 지게에 지고 집으로 왔다. 겨울철에는 높은 산에 땔감을 해서 지게에 땔감을 해서 오는 것이 일과였다. 학교에서는 전교 60위 안에 드는 우수 반에 있었기 때문에 성적을 유지하기 위하여 영어 단어장을 들고 다녔다. 소를 돌보고 저녁밥을 먹고 나면 잠이 자동적으로 왔다. 한참 성장기 때에는 잠을 많이 자게 된다. 공부에 대한 철이 들었던 것 같다. 새벽 4시가 되면 절에서 들려오는 북소리에 잠에서 일어났다. 항상 어머니는 나보다 먼저 일어나 고구마 줄기며, 토란대, 고사리 등을 다듬고 계셨다.

일어나자마자 찬물로 세수를 하고 날이 밝을 때 까지 열심히 공부를 했다. 그때는 읍내에 있는 친구들이 부러웠다. 그 친구들은 공부만 했다. '일하지 않고 공부만 하면 얼마나 좋을까.'생각을 했지만 집안 형편이 그럴 수는 없었다. 가끔씩 어머니는 나를 대견해 하시며 격려하는 말씀을 하셨다.

"사람은 항상 허점이 있어야 한다. 맑은 물에는 물고기가 살 수 없다."

어머니는 재산도 없고 아버지도 없는, 아들의 앞날을 걱정하며 혼자서 꿋꿋하게 어려운 상황에도 잘 견뎌주기를 원하셨다. 늦둥이로 태어난 내가 신경이 많이 쓰이시는 것 같다. "너를 다 키워서 배필을 만들어 주고 죽어야 할 텐데……."라고 걱정하셨다. 새벽에 장독대에 정한수를 떠 놓고 출타한 자식들을 위해 비시는 모습을 종종 봤다. 어린 마음이었지만 어머니의 말씀에 순종하며 열심히 공부해야 되겠다고 다짐하곤 했었다.

영어책을 통째로 외우기도 했다. 한문 옥편과 영어사전을 들고 다니면서 외웠다. 무엇을 위해서 공부하는지도 모르고 무조건 외웠다. 누군가 내 진로에 대한 코칭해 주는 사람이 있었더라면 얼마나 좋았을까? 내가 스스로 누군가에게 요청하여 장래를 상의해야 하는데 그런 생각도 못했다. 책을 통해서 라도 내 꿈을 찾았으면 좋았을 텐데, 책을 읽지도 않았다.

내가 아는 교회 집사님이 있다. 그 분은 매일 아침 4시에 일어나서 새벽기도를 간다. 비가 오나 눈이 오나 하루도 쉬지 않고 다닌다. 그런 부모 밑에 자란 자식이 바르게 성장하지 않을 수 없다. 3명 모두 반듯하게 키워서 취직하여 잘 살고 있다. 집사님을 보면서 오십 줄이 넘어서 정신 줄을 찾은 것에 대해 반성된다. 지금까지 살아오면서 제일 열심히 살았던 게 중학교 때인 것 같다. 하지만 삶에 대한 목표가 없었다. 기계공업고등학교 가서 자격을 취득해서 대기업에 취직했고, 얼마 되지 않아 퇴직했고 공무원으로 임용되어 32년이란 세월이 흘렀다. 오늘은 어제가 될 수 없다. 매일 새로운 트렌드가 만들어지고 새로운 업종들이 생겨나는 급변하는 사회 속에 살고 있다. 기업들은 치열한 경쟁 속에서 생존을 위해 모든 역량을 집중하지만 공무원 세계는 다르다. 9시에 출근해서 6시까지 근무하면 퇴근한다.

업무능력이 보통 공무원보다 현저히 떨어지는 직원이 있어도 월급은 똑같다. 흔히 말하는 철밥통이다. 어떤 부처에서는 역량이 현저히 뒤지는 그런 직원들을 개조하기 위하여 보직을 주지 않고 별도 집합시켜 정신교육을 시키고 청소를 한다거나 허드렛일 같은 것을 맡기기도 하지만, 강제로 퇴직을 시킬 수는 없다. 특별한 잘못이 없으면 시간이 지나면 자동으로 승진을 한다. 변화를 갈망할 필요도 없고 경쟁자도 없다. 열심히 한다고 승진이 빨리되는 것도 아니다. 남보다 조금 승진을 빨리 하려면 상사의 눈치를 살피며 위선의 줄을 잘 서면 승진과 더불어 좋은 보직을 받을 수는 있다.

정부에서는 민간에서처럼 5급 이상 공무원에게 성과급제를 도입하여 시행하고 있다. 열심히 일하는 공직사회에 새바람이 되기를 기대해 보지만 수년 동안 길들여져 온 습관을 하루아침에 바꾸는 것은 쉽지않다. 승진에 적용되는 근무성적 평정이 40%를 차지하고 있다. 근무성적 평정은 상부기관에 근무하는 공무원 순이고 대부분 경력평정 순으로 근무성적 평정이 이루어지고 있다. 탁월한 성과를 낸다고 해도 바뀌지 않는다.

지난해부터 우정사업본부에도 5급 공무원 성과급제가 도입이 되었다. 우체국에서는 '경영평가'라는 제도를 도입하여 1년 동안 우편, 예금, 보험, 비용절감 등 종합하여 성적에 따라 성과급을 차등하여 지급한다. 각 우체국에서는 민간인처럼 사업실적 향상을 위하여 마케팅을 열심히 한다. 지역특산품을 우체국 쇼핑에 등록하여 생산자와 소비자 간의 직거래를 통한 농어촌 주민들의 판로 개척은 물론 국민들의 식탁을 풍성하게 하는 등 국민세금으로 운영되는 일반직 공무원에 비하여 열심히 일하는 공무원이 대부분이다.

우리의 월급은 우리가 벌어서 봉급을 충당하는 특별회계로 운영되어 자부심을 갖고 근무하고 있다. 내가 근무하는 우체국은 부산지방우정청 소속 우체국으로 총괄국 22국으로 구성되어 있다. 총괄국 영업과장으로 근무하면서 2년 연속 경영평가 2위(22국)를 했다. 조직일체감을 조성을 위해 슬로건 공모 행사를 했다. 내가 응모한 슬로건이 '우리동래, 좋은동래'이다. 2위로 채택되어 커피 머신을 포상으로 받았다. 나는 직원들에게 꾀돌이라고 통한다. 나도 나름 창의성이 있다고 생각한다. 1위로 채택된 슬로건은 사용하지 않고, 2위인 내 슬로건이 부르기가 편해서 그런지 아직까지 각종 건배구호에도 사용되고 있다.

경영마인드 함양을 위하여 수시로 PPT교육 자료를 만들어서 교육하고, '정보 소통팀'을 만들어 정보를 공유하며, 수시로 일 단위, 주간 단위, 월간 단위로 사업목표를 세분화하여 진행상황을 분석하여 직원들과 함께 공유하며 열심히 일했다. 우리우체국은 경영평가에 2년 연속 1등급인데도, 연도성과급 평가에서 4등급인 우체국의 과장과 같은 성과급을 받았다. 경력 순으로 평정을 주었기 때문이 아닌가 생각해 본다. 하지만 허무하다는 생각이 들고, 조직에 대한 섭섭함도 느껴진다. '열심히 일한 사람은 일한 사람이고 승진하는 사람은 따로 있다'는 말이 공무원 사회에 회자된다. 물론 다 그런 것은 아니다. 열심히 일한 사람을 특별 승진하는 경우도 있다. 공무원 사회를 바꾸려고 많은 시도를 하지만 개개인이 마음자세가 바뀌지 않으면 힘들 것이라 생각된다. 지금껏 그래 왔듯이 내가하는 일터에서 오늘도 열심히 뛴다. 지금까지 아들을 키우고 먹고 살게 해 준 국가와 직장에 대하여 항상 고마움을 느낀다. 지금 이 나이에 이 만큼의 월급을 주는 곳은 어디에도 없을 것이다.

3개월 전부터 나의 생활은 확실히 달라졌다. 매순간 성장하는 삶을 살기 위하여 몸부림친다. 조직과 직원을 원망하는 시간이 아깝다는 생각이 들었다. 5년 밖에 남지 않은 공무원 생활을 보람차게 마무리하고 퇴직한 후, 인생 2막을 준비하고 있다. 나는 아침 4시에 일어난다. 단체 카톡 방이 많이 생겼다. 여기서는 새벽 4시에 "굿모닝입니다." 기상하는 순서대로 인사가 들어온다. 우리 집은 산이 가까이 보이는 아파트에 산다. 창문을 열면 새들이 지저귀며 나를 반긴다. "쨱쨱쨱. 굿모닝." 시원한 여름 아침 공기를 들이마신다. 기분이 상쾌하고 좋다.

"멋돌이 정인구, 너는 못하는 게 없는 멋진 사람이다. 오늘도 멋진 인생을 시작해 보자!" 파이팅을 외친다. QT(경건의 시간)를 한다. 성경 말씀을 토대로 당일 주어진 성경을 읽고 깨달은 것, 나의 삶에 적용할 것을 묵상하고 가족과 직장, 이웃과, 국가를 위하여 감사기도를 드린다.

아직은 신앙심이 깊이 않아 개인적인 필요에 의한 기도를 많이 한다. 바인더수첩을 꺼내서 오늘 일정을 체크한다. 6시 20분까지 책 쓰기와 책읽기를 한다. 평생 10권도 읽지 않던 책을 3개월 동안 31권을 읽었다.

6시 20분부터 아내의 아침식사를 돕고 식사하고 7시 20분경에 출발해서 8시 회사에 도착한다. 헬스장에 가서 러닝머신에 오르면서 책을 읽는다. 운동을 하면서 책을 읽기가 처음엔 어려웠는데 숙달이 되었다. 예전에는 TV를 보면서 걷기운동을 했는데 책을 읽는다. 아침 30분 동안 책을 읽으면 보통 50~80페이지 정도 읽을 수 있다. 이렇게 하면 일주일이면 책 1권을 읽을 수 있다. 기분이 좋다. 러닝머신에서 30분간 운동한 후 근력운동을 한다. 40살이 넘으면 유산소 운동보다 근력운동이 좋다고 한다. 나이를 먹으면 수분을 저장할 수 없는데, 근육에서 수분을 저장하는 운동이 근력운동이다. 직원들과 모닝차를 마시며 하루 일과를 시작한다.

업무 시작 전 15분, 점심 시간 전 15분, 퇴근 시간 전 15분은 별도로 수첩에 표시되어 있다. 하루의 일정에 대하여 진척사항을 체크하고, 피드백 하기 위함이다. 내가 근무하는 부서는 영업부서이다. 실적을 가장 효율적으로 관리하는 것은 3일 단위의 계획이라고 한다. 그래서 월~수, 목~토의 목표와 실적을 정하여 분석한다. 부족한 부분을 보완하고 직원들과 피드백하며 향상방안을 강구한다. 퇴근 후는 주로 독서모임, 청춘도다리모임, 동호회 활동을 하고, 북 콘서트 등 각종 강연회가 있으면 수시로 참여한다. 토요일 아침 7시 '동래나비'라는 독서모임을 한다. 독서모임을 이끌어 가기가 힘이 들지만, 내심 보람도 있다. 모임에 참여하는 사람들의 다양한 의견을 들을 수 있다. 같은 책을 읽었는데도 생각이 다양하다. 내가 보지 못한 부분을 꼬집어 내어 획기적인 아이디어를 제시하는 사람들도 있다. 이를 통해 편협한 내 사고방식이 조금씩 변하고 남의 의견을 들을 줄 아는 귀가 열리는 것 같아서 좋다. 독서모임을 통하여 모자 또는 부부사이가 좋아지는 것을 보고 보람을 느낀다. 나의 꿈 리스트에 부산광역시 전체 205개(동단위 수) 독서모임을 만드는 것이 새로 생겼다. 특별한 일이 없으면 주말에는 탁구를 친다. 주일에는 교회예배를 갔다가 저자강연클럽에 가서 강연모임을 하고 아내와 영화를 본다. 평일은 저녁 11시까지 내 꿈 리스트에 따라 꿈 성취를 위한 자기계발을 하고, 11시 30분까지 하루일정 피드백 및 감사 일기로 하루 일과를 마친다.

"왜 삶을 그렇게 힘들게 살아?"하고 묻는 사람이 있다. 꿈으로 사는 삶은 힘들지 않다. 그리고 허송세월을 보낸 나의 삶에 대한 보충을 하고 있다. 매 순간 나를 사랑하며 위로하는 마음으로 생활한다.

사는 방식은 그 사람의 몫이다. 중요한 건 목적이 있는 계획적인 삶을 사느냐 살지 않느냐이다. 목적있는 삶을 살다가 보면 매순간 성장하는 내 모습을 보게 될 것이다. 신이 우리에게 삶을 준 것은 힘들게 살아가라고 준 것은 아닐 거다. 세상의 모든 것을 풍요롭게 누리고 서로 사랑하라고 생명을 주신 것이라 생각한다. 오늘도 신의 뜻을 생각하며 매순간 감사하며 살아간다.

시간의 가치

우리에게는 날마다 86,400초의 시간이 주어진다. 남녀노소, 빈부격차에 상관없다. 그 시간은 돈으로도 살 수 없으며 늘릴 수도 줄일 수도 없다. 저축해 두었다가 내일 쓸 수도 없다. 오늘 그 시간을 쓰지 않으면 영원히 사라진다.

얼마 전 '1초의 시간'이라는 동영상을 봤다. 1초 동안에 번개 100번, 물 16억 톤 증발, 인터넷 검색 5만 건, 메일 239만 통, 모기들이 피를 7L마시며, 석유드럼통 1,100개가 소모되고, 신생아 4명이 태어난다고 한다. 글을 쓰고 있는 이 순간에도 새 생명이 태어나고 있고 누군가는 영겁의 속으로 사라진다.

직무집합교육은 천안에 있는 우정공무원 교육원으로 가서 받는다. 교육원에 가기 위하여 택시를 타고 부산역으로 가는데 도로가 심하게 밀렸다. 열차시간이 늦을까봐 택시 안에서 안절부절 했다. 1분1초가 아까웠다. 택시에서 내리자마자 역으로 눈썹이 휘날리도록 뛰었다. 숨이 턱 밑까지 올라와 죽을 것만 같았다. 다행이 출발 시각에 아슬아슬하게 열차를 탔다. 열차는 타자마자 출발했다. 열차를 놓쳤으면 모든 일이 꼬일 뻔했다. 그때부터 무슨 약속이든지 30분 전에 도착할 수 있도록 다짐했지만 지금도 그렇게 살고 있지 않다. 회의 시간이 다가오면 꼭 인터폰이 와야 회의시간에 올라간다. 내가 도착하면 다른 사람은 도착해 있다. 약속시간이나 회의시간에 늦으면 사람들의 소중한 시간을 도둑질하는 것이다.

〈도쓰카다카마사〉의 '세계 최고의 인재들은 왜 기본에 집중할까?' 에 보면 약속 시간을 지키는 것은 만국의 공통된 규칙이며 골드만삭스에서는 '무슨 일이 있어도 약속시간 10분전에 도착한다는 규칙이 기본 중의 기본'이라고 했다. 비즈니스 세계에서는 약속 시간을 지키는 것은 상대방에 대한 존중이며 신뢰를 쌓는 지름길이다. 그 소중한 1초가 모여서 하루가 되고 일주일이 되고 1년이 된다. 인생이라는 열차를 타고 달리는데 종착역에 도착하기 전에 그 시기마다 해야 하는 일을 하지 않으면 안 된다.

사랑하는 사람에게 지금 '사랑한다.' 고 얘기해야 한다. 종착역에 도착하면 더 이상 이야기할 시간이 없다. 여행이 가고 싶으면 지금 당장 앞뒤 가리지 말고 가라. 내 삶을 돌아보는 기회가 있었으면 좋겠다.

아이를 키울 때 '돈을 많이 벌어서 더 크면 잘해주어야겠다.' 고 생각했으나 해맑고 귀여운 아들은 이미 장성하여 대화가 어렵다. 함께 고민을 들어준 적도 없고 코칭을 해본 적도 없다. 아이는 엄마가 키워야 된다고만 생각했다. 다른 부모들은 아들에게 여러 학원을 다니게 하고 공부에 과잉 반응이라는 느낌이 올 정도로 교육에 혼신의 힘을 다하는데, 나는 회사와 동료들과의 술자석이 다였다.

그렇게 키운 아이를 남의 아들의 잘된 것과 비교하며 애들을 원망해 보기도 한다. 한 번씩 아들 모습에서 내가 가장 싫어하는 내 모습이 들어 있는 것을 보고 미운 마음이 든 적이 있다.

'그 아비에 그 아들'이란 말이 틀린 게 하나도 없다. 어느 새 아들은 나를 꼭 닮아 있다. 나무에 이끼가 자라듯 해가 지나면 지날수록 아버지의 이끼가 아이에게 한 겹씩 한 겹씩 덧입혀지는 것 같다. 그러니 아들을 미워하지 말고 더 바라지도 말자. 아들을 있는 그대로 사랑하자. 아니 나를 있는 그대로 먼저 사랑해 보자. 그래야 사랑의 눈으로 아들과 세상을 볼 수 있을 테니까…….

시간은 지금도 흐르고 흐른다. 시냇물이 끊임없이 흘러 강물을 만들고 또 바다로 그 끈을 놓지 않듯이 우리 아버지에 이어 또 그 할아버지에 이어 천지가 개벽할 때부터 영겁의 시간으로 흐른다. 지금 우리의 시간은 그 영겁의 시간의 한 점에 살고 있다. 그 점을 어떻게 찍느냐에 따라 빛나는 점이 될 수 있고 빛을 잃은 희미한 점일 수도 있다. 점을 어떻게 찍든 우리의 선택이다.

희미한 점이던 선명한 점이던 매 순간마다 삶의 의미를 담았으면 좋겠다.

시간은 크로노스와 카이로스로 구분된다. 크로노스는 자연적으로 해가 뜨고 지는 시간, 태어나고 죽는 생로병사의 의미를 말하는 객관적인 시간이고, 카이로스는 마음먹기에 따라 결정되는 주관적인 시간이다. 즉, 결혼첫날 밤, 사랑하는 사람에게 사랑을 고백한 날, 첫 아이가 태어난 날 등 주관적인 의미가 부여되어 있는 시간이다.

지금까지 나의 삶은 크로노스의 시간이었다. 그저 흘러가는 시간에 삶의 의미도 없이 흐르는 대로 살아왔다. 허송세월을 보냈다. 지난날을 뒤 돌아 보고 삶의 목표가 없었다면, 후회되는 것들이 있다면, 삶의 목표를 정하고 의미를 부여하는 카이로스 시간을 가져보면 좋겠다.

초등학교에서 학생들에게 "자, 이 문제 한번 생각해 보자"라고 선생님이 말하면 "아, 짜증나." 라는 말을 한다고 한다. 게임을 많이 하고 휴대폰을 보면서 생각하는 힘이 약화되었다. TV를 보고, 정보검색하면 모든 게 다 나오고, 좋은 영상이 눈만 돌리면 지천에 널려 있다. 생각할 이유가 없다. 그래서 생각하는 뇌'전두엽'은 발전하지 않는다. 당연히 창의력도 떨어진다. 나 역시도 마찬가지다. 생각하기 싫었다. 무슨 일이 있어도 뭔가를 깊게 고민해 보지 않았다.

4차 산업 혁명시대는 창의력의 싸움이라고 한다. 창의력을 발휘하기 위해서는 생각을 많이 해야 된다고 한다. 책을 읽으면 자연적으로 전두엽이 발달한다. '책을 읽은 후 생각하는 시간은 책 읽은 시간의 3배를 하라'고 하는 이유도 거기에 있다.

브라이언 트래시의 '타임파워 : 잠들어 있는 시간을 깨워라'에서 1928년에 매거진 '세일즈 앤드 마케팅 매니지먼트'는 미국기업 영업사원들이 얼마나 시간을 효율적으로 사용하는지에 대한 설문조사 결과 하루 평균 1시간이나 1시간 30분 정도 만 일한다는 것이다. 영업 시간의 20%만 일하는데 보낸다는 것이다. 이후 60년 동안 시간의 효율성에 관한 교육 훈련 동향 기사를 실었는데 여전히 하루 평균 1시간 30분이었다는 것이다. 60년 동안 전혀 달라진 게 없었다고 한다. 하루 종일 열심히 근무했는데 왜 90분일까? 나의 하루 근무시간을 봐도 어느 정도 이해가 간다. 아침 출근해서 차 마시고, 포털검색하고, 휴대폰을 보고, 이메일을 확인하고, 직원들과 잡담하다 보면 점심시간이다. 점심 후 커피 한잔하고, 도착된 문서 확인하고 결재하다보면 어느새 오후 3시, 타부서 업무 관련 미팅, 관내우체국 전화, 사업실적을 조회하다보면 오후 4시가 된다. 일하려고 하다보면 퇴근 시간이다. 하지 않아도 되는 회의, 가지 않아도 되는 미팅, 남한테 위임할 수 있는 일까지 하다 보면 결국 집중해서 자기업무를 하는 시간은 90분 정도 밖에 되지 않는다.

예전에 본청에서 근무할 때 집중근무 시간을 정해 일하도록 실행해 본 적이 있다. 오전 10시~11시30분까지 설정했다. 집중근무 시간을 정해서 그 시간에는 상사가 부르지도 말고, 부하 직원에게 시키지도 말고, 전화도 하지 말고 받지도 말고, SNS도 하지 않고, 오로지 업무에만 집중해서 일을 했다.

집중 근무시간을 정해서 해보니 정말 집중이 잘 되어 업무 효율성이 높아가는 것 같았다. 신선한 충격을 받았다. 그런데 시스템이 정착되지 않고 청장이 바뀌고 나자 흐지부지 되어버렸다. 지금 생각하면 그 청장님이 존경스럽다. 집중해서 근무하는 습관을 들이는 것이 중요하다. 그때 실패한 이유가 습관이 되지 않고 시스템화 되지 않아서이다. 지루하지만 지속적이고 반복적으로 해야 습관이 몸에 베이게 된다. 집중근무시간, 메일을 보는 시간, 전화하는 시간, 책 읽는 시간 등 별도로 시간을 정하여 시스템화하고 지속적이고 반복적으로 하는 것이 중요하다.

특히 아침 시간이 중요한 것 같다.

3p경영연구소 강규형 대표의 '성과향상을 위한 바인더의 힘'책에 보면 아침 시간의 중요성에 대하여 이렇게 말하고 있다.

'아침과 싸우면 백전백패다.'

그리고 인상 깊은 이야기가 있어서 별도 메모해 두고 직원들에게 교육할 때 서로 공유하기도 했다.

아침에 겨우 일어나서 출근하는 직원과 30분이나 1시간 전에 집에서 출근하는 직원을 비교하는 내용이다.

"아침에 겨우 일어나는 직원은 허겁지겁 집에서 나와 콩나물 같은 전철 속에서 땀을 흘리고 있을 때, 아침 일찍 일어나 아내의 배웅을 받으며 1시간 빨리 출근하는 직원은 한산한 전철 속에서 책을 읽고 회사스케줄을 확인한다. 누가 인생의 승자일지는 뻔하다."

일요일 아침 4시 30분 기상하여 아내와 책읽기와 책 쓰기를 하고 있다. 시간 가는 줄도 모르고 있다보니 10시가 다 되어간다. 아내가 나를 쳐다보면서 말한다.

"우리 지금 뭐하고 있는 거지? 우리 시간을 너무 알차게 보내는 거 아이가? 밥 먹을 생각도 안하고 우리가 미쳤는가보다." 우리는 3개월 전부터 이렇게 생활해 가고 있다. 이런 삶이 행복인지는 모르지만 우리는 즐기고 있다. 이런 시간들이 쌓이면 예전의 아무런 목표 없이 생활 했던 것 보다 분명 보람 있고 삶이 풍요로워질 것으로 생각된다.

후손들에게 '독서하는 명가!'를 물려주고 싶다. 우리 옛 성현들은 독서 삼매경에 빠져, 날이 새는 줄도 모르고 몇날 며칠 책을 읽었다고 한다. 책과 하나가 된 몰입상태로 독서를 열심히 했다고 한다.

너무 힘들게 사는 게 아니냐고 물을지 모른다. 하지만 시간의 노예가 되지 않고 시간을 극복하고 관리해 가고 있는 지금의 생활이 행복하다. 예전에 느껴보지 못했던 뿌듯한 행복이 느껴진다.

언제까지 이런 생활이 이어질지 모른다. 습관이 된 것 같다. 21일이면 습관이 몸에 잡히고 66일이 지나면 몸의 세포까지 습관이 인식된다고 한다. 습관이 되도록 하기 위하여 지속적으로 이런 생활을 계속해 나가고 싶다.

다른 사람들에게도 함께 나누고 싶다. 시간을 극복해 가며 아내와 책을 읽는 이 행복을……

'NO'라고 답할 줄 알아야

변명을 늘어놓지 않고 저녁 초대를 거절할 수 있는 사람은
진정 자유로운 사람이다.
_줄르 레나드

나의 성격은 상대방의 거절에 'NO'하지 못해서 낭패를 보는 경우가 많다. 거절을 하면 상대방에 대한 예의가 아니라는 생각이 든다. 또 거절하고 나면 왠지 죄책감이 들고 미안한 마음이 든다. 하기가 싫거나 가기 싫은 부탁이면 당당하게 거절하면 되는데 이런 저런 이유로 거짓말로 둘러댄다. 다음에 만나면 거절한 것이 미안하고 죄책감에 술을 사거나 밥을 사는 경우도 있었다. 특히 가족과의 약속이 있는 경우는 더욱더 그렇다. 가족과의 약속이 있음에도 회사의 갑작스런 일정 으로 약속을 어겨 부부싸움을 한 적이 한두 번이 아니다. 그럴 때마다 아내에게 도리어 화를 냈다.

"남자가 사회생활을 하면 급한 약속이 있을 수도 있지 그걸 가지고 그러냐?"

신혼 초나 좀 젊었을 때는 아내가 고분고분해서 말을 잘 들었으나 세월이 흐르면서 말이 통하지 않는다. 아내는 어린애가 아니다. 거짓말에 속고 속아서 신물이 날 지경인데 어떻게 신혼 초와 같으랴?

별로 친하지도 않은 직원이 상을 당했을 때 동료 직원이 "내 차로 가는데 같이 가지 않을래?" 라고 부탁을 했다. 가까운 길도 아니고 강원도까지 가야 하는 상황이 생겼다. 거절하면 되는데 친한 동료라 부탁하기 어려워 강원도까지 조문을 갔다. 아내에게 전화를 하자 "그 먼 곳까지 뭐하러 가느냐?" 고 했다. 이런 저런 핑계로 상황을 모면하고 차를 타고 강원도로 갔다. 하지만 마음이 불편했다. 동료 직원이 말을 많이 걸었지만 귀에 들려오지 않았다. 강원도 도착하니 별로 친하지도 않는 내가 도착하니 놀라는 것 같았다. 너무 멀어서 그런지 조문객들이 많지 않고 더구나 상을 당한 직원 가족이 몇 되지 않아 썰렁했다. 그 날 새벽이라도 내려와야 되는데 먼길 왔다고 자고 가라고 했다. 아내의 화난 얼굴이 뇌리를 스쳐간다.

마음 한 구석에는 "NO" 하라고 계속 아우성친다. 하지만 결국 또 그날 저녁을 새우고 뒷날 일요일 오후가 되어서야 부산에 도착할 수 있었다. 이런 상황이 있고나면 아내와의 관계는 냉랭해져서 며칠씩 간다. 퇴근 시간 갑자기 동료 직원한테 전화가 왔다.'홀라조'를 모집하는 전화다. 처음에 거절하지만 1명이 모자란다고 꼭 오라고 한다. 마음속에서는 '가면 안 돼!' 라는 생각과 싸우지만 결국진다. 간단하게 놀다가 오자고 자신을 합리화 시키며 허락을 한다. 홀라를 하다보면 시간이 그렇게 빨리 갈 수가 없다. 저녁 12시……. 어떤 때는 꼬박 밤을 새우고 아침을 먹고 집으로 올 때도 있다. 그나마 돈을 따고 집으로 오면 괜찮겠지만 돈을 잃고 집으로 오는 발걸음은 한없이 무겁고 후회가 된다.

다음 날은 아내의 생일이었다. 직원들이 등산 간다고 같이 가자고 한다. 모처럼의 제안이라 가고 싶었지만 아내의 생일이 영 걸린다. 아무리 생각해도 거리상 1박을 해야 할 것 같았다. 거절할까 망설인다.

'야, 그동안 일한다고 고생했지 않니? 맑은 공기도 마시고 술도 한 잔하고 좋잖아? 이런 기회는 자주 오는 게 아니야.'또 자신을 합리화 하고 거절하지 못한다.

'그래, 그동안 고생 많이 했잖아. 생일은 갔다 와서 잘해주면 되지.'

결국 거절하지 못하고 등산을 간다. 가서 놀 때는 좋다. 하지만 아내의 생일 날 혼자 두고 등산을 다녀온 남편을 용서해 줄 아내는 이 세상에 별로 없다. 또 호되게 며칠 홍역을 치른다.

한번은 친하지도 않은 여직원이 대학교 리포트를 제출해야 되는데 좀 도와달라고 부탁을 한다. 이름만 알 정도의 친하지 않는 여직원이었다. 어떻게 전화하게 되었냐고 묻자 그 여직원은"PC 경진대회에서 입상한 것을 봤다. 전산을 잘할 것 같아서 전화했다."고 했다. 그 말을 듣고 나니 우쭐해져서 그냥 해준다고 허락해 버렸다. 리포트 내용은'엑셀의 매크로기능을 활용한 레포트'였다.그런데 내용을 보니 내 실력으로는 제대로 할 수가 없을 것 같았다. 이럴 때는'할 줄 모른다'고 말하면 된다. 하지만 'PC 경진대회' 입상한 사람이 이것도 못하면 창피할 것 같았다. 할 수 없이 서점에 가서 매크로관련 책을 3권을 사서 3일 동안 공부하기도 했다. 나는 왜 이런지 모르겠다.

회사의 업무 보고서 담당으로 일해서 다른 직원들 보다 파워포인트 작업을 잘한다. 상사나, 동료, 아내, 심지어 부하직원도 파워포인트 작업을 부탁 해온다. 파워포인트 작업은 손이 많이 간다. 거절하면 될 것을 거절도 하지 못하고 끙끙 앓으며 작업한다. 내 업무도 있는데 그걸 또 밤새 작업을 한다. 그래서 주변에서는 마음씨 좋은 사람으로 나름 평가된다. 하지만 내 마음은 별로 좋지 않다. 정말 진심으로 동료를 돕는다는 마음으로 한다면 즐거울 텐데 그렇지도 않다. 단지 거절하지 못해서 할 때가 많다.또 마케팅하러 회사에 찾아온 사람에게 거절하지 못하고 큰돈을 들여 할부로 약을 구입해서 아내에게 혼난 적도 있다. 다른 것은 그래도 혼자 속앓이를 하면 된다. 하지만 고등학교 동창 보증을 섰다가 회사가 부도나는 바람에 나는 그 돈 한 푼도 써보지 못하고 얼마 전까지 그 돈을 갚는다고 죽어라 고생한 적도 있다. 나는 왜 이리 우유부단하게 살아왔는지 모르겠다. 업무의 경우도 마찬가지다. 나의 일도 아닌데 상사가 나를 시킨다. 그 자리에서 "이건 저의 업무가 아닙니다." 라고 해야 하는데 그 말도 못해 또 그 일을 처리하는 경우가 허다하다. 그러다 보니 내 스스로가 생각해도 바보같이 느껴질 때가 많다.

지나온 세월을 보면 'YES'맨으로만 살아온 것 같다. 원하는 것을 얻고 행복한 삶을 살고 싶다면 'NO'를 말할 수 있어야 한다. 최근 성격테스트를 해 보니 '피플형'이었다. 특징을 꼽자면 '사람들에게 관심 , 남을 잘 배려, 사랑, 평안, 화합을 중시'등이다. 내 성격하고 꼭 맞았다. 남이 불편하게 생각하면 내가 괴롭다. 그러다 보니 내 주도적인 삶이 아닌 늘 타인의 삶을 살아온 것 같다. 누구나 남들의 제안에 단호하게 거절하는 것은 쉽지 않다. 하지만 좀 더 생각해 봐야 한다. 거절하지 못해서 대가를 치러야 했던 것들은 내 삶의 행복을 송두리째 빼앗는 결과를 초래했다.

코미디언 빌 코스비는 이렇게 말했다.

"나는 성공의 비결은 모른다. 하지만 실패의 비결은 안다. 그것은 모든 사람을 기쁘게 하려고 노력하는 것이다."그의 말이 내 마음에 와 닿았다. 나는 그동안 모든 사람을 기쁘게 하려고 노력한 것이다. 가장 기쁘게 해주어야 할 가족, 특히 아내에게는 소홀하면서 말이다. 모든 사람을 기쁘게 해주는 '예스맨'이다 보니 정작 예스를 말해줘야 하는 가족에게는 등한시하고 말았다. 나의 감정이 아닌 타인의 감정에 맞추어 살다보니 기쁨이 없다. 남이 하자는 대로 사는 삶은 로봇과 같다. 자기의 감정에 충실하고 나한테 귀를 기울여 보자. 하루 1분 1

초라도 나의 내면의 소리에 귀를 기울여 보자.

요즘은 자기계발 관련 세미나와 강연에 자주 참여한다. 그냥 그대로 안주하고 있으면 삶에 의미가 없이 살아가게 되고 나처럼 거절하지 못하고 실패하는 삶을 살 가능성이 높다. 거절을 가장 쉽게 하는 방법은 삶에 목적을 갖고 살아가는 것이다. 장기적인 삶의 목적이 아니더라도 하루의 목표만 있어도 거절은 할 수 있다. 내일 시험 봐야하는 수험생에게 오락실에 가서 게임하자고 유혹하면 승낙하는 수험생은 거의 없을 것이다.

시간 관리의 전문가 맥더글은 "자신을 시간낭비로부터 보호하는 가장 성공적인 방법은 'NO'라고 말하는 것이다."라고 했다.

오늘 하루 내가 'NO'라 답하지 못해 나의 삶을 침해받은 일이 있었는가? 내일은 지혜롭고 단호하게 'NO'라 외쳐보자. 그리고 진정한 자유를 쟁취하자. 내가 어떤 일에 'Yes'라고 답하는 순간 나 자신의 일을 한 가지 포기하는 것과 똑같다. 그러므로 자신을 'NO'맨으로 둔갑시켜 보자. 삶이 훨씬 자유로워질 것이다.

균형 잡힌 삶

균형 잡힌 삶이란 영혼과 육체가 건강하고 조화로운 것이라고 생각한다. 육체가 아무리 건강하더라도 정신이 썩어 있으면 정상적인 삶을 살 수 없고, 정신이 건강하다고 해도 육체가 병들어 움직일 수 없으면 행복한 삶을 살 수 없다.

'균형 잡힌 삶을 살아라.'의 저자인 로즈메릴, 레베카 메릴 부부는 삶에 있어 중요한 4가지 요소(일, 가족, 시간, 돈)를 역동적이고 시너지 효과를 가져 올 수 있도록 균형 있게 유지하는 것이라고 말한다.

코카콜라 회장이었던 더글라스 대프트 회장이 전 직원에게 보낸 신년 메시지에서 "삶이란 공중에서 다섯 개의 공을 돌리는 저글링 게임이다. 다섯 개의 공에'일, 가족, 건강, 친구, 자기 자신'이라고 붙여본다면, 일은 고무공이라 떨어 뜨려도 튀어 오르지만 나머지 네 개의 공은 유리공이라서 한 번 떨어지면 다시 회복할 수 없다."고 한다. 나는 그동안 균형 있는 삶을 살아오지 않았다. 아니, 균형 있게 사는 방법을 몰라서 그랬는지도 모른다. 다섯 개 공 중에서 떨어뜨려도 다시 튀어 오르는 고무공인 일에만 매달리는 삶을 살아왔다.집-회사-술집-집, 이렇게 다람쥐 쳇바퀴 돌듯이 살았다. 일에만 매달려 왔다. 떨어뜨리면 다시 튀어 오르지 못하는 가족은 어떤가? 일과 술에 찌들려 가족에겐 관심도 없었다. 아들은 자기 스스로 컸다. 아무런 격려도 해주지 못했다. 장래에 대한 코칭도 해 주지 못했다. 그리고 아내와는 이혼 직전까지 가는 일도 있었다.

건강은 어떠한가? 아직 큰 병은 없지만 시력이 노안이 와서 글자 보기가 힘들고, 치아는 벌써 인플란트를 3개 했다. 교체할 치아도 몇 개 더 있다. 장은 좋지 않아 술을 먹고 난 뒤에는 설사를 한다. 그렇게 건강도 좋다고 할 수 없다. 죽을 때까지 갈 친구가 있으면 행복한 사람이라고 한다. 나도 그런 친구가 한 명쯤은 있었으면 좋겠다. 하지만 그런 친구도 없다. 어려운 일이 있으면 허심탄회하게 말할 수 있는 친구가 없다.

5개 공중에서 깨어지기 쉬운 유리공 4가지(가족 ,건강, 친구, 자기자신)는 무너져 버렸고, 떨어뜨려도 깨어지지 않는 고무공인 일만 보고 살아왔다.

'어떻게 하면 균형 잡힌 삶을 살 수 있을까?'영혼과 육체가 건강한 삶을 살아야 균형 잡힌 삶을 살 수 있다. 먼저 영혼이 건강하기 위해서는 생각하는 힘을 길러야 한다.'내가 왜 살아야 하는지?' '이 일은 왜 해야 하는지?'에 대하여 끊임없이 고민해야 한다. 그리고 삶의 방향을 결정해야 한다. 삶의 방향이 없는 삶을 사는 사람들이 의외로 많다.삶의 방향과 목적이 없다면 살아가는 삶이 공허하다. 삶의 방향도 정하지 않고 지금까지 살아왔다. 나만 그런 것은 아닐 것이다. 하지만 근처 여행지를 갈때도 목적지를 정하고 가는데 한번 뿐인 인생의 여행을 목적이 없이 가는 것은 너무 위험한 일이 아닐까? 목적지를 정해야 한다.목적지에 따라 우리는 해적선이 될 수도 있고 무역선이 될 수도 있다. 물론 무역선이 되어야 한다. 해적선도 아니고 이것도 저것도 아닌, 파도에 따라 휩쓸려 헤메이는 난파선이 되어서는 안 된다. 목적도 없이 살아가는 삶은 정신적인 암에 걸리는 것과 같다. 정신적인 암에 걸리지 않기 위해서는 생각하는 근육을 길러야 한다. 생각의 근육을 기르기 위해서는 끊임없는 독서를 해야 한다.

사람들은 취직하기 전까지 열심히 공부를 한다. 신입 직원은 대부분 대학을 졸업하고 임용되며 취업이 어려워 대학원을 졸업한 이들도 있다. 처음에는 무엇이든지 할 수 있을 것 같이 젊고 패기가 넘친다. 하지만 얼마가 지나지 않아 수십 년 근무한 선배들과 비슷해진다. 대부분의 직장인들이 회사에 들어오면 공부하려고 하지 않는다. 그러나 자기분야 관한 책을 읽고 끊임없이 생각하고 지식을 확장시키고 자신의 가치를 높이기 위하여 노력해야 한다. 일을 잘하기 위해서는 일과 독서는 세트로 가야 한다. 생각의 근육을 길러야 창의성이 나온다. 일과 독서를 병행해야 정신적으로 강해진다.

균형 잡힌 삶을 살기 위해서는 시간관리가 필수적이다. 피터 드러크는 《성과를 향한 도전》에서 '자기시간을 알라'고 했다. 자신의 시간을 기록 관리하여야 낭비되는 시간을 방지할 수 있다. 시간은 유한하다. 그 유한한 시간을 잘 경영해야 균형 잡힌 삶을 살 수 있다. 시간이 없으면 시간에 쫓겨서 다른 것을 할 수 없기 때문이다. 시간이 없어서 운동을 못한다던지, 시간이 없어서 가족과의 함께 하는 시간을 보낼 수 없는 것도 시간이 없어서다. 시간을 낭비하지 않고 균형 잡힌 일을 할 수 있는 덩어리 시간을 만들어야 한다. 하루시간 중 별도의 시간을 저축해야만 한다. 어떻게 하면 시간을 저축할 수 있을까? 일주일 동안의 시간을 분 단위로 기록해 보고 그 기록한 시간을 식사시간, 출근시간, 커피시간, 일하는 시간, 전화받는 시간, SNS하는 시간, 멍 때리는 시간 등을 기록해서 불필요한 시간은 제거하고 위임할 일이 있으면 위임하여 하루의 일과를 시스템화하여 시간을 확보해야 한다. 저축된 시간을 활용하여 운동을 하고 책도 읽고 아내와의 시간을 갖는다. 균형 잡힌 삶을 살기 위해서는 시간관리가 필수적이다.

성공한 세계 200위 안에 드는 사람들의 일상을 보면 아침 명상 시간을 갖는다. 영혼이 맑아야만 정상적인 판단을 할 수 있고 건강도 회복할 수 있다. 교회에 다니는 사람은 아침 성경 QT(Quiet Time)를 하고, 성경을 읽는 시간과 기도로 하루를 시작한다. 불교를 믿는 사람은 조용히 참선하고 새벽기도 시간으로 하루를 시작한다. 사람은 완벽한 존재가 아니다. 그러기 때문에 혼자서는 아무것도 할 수 없다. 영혼은 일과도 밀접한 영향을 미친다. 아침의 QT는 자신의 삶을 뒤돌아보고 반성하며 더러운 마음을 씻는 중요한 시간이다. 하루 종일 더럽혀진 손발과 얼굴을 씻는 것처럼 우리의 영혼도 깨끗이 씻는 것이 필요하다. 하루 중 죄를 지은 것이 있으면 용서를 구하고, 잘한 것이 있으면 자신을 격려하고, 부족한 것이 있으면 신에게 간구하며 더 나은 삶을 살 수 있도록 끊임없이 훈련하고 기도하는 아침시간이 필요하다. 하루 중 일정한 시간을 정하여 습관이 되도록 하여야 한다. 밥 먹고 나면 양치질 하는 것처럼 시스템화 시켜야 한다. 예를 들면 일과 스케줄 표에 '08:00~08:30'로 시간을 정하고 하루를 시작한다면 하루의 업무가 정돈되고 창의력이 생기며 회사와 동료와 가족과 이웃에게 감사하게 된다.

균형 잡힌 삶을 살기 위해서는 일과 독서를 병행하여 지속적으로 공부하며, 영혼을 건강하게 위해서는 QT 시간을 갖고 종교생활을 하는 게 필요하다. 그렇게 하면 창의적인 아이디어가 나오며 시간이 여유로워져 풍성한 삶을 살 수 있을 것으로 확신한다.

우물쭈물하다
내 이럴 줄 알았다

일도 모르고 그저 선배들이 시키는 대로 했다. 다른 분들보다 좀 젊은 나이에 들어가서 그런지 선배들이 장래를 항상 격려하셨다.

"너는 나이가 어려서 앞으로 크게 될 수 있겠다."고 열심히 하라고 항상 격려하셨다.

격려에 힘입어 거창하게 나의 목표를 세워봤다. 2년 만에 행정서기로 승진했다. 노래 제목으로 유명한 화개장터가 있는 화개우체국에서 근무했다. 그때만 해도 앞날에 대한 꿈을 나름대로 가지고 살았다. '27까지 7급, 35살까지 6급, 43살까지 5급, 50살 서기관 승진하여 우체국장으로 근무하다가 퇴직하는 것이 최종목표였다. 노트에 적어놓고 수시로 봤다. 화개에서 하숙을 하며 아침에는 화개장터에서 쌍계사 절까지 조깅을 했다. 조깅을 하면서 고시 공부촌이 있다는 것을 알게 되었다. 화개에는 '쌍계사' 란 절이 있는데 인근 암자에 고시 공부하는 젊은이들이 많이 있었다. 나는 꿈을 이루기 위해 그 사람들 틈에 끼어서 7급 공채 시험공부를 했었다. 낮에는 우체국에서 일하고 밤에는 고시촌에 가서 고시 공부하는 사람들과 함께 공부를 했다. 이해되지 않는 법률용어를 묻기도 하면서 1년 동안 열심히 했다. 7급에 응시를 했다. 아쉽게도 커트라인 문턱에서 떨어졌다. 원인을 분석하니 전년도 까지는 '국민윤리와 국사'를 합하여 20점이었는데 그해에는 국민윤리, 국사를 각각 분리하여 총 40문항으로 출제했다. 국민윤리는 쉬운 과목이라 생각하고 큰 비중을 두지 않았다. 국민윤리를 60점대 점수를 받은 게 낙방의 원인이었다. 고시 공부하는 선배들에게 조언을 구했다. 법 쪽은 어느 정도 기본이 되어 있으니 정보를 공유할 수 있는 학원에 등록하여 학원공부와 병행하는 것이 좋겠다는 조언을 받았다.

'한 문제만 더 맞혀도 합격할 수 있었는데…….' 하는 아쉬움과 다시 시험을 보면 합격할 것 같은 생각에 마음이 급했다. 필자는 한번 마음먹으면 다른 것은 눈에 들어오지 않는다. 그래서 종종 실패를 하고 후회하는 버릇이 있다. 고등학교를 마치고 창원공단 대기업에 근무할 때도 마찬가지였다. '대학에 가고 싶다!'는 생각에 무작정 사표를 냈다. 이번에도 마찬가지다.

'부산에 가서 학원을 다니면서 직장을 다니자!'

현 직급을 유지한 채로 부산으로 바로는 갈 수 없었다. 부산 지역에 자리가 생기면 기존에 승진하기를 기다리는 9급들이 있어서 동일 직급으로는 부산에서는 받아주지 않았다. 9급으로 강등해서 부산으로 발령을 받았다. 힘들게 8급 승진했는데 9급으로 강등하니 기분이 좋지 않았지만 그때는 8급은 눈에 들어오지 않았다. 바로 7급 공채에 합격 하는 것이 훨씬 빠르다고 생각됐다.

'국민윤리 70점만 받았어도 합격했는데…….' 아슬아슬하게 떨어진 낙방에 대한 생각이 늘 마음속에 있었다. 부산으로 가서 학원만 다니면 꼭 합격할 것만 같았다. 하지만 부산의 근무환경은 시골지역과 다르다는 것을 확연히 알 수 있었다. 업무에 하루 종일 시달려야 했다.

창구에서 '전화요금, 우편대체, 통합공과금, 세금우대' 등이 나의 주 업무였다. 통합공과금은 지방세와 국세로 구분 집계하여 지방세는 지방자체단체로 결과를 통보해야 한다. 또 우편대체는 수납하여 전국 각 우체국 별로 분류하여 발송해야 일이 끝난다. 우편대체는 6연식(수납 일부인을 6번 찍어야 함)을 1년치 12달 가지고 오시는 분이 많다. 일부인을 12장 양식을 6번해서 72번의 수납 일부인을 찍어야 한다. 하루 종일 이런 일을 하면 팔이 아프다. 전화요금은 국세, 지방세, 방위세, 교육세를 각각 구분 집계 하여야 된다. 이렇게 수납한 공과금을 최종 잔고와 일계를 내어야 업무가 끝이 났다. 주산실력이 안 되어 계산기로 일일이 집계하는데 시간이 많이 걸렸다.

하루 종일 고객에게 시달려야 했다. 마감을 하고나면 저녁 9시가 되어서야 퇴근했다. 도저히 학원에 갈 시간이 없었다. 괜히 부산에 왔다는 후회가 밀려들었다. 하지만 주저앉을 수는 없었다. 퇴근하자마자 인근 도서관으로 가서 12시 넘게 공부했다. 그런 날이 지속될수록 업무는 점점 더 힘들어졌다. 시골지역 화개우체국에 근무할 때는 고시촌에 밤늦게까지 공부를 했어도, 우체국에 오면 1~2시간 업무를 하면 더 할 일이 없어 조금 쉴 수가 있었고 주임이라 창구에 근무하지 않았기 때문에 업무와 병행하며 공부를 할 수 있었지만 도시의 우체국 근무환경은 전혀 달랐다. 토, 일요일을 도서관에서 공부를 하며 꿈을 놓지 않고 열심히 했다. 시험일이 다가올수록 초조해졌다. 전년보다 준비를 많이 하지 못했다.

시험을 보고 발표 날을 기다렸다. 특별한 이변이 없는 한 떨어질 것이라 확신했다. 전년보다 시험을 잘 치지 못한 것을 알 수 있었다. 역시 합격자 명단에 내 이름은 없었다. 이것으로 7급 공무원시험 도전은 끝이 났다.

부산에 온지 4개월 만에 다시 8급으로 승진을 했다. 지금은 8급을 '대리'라고 호칭을 하지만 그때는 '주임'으로 불렀다. 동 단위 우체국에서는 서열이 국장 다음이다. 시간적 여유가 있었다.

7급 공무를 다시 시작할까? 하는 아쉬움이 남았지만 곧 결혼하게 되고 아이가 태어나고, 일과 술에 찌들려 공부할 시간이 없었다. 아니, 공부보다 동료들과 술 마시며 즐기는 것이 더 좋았다.

"시간만 지나면 승진이 되는데 공부할 필요가 없다. 그냥 편하게 생활하자."

그때부터는 회사의 문화에 적응되어 갔다. 상사의 말이라면 무조건 따랐다. 상사가 일을 시키면 그걸 하지 않으면 안 되는 줄 알고 열심히 했다. 먹기 싫은 술을 2, 3차까지 줄기차게 따라 다니며 마셨다. 당시 쥐뿔도 없는 봉급이었지만, 상사가 술값을 내면 안 되는 줄 알았다. 상사가 일어나기 전 술값을 먼저 계산했다. 그래서 그런지 상사한테는 인기가 좋았다. 일을 열심히 하고 술을 잘 사는 부하직원을 싫어할 상사는 거의 없다.

7급으로 승진했다. 울산 우체국으로 발령을 받았다. 발령을 받아 1년이 될 때 쯤 본청에서 근무할 생각 없느냐고 전화가 왔다. 뒤를 돌아볼 필요가 없었다. 당시 부산 집에서 울산까지 출퇴근을 했는데 본청으로 발령 받으면 그럴 필요도 없었다. 잘 부탁한다는 얘기를 하고 전화를 끊었다. 아니, 직접 찾아가서 부탁하고 싶은 심정이었다. 얼마 지나지 않아 본청으로 발령이 났다. 본청 생활은 우체국 현업생활과 비교되지 않았다. 주로 우체국을 관리하는 업무를 담당하는 곳이 본청인데 위계질서가 군대조직과 비슷했다. 최말단에서 청장까지는 어마어마한 단계가 있었다. 조직에 적응하려고 최선을 다하다 보니 가정생활에는 더 소홀하게 되었다.

'일-집-술집-집'의 생활이 지속되었다. 퇴근 시간이 되면 상사가 술 마시러 갈 사람을 모집하곤 했다. 가기 싫어도 억지로 갈 수밖에 없었다. 술 마시는 생활이 거의 매일이었다. 술 마시고, 고스톱 치고, 낚시 가고, 등산가는 것이 거의 일상이 되었다. 앞날의 목적과 꿈을 생각할 겨를도 없고 나란 존재는 없고 소속의 한 부품처럼 매일매일 흘러갔다. 하루하루 살아가는 게 아니라, 그냥 지나가는 것과 같았다.

경남지역 우체국으로 출장을 가면 월요일부터 토요일까지 업무지도, 자료 수집, 의견청취를 통해 현장의 업무를 파악하고 지시한 대로 하고 있는지 점검을 간다. 점검을 가면 본청에서 왔다고 저녁엔 술자리가 이어진다. 월요일 오후에 출발하면 토요일 저녁에 부산 집에 도착했다. 함께 동행하는 과장님은 중간중간 이동할 때 잠을 자지만 운전하는 나는 잠도 제대로 잘 수 없다.토요일 저녁에는 집에 도착하면 녹초가 되어버린다. 일주일 낮에는 운전하고 밤에는 술을 마신 결과다. 그나마 있는 일요일에 아이들이 놀자고 해도 짜증만 날 뿐이다. 함께 공 차자고 졸라대던 아들을 뒤로 한 채 베개를 안고 이불속으로 들어간다. 아이들과 놀아주는 행복한 시간을 다음으로 미루고, 또 미룬다. 그런 사이 아이들은 커버렸다. 행복을 다음으로 유보하지 마라. 영원히 그 시간은 돌아오지 않는다.

총무과 근무할 때 전국 지방청 대항 탁구대회가 있다. 청별 대항이다 보니 청장님이 관심이 많았다. 청장님도 대회에 참여하여 탁구선수로 출전하기 때문이다. 당연히 청장님 탁구연습을 할 수 있도록 여건을 만들어야 한다. 담당 부서가 총무과였고 내 담당이 되었다. 부산, 경남, 울산지역 우체국에서 가장 탁구를 잘하는 직원을 물색하여 거의 한 달가량 훈련을 시켰다.

청장님도 근무 중 수시로 와서 훈련을 했다. 전국대항 탁구대회에 가서 우승을 했다. 그러자 탁구 선수와 그동안 보조했던 사람들에 대한 포상휴가로 여행을 보내 주었다. 그로 인해 탁구에 대한 관심이 더 많아졌다. 탁구는 중독성이 있는 운동이다. 금방 실력이 느는 것도 아니고 조금씩 늘어간다. 혼자 하는 운동이 아니라서 상대편이 있어야 한다. 다른 운동에 비하여 공은 작지만 운동량이 많다. 탁구 레슨을 받고 탁구 동호회에 빠져 들었다. 업무를 마치고 탁구장으로 곧장 달려간다. 땀을 흘리고 운동 후 마시는 술맛은 어느 것과 비교할 수 없다. 술을 마시고 노래방 가고, 토, 일요일은 클럽대항 탁구대회에 참석했다. 이런 생활이 10년 동안 지속되었다.

아무런 꿈이나 비전도 없이 이리저리 휩쓸려 32년이란 세월이 흘러 버렸다. 지나간 세월을 되돌릴 수는 없다. 살아오는 동안 삶의 목적이 무엇인지 한 번씩 인생을 되돌아보는 여유를 가졌더라면 좋았을 텐데, 아무도 나의 장래에 대해 조언해 주고 채찍질해 주는 사람이 없었다. 아니, 있어도 관심을 갖지 않았을지도 모른다. '물의 온도가 서서히 올라 죽어가고 있는 개구리'처럼 살아왔다. 나에게 조언해주고 목적의식을 심어주고 격려해주는 멘토가 있었더라면 얼마나 좋았을까? 하고 생각해 본다.

시카고 대학에서는 대학생들에게 고전을 100권 읽게 한다. 그리고 고전속의 유명한 인물 중 닮고 싶은 사람을 정하여 그가 하는 대로 닮아가라는 미션이 주어진다고 한다. 링컨을 닮기 위하여 그가 하는 대로 생활하고, 예수를 닮기 위해서는 예수가 했던 삶을 닮아가도록 교육과정에 있다고 한다. 이런 교육과정을 통하여 시카코 대학에서 배출한 노벨상 수상자가 많이 있다. 예수, 링컨, 이순신, 스티브 잡스, 피터드러커 등 자신이 닮고 싶은 사람을 멘토로 정하여 그 사람처럼 되도록 살아가면 좋겠다.

인생의 멘토를 책에서 찾기를 바란다. 책속에는 무한한 인생의 멘토들이 우리를 오라고 손짓하고 있다. 애써 그 손길을 피하지 말고 따라가 보라. 그러면 분명 성공적인 삶을 살 수 있을 것이다. 일하면서 새로운 아이디어를 내라고 할 때가 많다. 하지만 아무리 머리를 써도 새로운 아이디어가 나오지 않는다. 머릿속에 아무것도 넣지 않고 아이디어가 나오기를 바라는 것은 공부하지 않고 합격해 달라고 기도하는 것과 같다. 그 지식은 책을 통해서 끊임없이 공급해야만 한다.

퇴직을 앞둔 지금에야 그것을 깨달았다. 4장에서 독서에 대하여 이야기를 하겠지만 매일매일 책을 한 줄이라도 읽기를 바란다. 삶을 허비하지 않기를 바란다.

제4장
내 삶의 주인이 되기 위해

독서리더 과정

맹모삼천지교(孟母三遷之敎)는 맹자(孟子)의 어머니가 3번 이사한 교훈이라는 말로, 자식의 교육을 위해서 3번이나 이사한 것을 들어 교육환경과 교육의 중요성을 말할 때 쓰인다.

우리 집은 가난해서 먹고 살기가 바빠서 홀로 계신 어머니가 육남매를 키우느라 교육에 대한 관심을 가질 수가 없었다. 집 근처에 도서관이 있는 것도 아니었고 집에도 책이 없었다. 다들 먹고 살기 위해 농사일에 매달렸다. 농번기 때 친구들과 놀고 있으면 어머니께서 부르셨다.

"송장도 일어나 일할 때인데 뭐하냐?"그때는 그 말이 참 신기했다. 얼마나 바쁘면 죽은 사람이 살아나서 일을 돕겠다고 하겠는가? 그런 분위기의 환경에서 자랐기 때문에 도서관이나 집에서 한가하게 책을 읽는다는 것은 생각지도 못했다. 교과서 외에는 책이 없었다. 어느 날 누나가 동화책 1권을 가지고 왔다.

책이 참 신기했다. 친구와 함께 책을 읽었다. 누나가 방문을 열고 들어왔다.

"어? 너희들 책 읽네."

책의 내용에 대하여 물었다. 친구는 책의 내용을 재미있게 말했다. 내가 생각해도 친구는 이야기를 재미있게 하는 재주가 있는 것처럼 느껴졌다. 누나는 내가 말한 내용과 친구의 이야기를 비교하면서 친구만 칭찬했다. 별로 기분이 좋지 않았다. 그 이후로 책을 읽는 게 싫어졌다. 가을이 되면 독서의 계절이라고 주변이나 언론에서 책 읽으라는 말을 많이 한다. 책을 읽고 싶은데 무슨 책을 읽어야 하는지 몰랐다. 서점에 가면 수많은 책들이 꽂혀져 있다. 나는 베스트셀러 코너에 가서 책을 골라온다. 별로 재미가 없다. 왜 베스트셀러인지로 모르겠다. 대부분 책을 1/3쯤 보다가 덮어버린다. 처음부터 끝까지 읽은 책은 손에 꼽을 정도다.

책을 읽을 때는 북 멘토가 있으면 좋다. 자신의 취향에 맞는 저자의 책을 읽으면 좋다. 책속에서 추천하는 책을 읽어도 좋다. 주위에 책을 좋아하는 분들이 추천하는 도서를 읽어도 좋으며 처음부터 어려운 인문학 서적을 읽는 것 보다 자기계발서 등 생활에 직접적인 영향이 있거나 읽기 쉬운 책부터 읽어야 싫증을 느끼지 않는다.

'그 책이 나에게 필요한 건지? 어떤 유익이 있는지? 작가가 누군지? 나의 직업과의 연관성이 있는지?'등 목적 있는 책읽기를 하라고 한다. 맹목적인 독서만 하고 목적 있는 책읽기를 하지 않았기 때문에, 금방 싫증이 나서 읽다가 덮어버린는 건 아닌지 모른다. 책 읽는 것이 재미없었다. 주변에도 책 읽는 사람이 거의 없었다. 유일하게 내가 모시는 과장님이 한 분 계셨는데 책을 항상 손에 갖고 다니셨다. 부산에서 서울로 출장을 갈 때도 열차 안에서 2권의 책을 읽었다. '책을 참 좋아하시는구나?'생각했지만 과장님을 닮고 싶은 마음은 별로 없었다. 책을 읽으면 책을 통하여 자신의 삶과 주변에 선한 영향력을 기치는 것이 책 읽는 목적이 아닐까.

책을 좋아하는 청장이 부임한 적이 있었다. 아마 지금 생각하면 '독서경영'을 시도한 것 같다. 대부분의 직원들은 책 읽는 것을 싫어했다. 책의 목록을 만들어 부산, 경남, 울산 전우체국으로 보내고 주문하면 보내주는 그런 시스템으로 운영되었다. 총무과 여직원이 기존 업무 외에 주문 들어온 책을 수발하는 사서 역할을 했다. 기존 업무외 추가되는 업무라 여직원이 힘들어 했다. 회사 행정 자료실에 가면 많은 책이 있었고 우리과가 책을 관리하는 주관부서였지만 책을 읽는 것에는 관심이 없었다.

그런데 월례 조회시 과별로 돌아가면서 읽은 책을 전 직원 앞에서 PPT를 만들어 발표하게 했다. 직원들에게 독서경영을 본격적으로 하게 하는 것 같았다. 우리 과 발표순서가 왔다. 눈치만 살피고 있는데 과장님이 나를 지목했다. 누구나 하기 싫어하는 일은 왜 나한테만 시키는지 기분이 좋지 않았다. 내가 과장이 되어보니 시키면 싫은 소리 안하고 고분고분 말 잘 듣는 직원에게 일을 맡기게 된다. 그때 과장님도 그랬던 것 같다. 하는 수 없이 서고에 가서 발표할 책을 골랐다. '긍정의 힘'이라는 책이다. 직원들에게 발표하면 좋을 것 같았다. 책은 가져왔지만 읽지 않고 책꽂이에 그대로 있었다. 발표 날이 다가오자 하는 수 없이 책을 읽었다. 발표일을 이틀을 남겨두고 밤을 새워서 책을 읽고 발표할 PPT를 만들었다. 이것처럼 책을 열심히 읽어본 적은 처음이다. 월례조회 시간에 청장님을 모시고 전 직원 앞에서 PPT 발표를 했다. 발표를 마치자 모두 흡족해 하는 눈치다. 예상과 달리 주관 과장이 전 직원들 앞에서 잘했다고 칭찬을 했다. '이를 계기로 책을 계속 읽었으면 얼마나 좋겠는가?' 준비에 진이 빠져 더 이상 책을 읽지 않았다. 누군가의 의도는 어떤 사람에게는 기회가 될 수 있고 그 기회를 잡지 않는 사람에게는 아무런 도움이 되지 않는다. 많은 예산을 사용해서 책을 구입하고 직원들에게 책을 읽게 한 청장님의 의도는 정말 좋았다. 분명 누군가의 삶에 큰 변화가 있었을 줄 안다. 하지만 청장님이 바뀌자 독서경영은 흐지부지 되어 버렸고 지금은 아예 관심이 사라져 버렸다.

무슨 일을 할 때 지속가능한 시스템이 필요하다.'독서경영'을 하려면 독서전문가를 초빙하여 전문적으로 독서를 하도록 코칭을 하고, 주기적으로 독서토론도 하고, 유명 저자를 초빙하여 저자 특강을 하는 등 독서전문교육을 받도록 했더라면 지속되지 않았을까 하는 생각이 든다. 청장님의 독서경영의 좋은 의도가 전 직원들에게 확산되지 않아 아쉽다.

"그때 책 읽는 것을 습관화 했더라면 얼마나 좋았을까?'후회가 많이 된다. 그랬더라면 10년을 넘게 책을 읽었을 텐데……

인터넷 검색중 '3p 바인더'를 알게 되었다. '3p 바인더'는 자기경영을 하게 해주는 비서역할을 하는 수첩이다. 「3P바인더 프로과정」수강하면서 독서를 지속적으로 하게 만들었다. 수강생 카톡 그룹에서 부산에 독서고수가 온다며 특강신청을 할 사람은 하라고 한다.망설이다가 독서고수라는 말에 특강 회비를 아내 것과 함께 3만원을 입금했다. 아내는'웬 저자특강이냐?'며 참석하기 싫어 할 게 뻔하다. 직장 다니면서 요가 외에 특별히 하는 게 없어서 지루해 하는 눈치였기에 설득하면 따라올 것 같았다.특강이 있는 날 아침 아내에게 카톡을 했다. 저녁 퇴근 후 함께 저자특강에 가자고 하니 별 반응이 없다. 망설이던 중 퇴근시간에서야 특강시간에 맞춰서 온다고 아내가 전화가 왔다. 아내가 온다고 하니 기분이 좋았다. 독서 경영을 하는 박상배 본부장의 특강이었다. 나에게 새로운 눈을 뜨게 했다. 독서가 얼마나 중요한지에 대하여 유명한 사람들의 예를 들어 설명했다. 모든 문제해결도 책을 통해서 가능하다는 말에 신선한 충격을 받았다.

'인터넷 쇼핑의 에스쿠루제도'가 있다. 이것은 회사에서 아이디어를 창출하라고 아무리 해도 나오지 않았는데 관련 서적이 아닌 엉뚱한 분야 책을 읽는 도중에 도출할 수도 있었던 제도이다. 원래 에스크루는 경매할 때 일정기간 돈을 보관하였다가 물건이 인수되고 나면 인도자에게 매매 지급하는 제도인데 그것을 인터넷 쇼핑에 접목시켰다고 한다. 부동산의 경매제도에 사용되던 것이 독서를 통하여 아이디어가 쇼핑에 접목되어 효율적으로 인터넷 거래를 할 수 있게 되었다고 한다. 사람들은 관심 있는 분야에만 관심을 갖는다. 책을 읽는 도중 내가 원하고 바라던 아이디어가 번개처럼 스친다. 우리 뇌는 지속적으로 생각하고 바라게 되면 그쪽 방향으로 모든 뇌신경을 동원한다고 한다. 내가 좋아하고 갖고 싶은 차가 있으면 도로에 온통 그 차밖에 보이지 않고, 임신부가 임신해 있는 동안에는 임신한 사람이 거리에 많이 보이는 것과 같은 이치와 같다.

특강을 하는 『현장 본깨적』의 저자'박상배 본부장'도 어려운 시기가 있었다고 한다. 빚더미에 시달려 자살을 결심한 적도 있었다. 삶이 바뀐 결정적 계기는 김영식 대표님의'100m만 달려봐'를 통해 삶이 바뀌었다는 것이었다. 책을 읽고 현장(내 삶과, 직장)에 적용하지 않으면 수천 권의 책을 읽어도 아무런 쓸모가 없다. 진작 이런 강의를 수강했더라면 하는 생각이 들었다. 독서를 전문적으로 하는 방법이 있다고 했다.

'독서경영기본과정'을 그 자리에서 수강신청을 했다. 책 읽기를 습관화하고 싶었다. 이를 계기로 책과 친해졌다. 책을 1권도 읽지 않았던 내가 3개월 만에 30권 이상을 읽었다.

부산 서면에 있는 오프라인 중고 전문서점인'YES24' '알라딘'은 단골 놀이터가 되었다. 추천도서를 보고 100여 권의 책을 샀다. 책을 읽으면 읽을수록 내 삶이 풍요로워진다. 다름 사람들에게 얘기할 것도 생기고 일에 적용하면 효율성도 증가한다.

무엇보다도 무의미하게 시간을 보내지 않는다는 것이다. 요즘 약속이 있으면 30분 먼저 약속 장소에 간다. 조용히 기다리며 책을 읽으면 행복하다. 지하철 안이나 북 카페에서 책을 읽으면 집중도가 훨씬 높다. 30분의 짧은 시간이지만 그 점들이 모아지면 선이 되고, 선이 모아지면 면이 되며, 아름답고 풍성한 지식의 탑이 세워지지 않을까 생각해 본다.

좀 더 전문적인 독서를 위하여 1박 2일 동안 '독서리더 과정'을 수료를 했다. 경기도 양평에서 진행되었는데 아내와 여행도 하고 1박 2일 동안 좋은 분들과의 만남은 지금도 잊을 수 없다. 특히, 3P경영연구소 강규형 대표님의 책과 바인더와 함께 한 삶에 대한 강의를 듣고 내 삶을 되돌아보는 계기가 되었으며 비록 50대 중반의 나이였지만 내 인생의 터닝포인트가 되었고 내 삶의 멘토가 된 것이 제일 큰 소득이다.

독서리더과정에서는 책을 읽을 때 읽기 전 'Before Reading', 읽은 후 'After Reading'을 하는 등 책을 체계적으로 읽는 방법을 훈련한다. 필독서 8권을 읽고 본 것, 깨달은 것, 적용할 것을 작성하여 제출하게 하고 변화된 삶이나 현장 적용한 사례를 원포인트 레슨을 통하여 마무리 한다. 독서 훈련은 8주 과정으로 진행된다. 필독서 8권을 읽으면서 내 삶에 많은 변화가 일어났다.

직장과 지역사회에 독서문화를 정착시키기 위하여 독서모임을 만들어 운영하고 있다. 독서모임 명칭은 '동래나비 독서포럼'이다. SNS 및 지인들을 통해 모집을 했는데 첫 모임에 11명이 참여했다. '동래'는 지역명이고 '나비'라는 말은 '나로부터 비롯되는 리더들의 모임'이라는 뜻이다. '나비문화'는 독서를 통하여 세상에 선한 영향력을 끼치겠다는 좋은 의미이다.

처음은 서울에 있는 '양재나비'에서 시작했다. 현재 전국 350개의 나비독서모임이 있고 전국에 1000개의 독서모임을 만드는 것이 '나비독서포럼'의 비전이다.

책을 읽는 지금은 너무 행복하다. 좀 더 빨리 시작했더라면 하는 후회가 앞서지만 지금이라도 시작했으니 다행이라는 생각이 든다. 비록 늦은 나이지만 죽을 때까지 책과 함께 하며 책을 통하여 많은 사람들과 소통하며 좀 더 풍요롭게 세상을 살아 갈수 있도록 독서문화를 확산하는데 작은 나비의 날갯짓을 하고 싶다.

독서의 시작은 어릴 때일수록 좋다. 스펀지처럼 흡수할 어린 시절의 독서는 성공적인 삶을 살아가는 지름길이다. 아무리 고액 과외를 받는다고 해도 삶의 지혜와 방향은 제시하지 못한다. 책에 그 길이 있다. 요즘 스마트폰에 길들여 책을 보지 않는 아이들을 보면 안타깝다. 얼마 전 식당에서 유모차에 휴대폰 거치대를 고정시키고 아이에게 스마트폰을 보게 하고 밥을 먹는 부부를 봤다. 한참 두뇌가 발전할 시기인데 시선이 핸드폰에 고정되어 있는 아이를 보면서 마음이 안타까웠다.

물론 식사하는데 방해가 되어서 잠시 그렇게 했을 수도 있다. 하지만 휴대폰을 안 보면 견딜 수 없는 아이로 변할 것 같아 걱정이 되었다.

얼마 전 『초등 고전 읽기 혁명』(송재환 저)을 읽었다. 초등학교 이전에 양질의 고전을 읽히고 정독하게하고 묵독하게 하며, 반복해서 고전을 읽으라고 했다. 그러면 문제해결 능력이 생기고, 통찰력이 생기고, 어휘력이 풍부해지고, 글쓰기가 유연해지고, 미래를 예측할 수 있는 지혜가 생긴다고 했다. 또한 저자의 학교 학생들에게 매일 아침 20분씩 수업 시작 전 고전읽기를 하고 토론

문화를 조성하였더니 국어의 평균점수가 '95점'으로 껑충 뛰어 올랐다고 한다.

일반적으로 책 1권은 250~300페이지 내외로 구성되어 있다. 매일 하루 50페이지 정도 읽으면 일주일에 1권을 읽을 수 있다. 무엇보다 중요한 것은 매일 읽을 시간을 정하여 읽는 것이다.

예를 들면 점심시간 12:30~13:00, 퇴근 후 10:30~11시, 주말 덩어리 시간(4~6시간)을 활용하여 도서관이나 북카페에서 책읽기를 습관화하면 된다.

나는 새벽시간과 점심시간을 이용해서 책을 읽는다. 저녁시간은 회사의 회식, 약속 등으로 내 시간이 아니기 때문이다.

교보문고 앞에 가면 간판에 이런 말이 적혀 있다.

"사람은 책을 만들고 책은 사람을 만든다."

이미 만들어진 사람을 책이 어떻게 다시 만들겠는가?

빌게이츠는 이런 말을 했다. '오늘날의 나를 있게 한 것은 우리 동네의 도서관이었다. 하버드 대학 졸업장보다 소중한 것이 독서하는 습관이다.'

링컨의 어머니를 링컨에게 재산 12만 평을 물려주는 것 보다 자신이 쓰던'때 묻은 성경'을 유산으로 주는 것이 낫다며 성경 말씀대로 살아가라고 유언을 남겼다고 한다. 링컨은 대통령으로 취임하자 취임선서에서 성경에 손을 얹어 놓고 성경대로 정치를 하며 국민을 섬기겠다고 했고 역사에 길이 남는 훌륭한 대통령이 되었다. 책이 사람을 거듭나게 할 수 있다.

한참 성장하는 어린 시절부터 책을 읽는 습관을 길러 준다면 억만금의 재산을 물려주는 것보다 훌륭한 부모가 되리라 확신한다.

세계적으로 성공한 사람은 88%가 하루 30분 이상 독서를 한다고 한다. 더 이상 책 읽는 것을 미루지 않기를 바란다.

3P바인더 과정

방황하며 아무런 생각 없이 회사 생활을 하고 있던 어느 날 '강민구 부산지방
법원장(현 법원도서관 관장)의 특강'을 다녀온 국장님이 특강 내용이 좋았다고
열변을 토했다. 함께 다녀온 지원과장도 정말 좋았다면서 '정과장도 같이 갔으
면 좋았을 텐데'하며 아쉬워했다.

본청에서 강민구 부산지방법원장을 강사로 초빙하여 특강을 듣는데 우체국
국장님과 지원과장을 초청한 것 같았다.

강민구 법원장은 매일 새벽 일찍 일어나 부산에 있는 금정산에 등산해서 태
양을 보고 하루를 시작하는 하는 분이며 60세가 다되어가는 나이인데도 전산
능력이 뛰어나고 부산법원을 '아름다운 법정', '창원법원통신' 등 행정업무의 개선
에 달인이라며 침이 마르도록 칭찬을 했다.

"특강이 다 그렇지 뭐." 대수롭지 않게 생각했다.

하지만 국장님이 그토록 입이 마르도록 칭찬하는 것을 본적이 없어 호기심
이 생겼다. 인터넷으로 강민구 법원장에 대하여 검색했다.

'구글 보이스 입력기, 에버노트 사용'등 유튜브 동영상이 많이 있었다. 특히 60대 나이의 전문가가 아닌데도 본인이 직접 스마트폰과 컴퓨터를 연계한 내용을 동영상으로 촬영하여 유튜브에 공유하고 책을 쓰는 것을 보며 나를 되돌아 보는 계기가 되었다. 유튜브를 보면서 강민구 법원장에게 빠져 들었다.

유튜브의 강의를 듣던 중 「3P바인더 프로과정」에 대한 강좌가 있는 것을 알았다. 시관관리, 목표관리, 기록관리, 자기관리, 독서경영 등 다양한 분야에 대한 내용에 호기심 생겼다. 하지만 수강료가 많아 선뜻 수강 신청을 하지 못하고 있었다.

"이왕 마음먹은 거 술 한 잔 먹은 셈 치자!"

카드로 수강신청을 했다. 아내에게 수강신청을 한다고 하면 비싸다고 허락하지 않을 게 뻔했다.

수강생은 3명 밖에 오지 않았다. 강사는 아주 젊었다. 박현근 강사로 고등학교 때 중퇴했고, 오토바이로 짜장면 배달하는 모습과 변화된 자신의 모습을 보여주었다. 자신도 바인더와 독서를 통해서 인생이 바뀌었다고 했다.

주간계획을 바인더로 관리하면 각종 성과를 낼 수 있다고 했다. 그리고 2개월간 코칭을 해 주었다. 예전의 업무수첩은 1년 단위로 계속 바뀌어 사용하기 때문에 기존의 자료들이 사라지는 경우가 많았다. 또한 새해가 되면 전년도의 수첩에서 전화번호 등 주요 내용을 옮겨 적는데 시간을 낭비하는 불편을 바인더가 해결해 준다는 것이다. 바인더는 종이에 20공 구멍을 뚫어 끼워 넣을 수 있도록 되어 있어 자료를 관리하기에 편리하였다. 워크숍 시간에는 기존에 만들어져 가져온 바인더를 구경하는 시간이 있었는데 잘 정리된 자료들을 보면서 바인더에 대한 호기심이 커졌다.

또한 바인더를 사용하면서 시간을 관리하고 효율적으로 사용하는 체험을 하며 기분이 좋았다. 바인더 수첩을 간부 회의시 가져가서 직원들에게 보여주고 자랑도 했다. 직원들에게 권유하기도 하며 3P바인더의 매력에 빠져 홍보맨이 되었다.

서울에 있는 아들에게 20만 원을 송금하고 나머지 돈은 아들돈을 보태라며 수강신청을 하도록 했다. 수강료 전체를 보내고 싶었지만 자신이 돈 한 푼도 안내도 강의를 듣는 것과 강의료를 부담하고 듣는 것과는 차이가 있을 거라 생각해서다.

아내에게 좋은 내용을 전하고 싶어서 바인더를 보여주면서 설명을 했다. 신기해하는 눈초리다. 다음 교육시간이 언제냐고 묻는다. 다음 주 부산에서 강의가 있다고 하니 그때는 시간이 없다고 하며 울산 강의 시 수강한다고 결정을 했다. 아내에게 고맙다는 마음이 들었다. 아내도 나처럼 무의미한 하루하루를 보내고 있었다. 특히, 나로 인하여 승진이 가로막혀 힘들어 하고 있다.

우리 청은 부부 공무원 중 1명만 행정사무관에 승진을 해야 한다는 암묵적 규정이 있다. 명문 규정은 아니지만 누군가가 만들어 지켜지고 있다. 그것 때문에 아내는 승진을 못하고 괴로워하며 우울증에 시달리기도 했다. 인사규정에는 그런 규정이 없는데 유독 부산에만 그렇게 하고 있다. 아내가 승진을 하려고 평정을 받을 수 있는 다른 총괄국에 전보신청을 해도 받아들여지지 않는다. 아내의 후배들이 다 승진을 하는데 얼마나 가슴이 아플까? 차라리 아내가 먼저 승진 했으면 하는 생각이 든 적이 한두 번이 아니다.

아내는 다른 사람에 비하여 능력이 뛰어나다고 생각한다. 무슨 일이든 실행력이 강하고 업무에 성과를 낸다. 아무리 어려운 우체국에 가도 그 우체국에서 성과를 내는 탁월한 능력이 있다.

최근 자기 후배 동료가 사무관 상관으로 보직을 받아 왔으니 그 마음은 오죽하겠는가? 이러한 아내에게 작은 탈출구를 마련해 주고 싶었다.

아내는 마음먹기까지가 힘들지 한번 결심한 것은 바로 실행하는 스타일이다. 한 번 마음먹은 일은 끝을 봐야 직성이 풀리는 성격이다. 우스갯소리로 '강고집, 최 뿔따구'라며 '강' 씨와 '최' 씨와 살 때는 조심하라고 한다. 나도 '강' 가인 아내와 살고 있다. 아내는 고집도 세고 자존심도 강하다.

울산에서 진행되는 3P바인터 프로 과정에 수강신청을 바로 했다. 아내가 울산 강의 들으러 갈 때 동행하였다. 주말 나들이 겸 재수강을 신청하여 함께 들었다. 울산 강의는 '3P경영연구소 강규형' 대표가 직접 강의하러 온다고 했다. 20여 명의 수강생이 왔고 재수강하는 분도 일부 있었다. 예전에 수강했을 때와 강의 깊이가 완전히 틀렸다. 강의 내용 중 살아온 경험과 책과 바인더의 성공 사례를 연계하여 이해하기 쉽게 강의를 했다.

특히 삶의 방향인 비전과 사명감과 기록 관리의 중요성 부분, 독서의 중요성에 대하여 더 강조하며 많은 시간을 할애했다. 아무런 목적 없이 살아온 나에게 신선한 충격과 함께 내 인생을 변화시키는 계기가 되었다.

성공한 사람들은 대부분 좋은 습관을 갖고 있다고 한다.

좋은 습관을 갖는 것이 필요한데 습관은 반복을 필요로 한다. 반복을 할 수 있게 도와주는 도구가 나로 '바인더'라는 도구이다.

'생각이 바뀌면 행동이 바뀌고, 행동이 바뀌면 습관이 바뀌고, 습관이 바뀌면 인격이 바뀌고, 인격이 바뀌면 운명까지도 바뀐다.' 미국의 저명한 심리학자 윌리엄 제임스는 습관은 본디 타고나는 것이 아니라 길들여지는 것이라고 했다. 인간은 습관들의 묶음으로 이루어진 존재라고 한다.

예전부터 알고 있었던 내용이었지만 바인더와 연계하여 생각하니 의미가 새롭게 다가왔다. 스마트폰에서 모든 것을 할 수 있는데 굳이 가져다니기 힘들고 손으로 직접 써야 하는 바인더를 쓸 필요가 있을까 하는 의문이 들었다.

그러나 강의 중에 이어령 교수님이 쓴 '디지로그' 즉, '디지털과 아나로그 합성어'로 디지털과 바인더를 병행해서 사용하며 효과가 배가된다고 했다.

바인더에 대하여 좀 더 많이 알고 싶어 강규형 강사가 직접 쓴 『성과를 지배하는 바인더의 힘』 이라는 책을 샀다. 책 내용 중 아래 내용을 읽고 충격을 받았다. '심리학과 성공학 분야의 가장 중요한 발견은 당신이 생각하고 느끼고 행동하고 성취하는 모든 것의 95%가 습관의 결과라는 사실이다.' 브라이언 트레이시는 습관은 '연습과 반복을 통해서 학습할 수 있다' 고 말하고 있다.

'성공하는 사람들의 7가지 습관' 의 저자 스티븐 코비 박사는 '우리의 성품은 근본적으로 습관의 복합체이다.'라고 했고 '습관의 힘' 저자 찰스 두히그는 우리가 매일 행하는 행동의 40%가 의사결정이 결과가 아니라 습관 때문이라고 했다.

늘 집에 오면 소파와 TV리모컨이 내 친구였는데 이것도 다 습관의 결과이다. 하루라도 술을 마시지 않으면 술 생각이 나고 술을 마시고 싶어지는 것도 습관의 결과이다.

우리의 인생은 '습관들이 모여진 결과다' 라는 말에 큰 공감이 되었다. 특히 우리가 매일 행하는 행동의 40%가 의사결정의 결과가 아니라 습관 때문이라는 사실에 놀랐다. 연습과 반복으로 습관이 될 수 있는데 그것을 만족시키는 도구가 바인더라고 했다. 정말 그런 것 같다. 지금 바인더를 매일 쓰고 있다. 예전의 습관들이 점차 변하고 있는 것을 발견한다. 내 자신이 철이 든 것 같다. 직장에서도 나의 변한 모습을 보고

"사람이 갑작스럽게 변하면 빨리 죽는다던데……." 라며 농담 섞인 말을 한다. 부러워하는 눈치다. 바인더를 보여주고 자랑도 하며 함께 써 보기를 권하기도 하고 강의 내용이 좋으니 수강하기를 권해 보지만 수강료가 비싸서 선뜻 응하는 사람이 없다. "지금까지 그런 바인더가 없어도 잘 살아 왔는데 왜 불필요하게 그걸 쓰느냐?"며 쓴소리도 한다. 하지만 적어도 나의 경우는 삶이 확실히 변화되었다. 특히 시간 관리에는 탁월한 도구이다. 시간에 지배당하는 것이 아니라 시간을 관리하라고 하는데 그 도구가 바로 바인더이다. 바인더는 16가지 섹션으로 나누어져 있다. 8가지는 업무 분야에 관한 것이며 나머지 8분야는 프리섹션에 관한 것으로 구성되어 있다. 기존의 수첩, 다이어리, 플래너에는 개인관리나 메모 기능은 있지만 비즈니스를 관리하는 방법은 별로 없다. 그러나 3P바인더는 8가지 영역이 2개의 분야별로 나누어져 있다.

프리섹션 분야에는 회사, 직무, 프로젝트, 성과, R&D(자신의 능력을 높이는 데 관련된 자료), Free(개인이 마음대로 활용할 수 있는 섹션), 스크랩, 업무일지 등 8가지로 구성되어 있고 고정섹션은 Plan, Weekly, Meeting, Knowledge, Idea/Note, Personal, Hobby/Mony, Human/Network 8개 분야로 구성되어 있다.

시간을 계획하고 나면 낭비하는 시간을 통제할 수 있다.

갑자기 지인한테 전화가 걸려온다. 술 마시자는 전화다. 거절하기 힘이 든다. 술을 끊었다고 하면 믿지도 않을 거고 이 핑계, 저 핑계를 대면서 적당히 얼버무리고 전화를 끊는다. 왠지 기분이 좋지 않다. 전화건 사람한테 죄지은 기분이 들기도 한다. 하지만 예전과는 확실히 다르다.

'계획되어 있는데 불청객으로부터 전화가 오면 어쩌나?' 회사에 갑작스런 행사가 닥치면 어쩌나? 하는 생각이 들기도 하지만 통제 가능한 힘이 생긴다.

예전 같으면 퇴근 시간에 술 마실 친구를 찾아 헤매이었는데 술과 더불어 흥청망청 생활하는 것이 죄를 짓는다는 생각이 든다. 친구나 지인들의 모임 요청도 기분 나쁘지 않게 거절한다.

거절하면 순간 마음이 편치 않지만 내가 생각하는 것만큼 상대방은 거절을 기분 나쁘게 생각하지 않는다고 한다. 거절할 경우는 뉘앙스를 남기지 말고 단호하게 거절하라고 조언한다.

바인더가 모든 걸 해결해 주지는 못한다. 하지만 지속적으로 사용하고 습관화하면 적어도 자신의 시간을 효율적으로 쓸 수 있을 거라는 확신이 든다. 하루 일과를 적고 일주일 일과를 적고 월간 일정을 기록하여 책상위에 두고 일을 한다. 바인더가 컨트롤 타워인 셈이다.

영업실적도 목표관리 주기를 일주일 단위가 아닌 3일 단위(월,화,수/금,토,일)로 목표관리를 하고 있다. 조직에 따라 차이가 있지만 3일 단위의 목표관리가 가장 성과를 잘 낼 수 있는 목표관리 방법이라고 한다.

인생은 유한하다. 나란 존재도 우주의 한 작은 점에 불과하다. 남은 생도 얼마 남지 않았다. 시간을 낭비하는 것은 삶을 낭비하는 것과 같다. 3P바인더를 쓰면서 시간과 목표를 관리하며 삶을 알차게 살아가고 싶다. 그동안 허송세월로 보낸 세월에 대한 통제의 수단일 수도 있으며 나의 삶의 한 점에 불과할 수 있다. 하지만 작은 변화의 점들이 모여서 선이되고 선들이 모여서 풍요로운 삶으로 변화될 것으로 확신한다.

아프리카 밀림의 사자의 울음소리는 1km까지 들린다고 한다. 하지만 풀벌레 울음소리는 수백km까지 간다고 한다. '한 마리 한 마리의 작은 점들이 모여서……'

정리력

공무원들은 자기계발에 관심이 별로 없다. 물론 다 그런 건 아니다.

아무리 열심히 노력해도 승진이 빨라지는 것도 아니고 연공서열 위주로 승진이 되기 때문이다. 인사평정제도 개선을 위하여 많은 시도를 해 오고 있으나 공무원 개개인의 업무에 대하여 특별한 성과를 기대하기에는 어려움이 따른다. 물론 특별 승진제도가 있기는 하지만 그것도 어느 정도 승진소요연수가 되어야 가능하다. 특별승진에는 제안으로 창안 등급 동상이상을 받으면 특별승진이 되도록 인사규정이 되어 있다. 필자는 공무원중앙제안 '동상(대통령상)'을 받았다. 동상을 받으면 자동적으로 4년 동안 승진 대상 명단에 등재되어 승진심사를 받고 승진을 할 수 있다.

그러나 승진되지 않았다. 3번째 떨어진 날이다. 아내에게 전화가 왔다.

"창피해서 못살겠다. 승진을 안 시켜주려면 승진대상에 넣어주지 말라고 하면 안 되나? 직원들이 당신이 떨어졌는데 나를 위로한다며 전화가 온다."고 짜증을 내었다. 그러기를 6년!, 6급 승진 후 14년 만에 5급 행정사무관으로 승진이 되었다.

보통 1~2년 승진대상에 오르면 승진을 했다. 하지만 제안으로 6년 동안 승진 심사를 받았다. 낙방을 5번하고 6번 만에 승진을 했다. 승진이 다 되어갈 무렵 심한 우울증에 시달렸다. 자신을 원망하며 조직에 원망을 했다. 나름대로 회사 일 밖에 몰랐고 회사 업무에 최선을 다했다.

업무 보고 담당 시절에는 상부기관 보고 때문에 밤을 새우기도 많이 했다. PPT 보고서 작성을 아침부터 밤늦게까지 만들었다. 어떤 때는 컴퓨터 모니터 화면이 여러 가지 물감을 섞어 놓은 것처럼 뿌옇게 보일 때도 있었다. 수정 분을 다음 날 아침까지 청장님께 보고해야 되었기 때문이다. 왜 꼭 수정분을 퇴근 무렵에 주는지 이해할 수가 없다. 밤새워 일하고 새벽 5시경 사우나에서 목욕하고 바로 출근한 적도 많았다.

PPT 작업을 하는 업무는 3년 동안 계속되었다. 그 덕분에 PPT작성 실력이 향상되었다. PPT 작성 능력 향상을 위하여 온라인 강의도 듣고 남들이 만들어 놓은 자료도 많이 보면 연구를 했다. 실력이 향상되었지만 모니터를 많이 봐서 그런지 다른 사람에 비하여 시력이 많이 나빠졌다.

요즘 독서에 많은 시간을 할애하는데 눈이 나빠서 읽는데 힘이 든다. 조금 젊었을 때 책을 읽었으면 하는 후회가 된다.

PPT 업무보고서 작성 시, 책을 많이 읽었더라면 좋은 보고서를 만들 수 있지 않았을까? 보고서를 상관의 마음에 꼭 들게 만들었으면 고생을 덜 했을 건데 하는 아쉬움이 남는다.

얼마 전 강규형 대표 강의를 듣고 많이 머리에 지식이 없이 일을 하는 것이 얼마나 힘든 것인지 깨달았다.

"맷돌에 아무것도 넣지 않고 돌리면 돌가루가 나온다. 사람들은 두뇌를 돌에 많이 비유한다. 머리에 지식을 넣지 않으면 아무리 돌려도 돌가루가 나올 수밖에 없기 때문이다. 콩을 넣어야 두부가 나오듯이 그 콩에 해당하는 것이 독서다." 우리 몸에 음식이 필요하듯이 머리에도 음식이 필요한데 그게 바로 독서이다.

미국 클린턴 대통령은 그 바쁜 와중에도 하루 2시간 독서를 했다고 한다. 독서가 대통령직을 성공적으로 수행할 수 있었다고 했다.

PPT 보고서를 작성할 때 기획에 관한 책을 많이 읽었더라면 고생을 덜 했을 텐데 하는 후회가 앞선다. 바보처럼 PPT작성 스킬만 연습했으니 상관에게 보고서가 마음에 들이 않았을 것이다.

살면서 거의 책을 읽지 않다가 올해 처음으로 책을 읽었다.

그 책이 '청소력'(마쓰다 미쓰히로) 이다. 169P로 얇고 읽기가 편해서 책을 읽기 싫어하는 사람들이 독서에 입문할 때 적당한 책으로 추천한다.

"당신이 사는 방이, 당신 자신이다. 즉, 당신의 마음상태, 그리고 인생까지도 당신의 방이 나타내고 있다."는 말에 충격을 받았다. 내 주변의 책상, 우리 집 거실, 그게 내 자신이라고 하니 부끄러웠다. 책의 내용은 내 주변에 있는 마이너스 자장을 제거하는 것과, 플러스를 불러들이는 청소력으로 크게 나눌 수 있다. 책의 저자는 성공에 대한 책과 자기계발 책을 수백 권을 독파하고 자신의 꿈도 적어보았고, 꿈을 이루기 위해 1천만 원권 사진을 가지고 다니기도 했고, 취침 전에는 '나는 반드시 이룬다.' 라고 암송하기도 했지만 제대로 성공하지 못했다고 한다. 마음속에 마이너스 에너지가 있으면 절대 성공을 이루지 못한다고 한다. 이것은'자동차가 사이드브레이크를 풀지 않고 고속도로를 달리는 것과 같다'며 자신의 잠재적으로 가지고 있는 마음속의 쓴 뿌리를 제거하라고 한다.

    책을 읽고 난 후 영혼부터 깨끗하게 청소하고 싶었다.

    원망스럽고, 밉고, 싫었던 사람들의 이름을 하나씩 종이 위에 적었다. 종이에 적은 이름을 하나씩 부르면서 "당신을 용서합니다. 당신을 미워해서 미안합니다."라고 소리 내어 읽었다. 어떤 사람의 이름에서는 더 이상 진도가 나가지 않았다. 도저히 용서할 수가 없어

    아파트 옥상에 올라가서 하늘을 보고

    "용서하자! 용서하자" 를 수 없이 반복했다. 용서한다는 말은 밖으로 나오지만 마음은 바뀌지 않는다. 하지만 억지로 용서한다고 소리 내어 읽었다. 남들이 이상하게 생각할 것 같아 인적이 드문 새벽에 아파트 쓰레기장에 가서 태워버렸다. 마음이 한결 가벼워졌다. 주일날 교회에서 조용히 미워하던 마음을 하나님께서 가져가 달라고 기도했다. 버리는 것이 이렇게 홀가분한지 몰랐다.

    우유통에 썩은 우유가 남아 있는 상태에서 아무리 새 우유를 넣어도 상한 우유가 되기는 마찬가지다. 과거를 깨끗이 정리하고 미래로 나아가는 것이 필요하다.

    '미래로 나아가자! 먼저 나 자신을 용서하고 사랑하자.'

    나를 사랑하지 않고는 남을 사랑할 수 없다. 온 우주상에 오직 한 사람뿐인 귀하고 귀한'나'를 사랑하기로 마음먹었다.

    "인구야, 그동안 힘들었지? 살아온다고 정말 고생이 많았다. 앞으로 힘든 일이 더 많을지 몰라. 그래도 널 사랑한다. 넌 지구상 하나밖에 없는 유일한 존재

이니까." 두 손으로 가슴을 토닥거리면서 미친 사람처럼 혼자서 반복했다. 자주 이러한 행동을 하자고 마음속에 다짐했다.

미래의 플러스 자장을 만들기 위하여 '감사'를 생활화하기로 했다. 카톡 단체방을 개설하여 감사 글을 올려서 전 직원이 감사할 수 있도록 공유하고 있다. 한번은 약국에 약 사러 잠시 갔다가 온 사이에 주차스티커가 끊겨져 있었다. 욕과 불평이 나왔다. 기분이 엄청 좋지 않았지만,

"견인이 되었으면 견인소까지 가야되는데 가지 않게 해주셔서 감사합니다." 그래도 마음은 여전히 불평이 남아 있다. 계속불평을 해도 이득 될 일이 없다. 빨리 잊을수록 좋다. 범칙금 고지서가 날아오면 바로 납부한다. 플러스 에너지를 낭비되지 않게 하기 위해서다.

휴대폰의 감사어플이 좋다. 언제 어디서나 감사한 일을 적을 수 있다. 아침에 일어나면 바로 감사 일기를 쓴다.

과거를 정리하고 긍정에너지를 심어가는 요즘이 행복하다. 주변을 정리 정돈하는 습관을 기르기 위해서 청소를 자주한다. 대청소를 하는 것이 실천이 잘되지 않는다. 오늘은 오른쪽 책상서랍 정리, 내일을 왼쪽 책상서랍 정리 등 부분적으로 청소하기로 했다. 전체를 하는 것보다 실천이 잘 되었다. 지갑, 차 트렁크도 청소를 했다. 이 책을 읽고 있다면 잠시 책을 덮고 가장 쉬운 것부터 정리를 해보자.

32년 동안 우체국만 바라보고 살아온 것 같다. 우체국과 관련된 사람들만 만나다 보니 다른 세상을 보지 못했다. 밖에 나가면 큰 개울도 있고 더 밖으로 나가면 큰 바다도 있다는 것을 알지 못했다. 나는 요즘 퇴직 후 생활을 위하여 자기계발을 많이 한다.

'독서기본과정'을 이수하고 '독서리더과정'도 수료했다. 얼마 전 독서모임을

만들었다.

'동래나비독서포럼' 이다. 첫 모임에 10명이 참여 했다. 자기계발 쪽에 관심을 갖다보면 좋은 사람들을 많이 만난다. 그런 과정을 수강하면서 많은 사람들과 연결이 되고 인맥이 형성된다. 부산뿐만 아니라 전국적인 인맥이 형성되어 삶이 풍요로워졌다. 얼마나 감사한 일인지 모른다.

'250:1'의 법칙을 들어 본 적이 있는가? 아무리 보잘 것 없는 사람이라도 그 사람 뒤에는 250명이 있다고 한다. 결혼식에 가보면 그것을 쉽게 확인할 수 있다. 저명한 인사는 그것보다 훨씬 많은 사람을 알고 있기 때문에 더 큰 도움을 받을 수 있다. 사람은 돈으로 환산할 수 없는 큰 자산이다. 주변에 있는 한 사람 한 사람을 소중히 여기고 새롭게 만나는 사람에게 최선을 다하면 좋겠다.

받으려고 하면 먼저 주라고 한다. 리더는 밥값을 먼저 내는 사람이 리더이고, 나누어 주는 사람이 리더라고 한다. 먼저 배웠으면 먼저 나누어 주는 사람이 진정한 리더이다. 새로 만나는 사람에게 최선을 다하고 먼저 베풀어라. 좁은 생각에 머물러 있지 말고 밖으로 뛰쳐나와 보기 바란다.

주변의 부정적인 사람이 있으면 나도 부정적으로 된다.

주변에 있는 부정적인 사람과 부정적인 물건과 부정적인 생각들을 과감히 정리하고 넓고 깊은 감사의 바다로 헤엄쳐 나가길 바란다.

독서나비 모임

책을 읽지 않아도 생활하는데 전혀 지장이 없다. 특히 어려운 취업의 문을 통과하면 자기 계발을 하지 않는다. 직장생활을 할 때도 남들보다 좀 튀면 시기와 질투를 한다. 굳이 그렇게 하지 않아도 때가 되면 승진이 되고 봉급도 올라간다.

필자는 최근 3개월 전부터 책을 읽기 시작했다. 퇴근하면 직장에서 술을 마셨고 불타는 금요일이면 탁구동호회 운동모임에 갔다. 운동하고 땀을 흘리고 새벽이 되도록 술을 마시고 만취된 상태로 자고 토요일 아침 늦게 자리에서 일어났다.

아내는 요가 운동하러 일찍이 나가고 없다. 쓰린 속을 달래며 찬물을 마시고 화장실로 갔다. 화장실 거울에 비친 내 모습을 보고 깜짝 놀랐다. 주름진 얼굴, 헝클어진 머리에 흰머리가 반 이상이다.

낯선 얼굴을 한 노인이 거울 속에서 나를 바라보고 있었다. 괴물 같은 모습이다. 거울속 사람이 내가 아닌 것 같아 눈을 비벼서 다시 바라보았다. 아무리 부정해도 나다. 기분이 좋지 않았다. 자신을 책망하며 자학을 했다.

아침에 끓여 놓은 국은 식어서 맛도 없고 밥맛도 없다. 소파에 앉아서 TV를 켠다. 이러다 보면 하루가 금방 지나간다. 주말마다 난 울었다. 왜냐하면 새벽까지 영화, 드라마, 스포츠 등 TV리모컨이 유일한 내 친구이다.

리모컨 친구와 하루 종일 시름하다 보면 눈이 아파 눈물이 난다.

이런 생활이 32년의 나의 일상이었다.

어느새 퇴직이 5년밖에 남지 않았다. 뭐라도 해야 될 것 같았다. 지금은 남들에게 명함을 건넬 수도 있지만 퇴직 후의 아무것도 적혀있지 않는 명함을 떠올리니 남의 일 같지 않다.

독서리더교육 중 책을 1003권 읽은 유성환 독서 고수를 알게 되었다. 대기업에 근무하다 퇴직하고 나오니 카드발급이 안 되었다고 한다. 그제서야 회사에 소속되어 있는 것이 얼마나 감사한 일인지 알게 되었고 자신이 퇴직한 것을 실감하고 얼마동안 심한 상실감에 빠졌다고 했다.

"직장의 그늘 아래 있을 때, 퇴직하기 전에 뭐라도 미리 준비하라." 고 충고를 했다. 퇴직을 얼마 남지 않는 선배들은 미리 준비해야 된다고 생각은 하지만 뭘 할지 모른다.

거울 속에 비치는 나의 모습을 보면서 나도 뭔가를 준비해야겠다고 생각했다. 책 읽는 것부터 시도하기로 했다. '독서기본과정'이 있었다. 책 읽는 방법들을 자세히 코칭해 주는 과정이었다. '독서리더과정(2개월)'을 얼마 전에 수료했다. 평생 10권도 안 읽었는데 3개월 동안 36권을 읽었다. 책을 많이 읽는 분들에게는 별로 대수롭지 않겠지만 평생 책을 가까이 하지 않는 나에게는 꿈같은 이야기다.

'독서리더과정'에서 선정된 필독서 8권을 읽게 한다. 책을 읽을 때는'본/깨/적'방법으로 책을 읽으라고 한다. 본 것 , 깨달은 것, 개인과 직장에 적용할 것을 기록하라고 한다. 책 속의 좋은 글을 적고, 추천도서 및 읽은 책 기록, 원포인트 레슨 PT작성 발표 등 독서모임을 진행하는 리더로서의 사명감을 일깨워 주며 독서 전문가로 만들어 진다.

'공부해서 남을 주자' 는 구호를 사용한다. 독서리더과정 과제중 독서모임 운영이 있다. 독서모임이 '나비독서포럼'이다.

'나비의 뜻은 나로부터 비롯되는 선한영향력을 끼치는 리더가 되자'는 슬로건으로 독서모임을 진행한다.

'나비'는 변화의 상징이기도 하다 '알→ 애벌레→번데기→나비','꽃들에게 희망을 수정/결실의 매개체', '히브리어로는 눈과 귀가 열린다-선지자', '나비효과', '생물학자 찰스 코언의 가위질-스스로의 고통을 이겨내야 비로소 나비로 변화될 수 있다. 알이 나비가 될 확률 3% = 성공의 3%라는 뜻이다. 현재 전국적으로 350개의 나비 독서모임이 있으며 전국적으로 1,000개를 목표로 하고 있다. 필자도 2017. 7. 8(토) 07:00 나비모임을 첫 운영 후 6회를 맞이하고 있다. SNS와 직원들의 홍보로 첫모임에 10명이 참석했다. 나름대로 준비를 하고 후배들에게 홍보를 했지만 모두들 시큰둥한 반응이다. 항상 술만 마시던 사람이 독서 모임을 한다고 하니 믿어지지가 않았을 것이다. 직원들은 독서가 나한테는 진짜 안 어울린다고 비웃는다. 독서가 재미있느냐고? 묻는 직원들도 있다. 하지만 책 읽은 지 이제 겨우 3개월이 되었다. 책 읽는 게 요즘은 즐겁고 행복하다. 독서의 기쁨은 겪어 보지 않고는 이야기 할 수가 없다.

비유가 될는지 모르겠지만, 성경에 보면 예수님의 공생애에 첫 번째 기적을 일으키는 장면이 나온다. 혼인 잔치 집에 포도주가 다 떨어졌다. 당황해 하며 어쩔 줄을 몰라 묻는 여인에게"빈 항아리에다 물을 가득 채워라. 그리고 포도주를 떠서 잔칫집 손님들에게 나누어 주어라." 라고 말했다. 하인들은 시키는 대로 했다. 손님들은 그동안 맛보지 못한 포도주 맛을 보며 주인에게 칭찬을 했다. 손님들은 포도주가 어디서 지속적으로 공급되는지 알지 못했다. 빈항아리에 물을 채웠는데 그 물이 포도주로 변하는 기적이 일어난 것이다.

사람들은 예수님의 기적을 알지 못했다. 하지만 포도주를 떠다 준 하인들만 이 기적을 알고 기쁨을 알았다. 책을 읽는 것은 바로 그런 느낌이다.

'남아수독오거서(男兒須讀五車書)'란 말이 있다. 남자는 적어도 다섯 수레 정도의 책을 읽어야 한다는 의미이다. 중학교 때인가 처음으로 이 말을 들었다. 다섯 수레 정도의 책을 읽으려면 얼마나 읽어야 되는지 생각해 보지 않았다. 단지'책을 많이 읽어야 되는 구나.'라고만 생각했다. 이 말은 중국 당나라 시인 두보의 시에 나오는데 그 당시는 종이책이 아니라 죽간이라고 부르는 길쭉하고 가는 대나무 조각에 글씨를 써서 김발처럼 묶은 게 책이었다. 이걸 종이에 옮기면 대략 1천 권 이내일 거라고 한다. 책을 1천 권을 읽으려면 몇 년이 걸릴까? 일주일에 2권, 1년에 100권 읽으면 10년이 걸린다. 10년의 법칙이라는 책이 있다. 10년이 걸려야 그 부분에서 성공할 수 있다고 한다. 하지만 책을 많이 읽는 다고 좋은 것은 아니다. 책을 정독하고 그 내용을 마음 판에 새기고 가정과 직장과 개인의 삶에 적용 하는 게 책을 읽는 목적이라고 생각한다. 좋은 책은 1권을 수백 번, 수만 번 읽으라고 한다. 속독에 대한 많은 책들이 있다. 속독을 하려고 속독에 관한 책을 구입해서 읽고 연습도 많이 해 봤다. 그러나 나에게는 맞지 않았다. 많은 책에서 독서방법에 관해 조언을 하는데 대부분이 정독을 하라고 한다. 물론 시간은 한정되어 있는데 한정된 시간 내에 많은 책을 보려면 속독해야 된다고 반문하는 분도 있겠지만. 책을 많이 읽는 게 중요한 것이 아니라 그 책이 내 삶과 생활에 적용되고 변화되어야 되는 것이 독서의 목적이라 생각한다.

아무 책이나 읽지 말고 책의 고수님들의 조언을 들어 필독서를 추천받아 읽으면 경제적으로나 시간을 절약할 수 있다.

맨날 술 마시고 집에서 TV보면서 생활이 변화되길 바라는 것은 욕심이다. 책속에는 과거에 살아본 사람들의 지혜가 그대로 녹아져 있다. 사람의 마음은 조선시대나 지금이나 큰 차이가 없다. 그러므로 현재의 어려운 문제나 미래의 고민거리는 책에서 얼마든지 찾을 수 있다. 독서 선배 중 한 분은 문제가 발생하면 서점에 가서 관련분야 책을 최소 10권을 읽고 나서 결정한다고 한다. 그러면 대부분의 문제가 해결된다고 한다. 선택의 기로에 섰을 때도 마찬가지라고 한다.

공직 생활을 하면서 수많은 선택의 기로에 있었다. 하지만 그때마다 고민만 하다가 섣불리 결정해서 후회한 일이 한두 번이 아니다. 책과 친해지고, 독서모임을 하다보면 많은 고수들을 만난다. 어려운 일이나 고민거리가 있을 때는 언제든지 물어보고 조언을 들을 수 있어서 좋다. 나비 독서모임에서는 모두에게 '선배님'의 호칭을 쓴다. 다른 사람보다 많이 배워서 가르치는 것이 아니라 먼저 알았으니 가르치는 것이다. 다섯 살 된 아이에게 가장 맞는 스승은 대학교수가 아니라 여섯 살 먹은 바로 위 형이다. 여섯 살이 많이 배워서 가르치는 것이 아니라 1년 먼저 나서 경험을 하고 다섯 살보다 많이 알기 때문에 가르치는 것이다.

이번 주에는 독서포럼(동래나비) 2회째 이후 밴드를 추가로 만들기로 했다. 밴드 명칭만 만들고 독서모임 등을 통해 알게 된 선배에게 밴드를 만들어 달라고 부탁했다. 바쁜 와중에서도 밴드를 만들고 운영방법을 조언해 주었다. 그냥 책을 읽으면 기억에서 오래 남지 않지만 가르치다 보면 기억력이 90%가 향상된다. 독서모임은 책을 읽고 온 내용을 서로 토론하는 방법으로 운영되며 원포인트 레슨하는 시간을 가져 누구나 자기 이야기를 스피치 할 수 있도록 기회를 제공한다.

지난 주부터 '거실을 서재로' 만드는 작업을 하고 있다. 소파와 TV를 인터넷 중고시장에 올렸는데 잘 팔리지 않는다. 구입 가격의 10%만 받고 소파, 탁자, TV를 모두 판매했다. 좋은 걸로 구입했는데 아깝다. 소파가 판매되는 날은 소파를 화물차에 싣고 출발하려는데 시동이 걸리지 않는다. 하는 수 없이 다른 화물차를 불러 소파를 옮겨 이동했다. 팔면 안 되는가 하는 생각도 든다.

이제 '쉴 때 어디서 쉬지?' 하는 생각도 든다. 하지만 이내 마음을 가다듬는다. 책상과 의자를 구입하고 책장을 구입해서 거실에 배치했다. 거실이 도서관으로 변하는 순간이다. 최근 3개월 동안 추천도서 목록을 정리하여 책을 꾸준히 구입했다. 120권의 도서를 구입하여 책장에 넣었으나 공간이 많이 남아 있다.

책이 한 권씩 채워지면 행복도 하나씩 채워지는 것 같다. 아내와 함께 독서를 하는 것이 좋다. 독서를 하는 요즈음 아내와 나는 원수 같은 '남'에서 '친구'로 바뀌어 가는 중이다. 요즘 영업 관련 문서를 보면 영업하는 전략의 대부분이 본청에 근무할 때 15년 전에 쓰던 방법을 그대로 이어받아 쓰고 있다. 별다른 전략이 있겠냐고 반문할지도 모른다. 하지만 적어도 자기 전문 분야에 책을 몇 권이나 읽었는지 반문해 보면 좋겠다. 나도 마찬가지로 책을 읽지 않고 영업부서 담당을 했었다. 앞 사람의 일을 그대로 답습하니 아이디어나 업무의 성과가 나타날 수 없다. 자기 전문분야 책을 250권 읽으면 전국적인 전문가가 되어 아무도 자기를 넘보지 못한다고 한다.

영업부서에 근무한다면 적어도 서점이나 도서관에 가서 관련된 책을 10권이라도 읽어보기를 권한다. 책을 읽는 중에 새로운 아이디어가 떠오른다. 그 것들을 업무에 적용하면 된다.

기회가 있을 때마다 독서모임에 가서 독서를 습관화하길 권한다. 서울에 있는 '양재독서모임'은 토요일 아침 7시에 하는데 전국에서 많은 사람들이 새벽차를 타고 모임에 참석한다.

독서를 습관화하면 좋겠다. 가족이 함께 독서를 하면 부모와 자식 간의 소통이 자동적으로 된다. 공부하라고 얘기할 필요가 없다. 책속에서 동기를 부여받고 책속의 인물을 닮아가려고 노력하게 된다.

학원에만 보내면 부모의 역할을 다했다는 생각을 버려야 한다. 고액 과외비도 필요 없다. 자신의 생각의 크기를 넓히지 않는 한 자녀의 발전은 없다. 생각의 크기를 넓히는 게 바로 독서다.

청춘도다리

휴대폰을 만지다 '청춘도다리' 가 검색되었다. 처음에는 낚시 동호회인줄 알았다. 그러나 단체사진을 보니 모두가 한결같이 밝은 모습이다. 왠지 그곳에 가보고 싶었다. 모임은 창원의 모임 공간 '모모'에서 저녁 7시 30분부터 시작한다고 한다. 인원이 많은 것 같았다. 장소 관계로 선착순 신청하라는 문구가 있어 아내와 함께 신청하고 회비도 입금했다. 김밥을 사서 부산에서 창원으로 가는 차안에서 저녁을 해결했다. 강의장에 도착하니 청춘도다리의 뜻을 알 수 있었다.

'도전하지 않는 청춘이여~ 다시 리셋하라!' 라는 뜻이다. 꿈을 키워나가며 서로 응원하는 모임이었다. 처음에는 무슨 종교단체인 줄 알았다. 강연자가 나오면 강연자 이름을 복창하며 일어서서 기립박수를 쳤다.

청춘도다리에서는 누구나 강연자가 될 수 있다. 자신의 아픈 과거이야기, 도전해서 성공한 경험들, 말을 잘 못하는 사람들이 처음으로 무대에 서서 강연을 하면서 스스로 꿈을 찾고 성장해 가는 모습을 간증하는 그런 모임이다.

청춘도다리 대표는 잘나가는 중견기업 간부였으나 사업을 하려고 퇴사하고 무작정 서울로 갔다고 한다. 사업은 실패하고 자살을 시도하다 그것마저 되지 않고 결국 처갓집에 더부살이를 하다가 다시 재기한 사람이라고 했다. 그래서 자기처럼 되지 않도록 많은 사람들이 꿈을 찾는데 도움을 주고자 이 모임을 만들었다고 했다.

그날은 강연자 3명이 있었다. 처음에는 무대에서 한마디 말도 못하다고 얼굴만 붉히다가 무대에서 내려갔던 청년 농부였는데 지금은 능숙하게 강의를 잘 한다. 세상에서 따돌리고, 동료에게, 상사에게, 가정에서, 무시당하고 만신창이가 된 인생들에게 기립박수로 그 인생을 응원하고 꿈을 나누며 서로의 꿈을 성취하는 모임인데 열린 마음이 보기가 좋았다.

강연이 시작될 때마다 곳곳에서 눈물을 닦는 모습들이 보였다. 자기 인생에 대한 이야기인데 누군들 감동이 안 되겠는가? 다만 그것을 밖으로 표출할 수 있는 기회가 없어서 표현을 안 할 뿐이다.

마음속에 있는 쓴 뿌리는 마음속에만 두면 그 쓴 뿌리가 크게 자라 숲을 이루고 그 인생을 그늘지게 만들어 버린다. 하지만 그 쓴 뿌리를 밖으로 나오게 하면 말라 죽어 버리고 그곳에 희망의 새싹이 돋아난다. 이 모임에서 그 쓴 뿌리를 세상 밖으로 나오게 하는 기회를 제공하고 강연을 들으면서 서로 치유되는 모임인 것 같아서 좋았다.

강연자 한 사람, 한 사람이 감동적이었다. 특히, 30대 초반에 남편을 잃고 3명의 딸을 어렵게 키워온 60대 강연자의 강의에 큰 감동을 받았다. 다른 사람은 모두 PPT로 강연을 했지만, 강연 내용을 편지지에 적어 와서 읽어내려 갔다. 마치 먼저 간 하늘에 있는 남편에게 연애편지 읽는 것 같았다.

"여보! 당신 없이 힘들었어? 그래도 새끼들 잘 키웠어! 나 좀 위로해 줘?"라고 속삭이는 것 같았다. 자녀를 키우면서 힘들었던 자신의 인생이야기를 했다. 자신의 어릴 때 꿈은 하늘을 나는 꿈이었는데, 얼마 전에 이루었다고 기뻐하는 모습이 보기 좋았다.

청춘도다리 회원 중 한 분이 소개로 행글라이더를 타는'꿈 프로젝트'가 있었는데 딸의 소개로 24명이 행글라이더를 탔다고 한다. 장애인 딸을 포함 3명의 자매를 키우기 위해 어머니는 행상에서 보험판매사에 이르기까지 안 해 본 일이 없었다고 한다. 편지에 적어온 내용을 읽어 가면서 슬픈 기색은 없고 행복해 하는 얼굴이 강연 내내 강의장을 밝게 비췄다.

그러나 청중들은 눈물의 바다가 되었다. 나도 모르게 눈물이 흘러 내렸다. 지금은 하늘나라에 계시는 어머님이 생각났다. 고향도 나의 고향과 같은 하동이었다. 강사에게 어머니의 향기가 나는 것 같았다. 나도모르게 흐르는 눈물을 참을 수가 없었다. 강연이 끝나자 모두 기립박수를 하고 꽃다발을 주며 포옹해 주었다.

청춘도다리는 창원에서 5~6명이 시작했는데 지금은 회원이 500명이 넘는다. 얼마 전 2호점을 부산에 개설했다. '청도다리 부산 1회'를 개금에 있는 평생교육원(원장 안은선)에서 개최했다. 좁은 강의 장에 51명이 참석했다. 지난 번 창원에서 강의했던 60대 아주머니의 딸의 강연이 있었다. 병에 걸려 사선을 넘어 살아온 그녀의 인생 역경은 청중들로 하여금 다시 일어날 수 있는 용기를 주었다. 마음의 상처를 치유하는 계기가 되었다. 안경 사이로 나도 몰래 눈물이 흘렀다. 남들이 볼까봐 창피했다.

여자 분들은 흐느끼는 분들도 많이 있었다. 자신의 어렵게 살아온 인생의 굴곡을 서로 나눌 수 있는 시간, 아무에게도 말 못하고 힘들어 했던 나를 치유하는 시간, 나와 똑같은, 아니 나보다 힘들게 살아온 강연자의 삶을 보며 치유되는 시간이었다.

청춘도다리 3호점이 울산에서 열렸다. 금요일 퇴근 1시간 전에 조퇴를 하고 부산에서 울산으로 달렸다. 여름휴가가 시작되는 날이라서 그런지 울산입구 병목구간에 차가 많이 밀렸다. 60여 명의 사람들이 모였다. 창원에서, 대구에서, 부산에서 한걸음에 달려온 청춘도다리 회원들이 서로를 격려하는 모습이 보기에 참 좋다.

장소는 한빛갤러리였는데 분위기가 푸근해서 참 좋다. 한빛갤러리 이선희 이사장이 장소를 제공했다. 53살의 나이에도 20대 못지않은 미모와 밝은 얼굴이 항상 보는 사람을 행복하게 한다. 그분은 지역사회에 많은 봉사활동을 하며 장소를 무료로 제공하여 시민들에게 평안을 제공하는 분이다. 한 사람의 열정이 있으면 많은 사람이 감동하게 된다. 역사는 많은 사람이 만들어 가는 것이 아니라 한 사람의 희생이 새로운 역사를 만들어 나간다.

박상현 군의 피아노 연주, 정해원 대학생, 이은대 작가님의 강연이 시작되었다. 청춘도다리 모임은 나를 실망시키지 않고 감동을 준다. 그래서 먼 거리를 마다하지 않고 한걸음에 달려가는 것 같다. 8월에는 대구에서도 4호점이 개설되었다. 전국 꿈을 잃고 살아가는 모든 사람들에게 삶에 꿈과 희망을 키워가는 모임이다. 50대 중반인데도 청춘도다리에 참여해도 되냐고 처음 갔을 때 물었다. "마음이 청춘인 사람은 누구나 참여 가능하다."고 했다. 여러분도 꼭 참석해 보기 바란다. 강연을 신청하면 강연도 할 수 있다.

여러분에게는 꿈이 있는가? 가슴 뛰는 꿈! 어릴 때는 꿈이 뭐냐고 선생님이 자주 물었다. 하지만 커가면서 부터 꿈에 대하여 묻는 사람이 없다. 하루하루 먹고 살기 힘들었던 50~60년대 부모님 세대에서는 꿈이라는 말이 사치였는지도 모른다. 꿈도 없이 자식에게 모든 것을 희생하며 살아온 부모님들을 보면 한없이 존경스럽다. 하지만 곁에 없는 부모님에게 잘해드릴 방법이 없다. 꼭 부모님에게 꿈이 무엇이었는지 물어보고 한 가지라도 꼭 해결해주면 좋겠다.

당신들은 자식들을 위해 꿈이라는 생각을 한 번도 해 보지 못했을 지도 모른다. 꿈 없이 살아왔던 힘들었던 삶을 쏟아내는 60대 아주머니의 강의에서 들으면서 나의 꿈은 무엇인지 생각해 봤다. 하지만 특별한 꿈이 없다. 꿈인지 현실인지 모르지만 5년 후 퇴직한다는 것만은 확실했다. 그동안 무엇을 하고 살아왔는지 곰곰히 생각해 봤다. 그저 되는대로 살아왔다. 텅 빈 머리로, 텅 빈 가슴으로, 남에게 나를 비교하며, 자신을 학대하고, 뚜렷한 주관도 없이 남이 하자는 대로 바람 부는 대로 그렇게 살아온 게 나의 인생이다. 이런 삶을 살지 않기를 바란다.

모두가 잘 아는 동물원 코끼리이야기다. 코끼리를 어릴 때부터 말뚝에 매어서 키운다고 한다. 말뚝을 벗어나기 위해 수없이 안간힘을 쓰지만, 탈출하지 못하는 걸 알고 포기한다. 어른 코끼리가 되어 충분이 탈출할 수 있음에도 더 이상 매여 있는 말뚝 주위를 벗어날 생각을 못한다.

독수리도 마찬가지다. 어릴 때부터 새장 안에 키우면 하늘을 날 수 있는 본성을 잊어버리고 닭처럼 날지 않고 살아간다고 한다. 우물 안 개구리도 마찬가지이다. 더 넓은 호수가 있는 것도 더 큰 바다가 있는 것도 모른다.

32년 공무원 생활을 하는 동안 '집-회사-술집-집' 밖에 모르고 살았다. 집에 오는 도중 집은 집인데 앞에'술'이 붙어 있는 술집으로 갔다가 새벽에 집에 오는 생활의 연속이었다.

5급으로 승진하는데 어렵게 승진했다. 제안으로 인한 대통령 표창을 받아 특별승진 대상에 올랐을 때 많은 직원들에게 시기와 모함을 당했다. 승진대상자 평판조사를 나왔을 때 평판조사관이 나에게 물었다.

"퇴근 후 대학원 다니는 걸 보고 공부밖에 모르는 사람이다."

"술은 맥주밖에 마시지 않는다."

"탁구만 친다."

그게 맞느냐고 물었다. 독자여러분은 뭐라고 대답하겠는가? 승진하는 것하고 별개의 문제가 아닌가? 평판조사시 그런걸 적어 올린 직원들이 있어서 묻는 것이다. 자기보다 먼저 올라가는 사람은 시기의 대상이 될 수 있다. 사람이면 당연한 것인지도 모른다. 자신이 다니고 있는 직장을 우물 안 개구리와 비교하면 기분이 나쁠지 모른다. 나는 직장안의 우물 안 개구리였다. 직장 밖에 많은 좋은 사람들과 모임들이 있는데 그런 모임이나 자기계발에는 관심이 없었고 신경 쓰지 않고 살았다.

회사에 들어오면 그 회사 분위기에 자신의 삶을 맞추어 살아가게 되는 것 같다. 자칫하면 매너리즘에 빠져 무기력하게 인생을 허비하게 될 수도 있다. 그곳을 벗어나지 않으면 우물 안 개구리, 말뚝에 매인 코끼리, 새장 안에 갇혀 있는 독수리처럼 될 수 있다. 필자처럼 살지 말고 '우물 담을 올라오라!' 말뚝을 뽑아라!' '새장을 박차고 나와서 저 푸른 하늘을 향해 훨훨 날아보면 좋겠다.' 그곳에서 보면 푸른 산도 있고, 아름다운 강이 흐르고, 큰 바다도 보일 것이다. 회사 밖의 많은 사람들을 만나보라. 성공한 사람들은 1달에 새로운 명함 5개를 받아 인맥을 형성하라고 한다. 끊임없이 자기계발을 하기 바란다. 성공하고 변화하고 싶다면 독서가 제일이다. 독서는 꿈을 현실로 만들어 주는 강력한 수단이다.

공무원이라는 테두리 안에서 갇혀 아무런 생각도 꿈도 없이 살아온 나처럼 되지 말고, 꿈을 꾸며 푸른 창공을 힘차게 날아가는 청년 독수리가 되었으면 좋겠다.

버킷리스트

가정은 등한시하고 살아왔다. 생활의 반경도 회사일과 회사사람들이 전부다. 유일하게 하는 운동은 탁구다. 우물 안 개구리의 삶, 그 자체였다. 유튜브를 통하여 '3P바이더 프로과정'강의를 듣기 전까지는 그랬다.

부산에서 울산으로 아내와 함께 3P프로과정을 수강하기 위하여 새벽부터 달렸다. 울산 한빛갤러리에서 5,000여 권의 책을 읽은 3P경영연구소 강규형 대표의 강의가 시작되었다.

이랜드에서 푸마본부장, 보험회사 등에서 오랜 경영을 하고 고성과를 창출한 대표님의 강의는 지나온 삶에 대한 후회와 앞으로의 삶에 대한 희망으로 나의 마음에 큰 파도를 일으키게 했다.

창피한 이야기지만 3P바인더 프로 수강 중 '버킷리스트' 란 용어를 처음 들었다. 버킷리스트(Bucket list)라는 사전적 의미는 '죽다' 라는 뜻의 속어 'Kick the Bucket'와 관련이 있다. 중세 유럽에서 자살이나 교수형을 할 경우 목에 줄을 건 다음 딛고 서 있던 양동이(Bucket)를 발로 찼던 관행에서 유래했다고 한다. 버킷리스트는 평생 한 번쯤 해보고 싶은 일, 혹은 죽기 전에 해야 할 일들을 적은 목록을 버킷리스트라 한다.

버킷리스트는 2007년 영화 '버킷 리스트: 죽기 전에 꼭 하고 싶은 것들(The Bucket List)'을 통해 대중적으로 알려졌다. 영화에서 시한부 판정을 받은 두 주인공은 죽기 전 하고 싶은 일들의 목록을 작성해 함께 여행을 떠나면서 꿈을 실행해 나간다는 데서 대중적 관심을 갖게 되었다고 한다.

'3P바인더 프로과정'강의 워크숍 시간에 버킷리스트를 작성하는 시간이 있었다. 어릴 때 꿈을 생각해 본적이 있지만 그동안 잊고 살아와서 그런지 목록을 작성하는데 힘이 들었다. 워크숍 시간에 버킷리스트를 적을 때 될지 안 될지는 생각하지 말고 가슴 속에서 울어 나오는 생각을 무조건 쓰라고 한다. 그것도 구체적으로……

예를 들면 '고급 외제차' 라고 쓰지 말고, '포르쉐, 아우디'처럼 구체적으로 적어야 한다고 한다.

종이 위에 쓰면 기적이 일어난다고 한다. 100세 인생이면 퇴직해도 40년을 더 살아야 한다. 버킷리스트를 하나씩 적어 나갔다. 3P바인더 프로과정을 듣고 꿈을 적었는데 벌써 몇 개는 이루어진 것 같다.

"술 끊기, 독서리더과정 수료, 독서모임 만들기, TV 없애기, 거실을 서재로, 성경통독, 아내와 대화 30분, 체력단련실 하루 1시간 운동, 아파트 계단걷기, 독서 강의"꿈 리스트를 적은지 5개월이 지났는데 소박하지만 몇 가지 이루었다. 그중 가장 힘들었던 것은 40년 동안 마셔온 술을 끊은 것이다.

얼마 전 퇴직한 2분의 선배님들을 모시고 모임을 가졌다. 술자리인데 내가 술을 끊었다니 모두들 놀랐다.

"정 과장이 술을 안마시니 재미가 없다. 그렇게 좋아했던 술을 왜 끊었냐? 어데 몸이 안 좋냐?"

모두들 반신반의하며 물음표를 계속 던졌다. 애써 몸이 안 좋다는 핑계로 얼버무리며 넘어갔다.

최근 퇴직한 선배님이 퇴직 후 정착을 위한 공무원연금관리공단에서 주관하는 교육을 다녀왔다고 한다. 강의 중 퇴직 후 졸업해야 하는 대학이 5개가 있다면서 아래와 같은 이야기를 했다.

"퇴직 후 첫 번째 입학하는 대학은 '예일대학'이란다. 예일대학은 예전의 영광을 잊지 못하고 예전처럼 생활하는 사람인데, 그토록 따르던 부하직원이 전화도 한 통 없다고 실망해서 우울증에 걸리는 사람도 있다고 한다.

그 대학에 지쳐서 졸업하면 두 번째 대학에 입학하는데 '하바드 대학'이다. 하루 종일 하는 일 없이 바쁜 생활을 하며 지내는 대학이라고 한다.

다음 대학은 '동아대학'에 입학한다. 동아대학은 동네아주머니와 수다 떨며 지내는 대학인데 조금 지나면 동네 아주머니들이 나이 많다고 놀아주지 않는다고 한다. 하는 수없이 나와서 입학하는 대학이 '하와이 대학'이다. 하루 종일 와이프만 꽁무니만 따라 다니는 대학인데 이것도 얼마 있으면 와이프가 귀찮다고 따라오지 말라고 한단다.

다음 대학이 '동경대학'이다. 동네에 있는 경로당에 다니는 대학인데 나이어리다고 맨날 심부름만 시켜서 힘들고 자존심이 상해서 그 대학도 졸업한다.

이것도 저것도 다 싫고 마지막에 입학하는 대학이 '방콕대학'이란다. 혼자 방안에서 TV만 보고 지내는 대학이다.

우리는 재미있어서 박장대소하며 웃었다. 선배도 퇴직 전에는 퇴직한 선배들에게 미리미리 퇴직 후를 준비하라는 조언을 많이 들었다고 했다. 그때는 어떻게 해야 되는지도 몰랐고 실감이 나지 않았다고 한다. 그냥"연금 받고 즐기며 살면 되지."하면서도 조금은 걱정이 되었다고 한다. 웃고 즐기는 가운데 마음 한편에서는 서글픈 생각이 들었다. 나도 5년만 있으면 그러한 과정을 겪을 건데, 지금부터라도 준비를 해야겠다. 뭔가 하나도 이루어 놓은 것이 없다.

2분 중 한 분은 고전 인문학에 푹 빠져서 살고 있다고 한다. 퇴직 6개월 전에 우연히 관심을 갖기 시작해서 한자 1급 자격을 취득했고 지금은 대학, 논어, 역경 등 고전을 읽고 쓰는데 푹 빠져서 산다고 한다. 하루라도 빨리 시작하지 않은 게 너무나 후회된다고 했다. 다음 주는'대학'과목에 대한 시험을 친다고 즐거워하는 모습이 보기 좋았다. 자신이 하고 싶은 일을 찾아서 살아가는 것이 즐겁다면서 각자 하고 싶은 일을 한번 찾아보라고 조언을 한다. 무엇보다도 중요한 건 꾸준히 할 수 있는 자기만의 일을 찾는 게 중요하다고 했다.

100세 시대, 40년 동안 취미생활만 하고 살기에는 너무 긴 세월이다. 대부분의 사람들은 정년퇴직 후 산악인이 된다고 한다. 미래에 대한 준비를 하지 않은 결과이다.

퇴직 5년이 남았는데 뭔가를 하고 싶어 나 스스로 정한 맨토인 3P연구소 강규형 대표에게 단무지〈2박3일동안 합숙하며 독서하는 모임〉 행사중 아침 산책길에서 나의 장래에 대한 의견을 구했다.

"좀 더 일찍 시작했으면 참 좋을 건데, 적어도 10년은 준비해야 된다고 자신이 잘하는 것, 가장 좋아하는 것이 무엇인지를 계속 고민해 보라고 한다."

미리 질문을 많이 만들어서 질문을 해야 되는데 산책길에 갑작스럽게 질문을 해서 가슴에 와 닿는 답변은 듣지 못했지만 적어도 10년을 준비하는 것이 필요한 것 같다. 김연아 선수, 박태환 선수, 박지성 선수 등 그 분야에서 뛰어난 사람들은 모두 10년을 넘게 한 분야에 최선을 다했던 사람들이다.

'10년의 법칙'이라는 책에서도 그렇게 말하고 있다. 하나씩 하나씩 실행해 나가는 것이 필요하다고 생각한다. 개울을 건너려고 하면 우선 돌 하나부터 먼저 개울에 넣어야 한다. 꿈을 이루기 위해서는 우선 작은 것부터가 시작하는 것이 중요하다. 아직도 꿈 리스트는 완성되지 못했다. 계속 적어나가고 있다. 요즘은 책속에서 꿈을 찾아보려고 열심히 독서 중이다. 독서는 꿈을 이루는 도구라고 한다. 하나씩 하나씩 적어보자.

지금까지는 꿈을 남에게 보여주기 위한 꿈이었다. 다른 사람이 어떻게 생각할까? 남에게 평가받는 꿈을 생각한다. 하지만 그 사람의 꿈에 대하여 누구도 비판할 권리도 없다. 좋은 꿈, 나쁜 꿈은 없다. 자기가 하고 싶은 꿈은 그 사람한테는 소중하다. 그러기에 나의 꿈에 대하여 남한테 평가 받기를 바라거나 비판해서는 안 된다. 그 사람만 꿀 수 있는 꿈도 있다. 꿈에 대하여 재단할 권리는 누구에게도 없다. 나는 이 지구상에 하나 밖에 없는 소중한 존재이기 때문이다. 지금도 나의 꿈은 진행 중이다. 하나씩 하나씩 적어나가고 있다. 그리고 그 꿈을 성취하기 위해 살아가는 요즘의 생활은 너무나 만족스럽다.

책을 쓰는 것도 그 꿈 중의 하나이다. 책을 쓰면서도 많이 망설여진다.

"평소 일기도 쓰지 않고 블로그에 글을 올려보지도 않는 글쓰기 문외한인 내 자신이 책을 써도 되는지, 독자들이 읽고 비웃지는 않을지, 이 글이 말이 되는지, 남이 비판하고 욕하면 어쩌지? 출판사에서 책을 출간해줄까?"

하지만 자이언트스쿨의 이은대 작가님의 말에 용기를 갖고 책을 쓰기로 했다.

"내 책을 읽는 누군가 한 사람이라도 그 삶이 변화될 수 있다면 무엇과도 바꿀 수 없는 소중하고 가치 있는 일"이라고 생각하며 글을 쓰라고 한다. 그래 책을 쓰자! 단 한사람이라도 변화된다면…….

책을 쓰면서 내 자신 속에 있는 쓴 뿌리들을 자연스럽게 쏟아내고 있는 것 같다. 언제 내 삶을 뒤돌아 볼 수 있었는지? 생각해보니 별로 기억에 없다. 자식을 위해, 직장을 위해, 아내를 위해, 뒤도 돌아보지 않고 어디로 가는지도 모르고 폭주 기관차처럼 살아왔다.

하루 단 1초라도 나를 위한 생각을 해 봤는가? 자식을 위해 그 많은 과외비를 지출하면서 과연 나를 위해 뭘 투자해 봤는지 생각해 봤다. 없는 것 같다.

책 쓰기를 하면서 나를 돌아보게 하는 소중한 시간이 되고 있다. 앞으로 살아가면서 지금까지 살아온 잘못된 삶이 방식을 되풀이 하지 않아야겠다고 다짐하게 된다. 그것만으로도 충분히 책을 써야하는 이유가 되는 것 같다.

자신의 삶을 풍요롭게 살고 싶으면 목적의식을 갖으라고 한다. 그리고 우선순위를 설정하고 좋은 습관을 만들어 지속적으로 추진하면 풍요로운 삶이 되고 성공할 수 있다고 한다.

오늘도 꿈꾸는 하루가 되어 보자! 하루 세 번씩 "나는 꿈을 가진 멋진 사람이다"라고 큰 소리를 외치며 하루를 시작한다.

출퇴근시 승용차 안에서 문을 닫고 매일 외치고 있다. 5개월 동안 이룬 꿈의 맛을 봤기 때문이다. 앞으로 지속적으로 내 꿈을 이루기 위해 노력할 것이다.

"생생하게 꿈꾸면 이루어진다."

오늘도 꿈을 꾸는 사람들을 응원한다.

술을 끊다

2017년 7월 1일은 나에게 역사적인 날이다. 40년 넘게 마셔온 술을 끊은 날이다. 술 끊는 것이 역사적인 적인 날이냐고 말할 수도 있겠지만 적어도 나에게는 술은 생활 그 자체였다. 술로 인해 내 삶을 주도적으로 살아보지 못했고, 가장으로서 '0' 점이었다. 아내와의 관계도 자녀와의 관계도 결국 술로 인하여 망쳤다. 사람들은 말한다.

"사회생활을 하려면 술을 마셔야 한다. 술은 스트레스를 해소하는 데 도움이 된다. 술을 마셔야 마음을 털어놓고 이야기할 수 있다. 진지한 인간관계는 술을 통해서만 가능하다. 안 취할 정도만 마시면 된다. 내 돈 내고 내가 마시는데 왜 시비를 거냐?"등 애주가들이 주로 사용하는 말들이다. 맞는 얘기도 있지만 40여년 술을 마셔온 삶을 뒤돌아보면 거의 대부분 이 말에 동의할 수 없다.

술을 마시지 않아도 얼마든지 사회생활을 할 수 있지만, 술을 마시면 상사가 좋아한다. 왜냐하면 상사는 술자리에서도 상사다. 술값도 상사는 잘 내는 경우는 드물다. 그러니 상사는 술자리가 당연히 좋다. 술을 마시지 않고도 상사에게 잘 보이려면 일로서 승부하면 된다. 성과를 잘 내는 직원을 싫어할 상사는 없다. 술 마시는 시간에 일에 대해서 연구하고, 전문서적을 보고, 전문가를 만나 조언을 듣고, 경쟁사 방문 조사 등 이런 노력들을 통해서 성과를 내는 것이 더 중요하다. 직장상사를 하늘처럼 모시면서 시키지 않은 일을 알아서 처리하고 성과를 내면 좋아하지 않을 상사는 아무도 없을 것이다. 상사나 동료에게 베풀고 나누는 삶을 살면 얼마든지 술을 마시지 않고도 상황을 극복할 수 있다.

술을 마시게 되면 기분이 좋아지며 스트레스 해소에 도움이 되는 것은 사실이다. 하지만 그건 일시적인 현상이다. 술은 1차에 그치는 경우는 거의 없었다. 2, 3차가게 되고 술값 때문에 다음날은 더 스트레스가 쌓인다. 술을 마시면 세금을 많이 내서 애국자라고 농담으로 말을 한다.

애국자가 되고 싶으면 가정을 온전히 세우면 자동적으로 애국자가 된다. 모든 사회문제는 가정부터 출발하기 때문이다. 그 해결책도 가정에 있다. 절대로 술에 취한 삶은 가정을 제대로 세울 수는 없다.

큰 아들과 술 한 잔 할 기회가 있었다. 술을 몇 잔 마신 아들이 어릴 때 이야기를 했다.

"중학교 때 아빠를 패주고 싶었다고……."

술이 취한 아빠가 엄마와 다투는데 엄마가 힘들어 하는 소리를 옆방에서 들었다고 했다. 힘이 없어서 나서지는 못하고 속으로 혼자 방에서 울며 엄청 힘들었다고 했다.

10년이 지났는데 그걸 기억하고 있었다. 그 이야기를 듣고 깜짝 놀랐다. 어린 마음의 쓴 뿌리는 평생동안 간다는 것을 깨닫게 되었다.

일반적으로 술은 사회적 손실이 많다. '음주로 인한 교통사고로 사망, 음주로 인한 살인, 폭행, 행정업무방해, 자살, 가정파괴'등이다. 술은 가정이나 사회적으로 백해무익이다.

"안 취할 정도만 마시면 되지."시작은 이렇게 하지만 안 취할 정도만 마셔지지 않는다.

술을 좋아하는 사람들 중에 몇 잔 마시고 안 마시는 사람도 있지만 그건 소수에 불과하다. 대부분의 사람들은 통제되지 않는다. 우리는 술을 권하는 문화가 아직도 남아 있다. 상사가 주는 술을 받지 않으면 "건방지다" "버릇없다" 등 입방아에 오르내린다.

한 번은 술을 많이 마시지 않기 위하여 술잔을 받아 남의 눈치를 못 차리게 식탁 아래 맥주 컵에다 몰래 부었다. 술이 몇 순배 돌자 상사가 나의 이름을 부르면서'식탁 아래 맥주 컵 좀 달라고 한다.'

몰래 버려놓은 술을 '원샷하라고 하여 한꺼번에 마시고 애를 먹은 경우도 있었다. 40여 년 동안 마셔온 술병을 계산해 보면 경부고속도로 길이는 족히 될 거다. 술을 배울 때 처음에는 소주를 시작했다가 맥주로 바꿨다.

산청 근무할 당시 부산노지위원장과 함께 후임 노조위원장이 함께 방문했다.

"정 과장! 술이 세다고 하던데 나하고 술내기 한 번 하자."고 제안을 했다. 점심 후 본격적으로 소주를 마셨다. 결국 내가 이겼다. 위원장은 부산으로 가는 내내 차안에서 토하고 힘이 들었다고 한다.

낮에 그만큼 마셨으면 되었는데 저녁에 또 직원들과 또 마셨다. 자랑이라고 말하는게 아니다. 결국은 몸을 망치게 된다. 40세 중반이 되면서 부터 술을 마시면 정신을 잃는 경우가 잦아졌다. 술을 마셔본 사람은 알겠지만 술 마신 뒷날 기억이 나지 않으면 난감하다.

'상사에게 실수는 안했는지, 술집에서 무슨 일이 있었는지, 집은 어떻게 왔는지, 왜 영수증이 호주머니에 있는지, 분명 지갑에 현금이 있었던 것 같은데 왜 없는지……'

가장 곤란할 때는 지갑과 핸드폰이 없을 때다. 카드회사, 주민센터, 운전면허시험장 등 증명서 발급과 사고신고하기 바쁘다.

술이 만취된 다음날 힘든 몸을 겨우 일으켜 얼른 벗어 놓은 옷을 찾는다. 지갑과 휴대폰을 확인하고야 안심이 된다.

보통 술 문화는 1차를 소주로 시작하고, 간단하게 한잔 더 하기 위해 맥주 집으로 2차를 간다. 3차는 여성접대부가 있는 술집을 가는 경우가 대부분이다. 1차에 소주를 많이 마시고 2차 맥주를 섞어 마시면 속에서 화학반응을 일으켜 술이 더 취하게 되는 것 같다. 그리고 정신을 잃는다. 좀 젊을 때는 전혀 문제가 되지 않았지만 40대 중반이 지나서는 점점 기억을 잃는 횟수가 늘어났다.

수년 동안 마셔온 술을 끊기가 두렵다. 왠지 친하게 지냈던 많은 사람들이 멀어질 것 같은 두려움도 있다. 아니, 끊고 싶은 생각을 안 해본 것 같다. 기억을 잃는 게 싫어서 알코올 도수가 약한 맥주로 바꾸기로 했다. 맥주를 마시니 정신을 잃는 경우가 드물어졌다. 물론 맥주도 많이 마시면 기억이 나지 않지만, 소주보다는 덜하다. 술자리에 가면 자동으로 맥주를 시킨다. 맥주를 먹은 후 부터는 필름이 안 끊기는 대신 장이 안 좋아져서 설사를 자주 한다. 술 먹은 다음날은 설사를 하고 장에서 천둥치는 소리가 자주 난다. 소화기능이 떨어진 것 같다. 얼굴색이 안 좋다. 그래도 열심히 술을 마셨다. 술집에서는 분위기 맨으로 통한다. 사람들이 나와 술 마시기를 좋아한다.

화장지를 머리에 감고, 귀에 감고, 목에 두르고, 분장을 해서 분위기를 맞춘다. 나만 그렇게 감고 마시면 될 건데 술 마시는 옆 동료들에게도 분장시키기를 좋아한다. 직급이 올라가도 그런 행동을 한다.

"인제 과장도 되었고 부하직원들도 있는데 체통을 좀 지켜야 안 되냐?"고 동료 직원이 걱정스럽게 얘기한다. 맞는 말이지만 오랫동안 해온 습관이라 고쳐지지 않는다. 습관은 그만큼 무서운 것 같다.

술이 만취된 상태에서 자고 있는데 누군가 깨우는 소리에 일어났다. 일어나 보니 남의 차 안이다.

"왜 남의 차안에 자느냐?"고 어처구니없다는 표정으로 차 주인이 나를 깨웠다. 정신을 차리고 일어나 보니 남의 차 안에서 하룻밤을 보낸 것 같다. 옷은 차 옆에 있는 전봇대의 올라가기 쉽게 박아 놓은 손잡이에 바지와 상의를 걸어놓고 구두는 차의 운전석 밖에 벗어놓고 차문을 열어둔 상태로 잠을 잔 것 같다. 차가 하수구 위의 길가에 주차되어 있어서 밤새 내 몸은 모기의 밥이 되어 온 몸에 피의 흔적이 많다.

연신 굽실거리며 미안하다고 차 주인에게 사과를 하고 주섬주섬 옷을 입고 그곳을 벗어났다. 출근하는 사람들이 내 모습을 보면서 미친 사람 보듯 쳐다봤다. 어떤 사람은 걸음을 멈추고 내 모습을 관찰하는 사람도 있었다. 어렴풋이 기억해 보니 전날 술이 취해 집으로 오면서 도로가에 주차되어 있는 차 문을 차례대로 열어 본 것 같다. 하필이면 그 차의 문을 잠그지 않아서 집인줄 알고 남의 차안에서 하룻밤을 보낸 것이다.

온몸에 모기가 물려 오전 내내 가려웠다. 이런 내 모습이 싫었다. 그래도 술은 끊을 수 없었다. 맨정신으로는 상상도 못하지만 만취된 날은 이와 비슷한 일들을 수 없이 많이 겪었다. 50세가 지나자 술을 조금만 마셔도 기억이 잘나지 않는 경우가 많다. 그래도 병원에는 차마 가지 못한다. 알코올성 치매로 병원에 검사를 받는 것은 내 자존심상 허락되지 않는다. 그런 것으로 검사받는 것은 창피한 일이다.

만취된 다음 날 아침이었다. 전날 술을 많이 마셔서 머리가 몹시 아팠다. 시계를 보니 벌써 10시 20분이었다. 아내는 요가를 간 것 같다. 주전자 물을 벌컥벌컥 들이켜고 화장실로 향했다.

거울 속에 괴물 같은 한 노인이 서 있었다. 희끗희끗한 헝클어진 머리, 주름진 얼굴, 야위어진 볼, 쭈글쭈글한 목덜미, 세월에 찌든 어두운 얼굴, 내가 아니라고 고개를 흔들어 보지만 여전히 나를 쳐다보고 있다. 얼른 화장실을 도망쳐 나오듯이 나왔다.

40세 이후 얼굴은 자기의 책임이라고 했는데, 지난날을 돌이켜 보니 한심하게 살아 온 내 인생이 한없이 후회스럽다. 이제 퇴직도 얼마 남지 않았다.

술과 노화는 밀접한 관계가 있다는 연구결과가 있다. 술 마신 뒷날 얼굴 피부를 만져보면 까칠한 이유 우리 몸의 노화되는 순서 중 피부가 가장 빨리 오기 때문이다

술 먹은 다음날 머리가 쪼개질 것 같은 아픈 현상은 뇌세포가 탈수되어 뇌가 위축되었기 때문이라고 한다. 그래서 술을 마실수록 뇌의 크기가 줄어든다는 연구 결과도 있다.(불로장생 탑시크릿)

"이 놈의 술을 끊어야 되는데……."

"나의 인생의 불청객, 나의 행복한 생활을 송두리째 앗아간 술, 마귀 같은 술, 가정파괴범!"

술을 끊어야지 다짐하고 다짐했다. 바로 술을 끊을 것이라고 생각하니 아쉬웠다. 6월 말에 퇴직하는 분들이 있는데 송별회 자리에서 술을 안 마시면 분위기가 안 좋을 것 같았다. 그래서 정년퇴직 송별회하는 6월 30일 까지만 술을 마

시기로 다짐했다. 직원들에게 계속 술을 끊을 거라고 한달 전부터 기회가 있을 때마다 얘기했다. 동료들이 비웃었다. 설마 하는 눈초리다.

'결심하게 되면 혼자하지 말고 사람들에게 공개하면 지키려는 마음이 생겨서 성공할 수 있다'그래서'금주(禁酒) 선언문'을 작성해서 현관 출입문 앞에 붙였다. 그리고 사무실 책상 위에 항상 볼 수 있도록 액자를 만들었다.

'나 정인구는 2017. 6. 30.자로 술을 끊는다. 만약 내가 술을 마시게 되면 불우이웃 성금으로 1,000만 원을 기부한다. 또한 내가 술을 마시는 모습을 본 사람이나 신고하는 분에게는 1000만 원을 즉시 지급한다. 2017. 6. 30. 04:30분 정인구(인)'

술을 안 마신 날을 주간 기록부에 적고 하나씩 지워 나갔다. 습관을 들이려면 21일을 지나야 되고 습관이 세포까지 완전히 바뀌려면 66일을 지내야 된다고 한다. 술 끊은 지 30일째 되는 날이다. 1,000만 원의 돈이 없어서라도 술을 마시지 않을 것이다. 아내가 출입문 앞에 붙여놓은 것을 사진을 찍어 페이스북에 올렸다. 아는 지인들에게 전화가 온다. 페이스북의 힘을 알 수 있는 순간이다.

"무슨 일이 있느냐?" "몸이 안 좋으냐?" "갑자기 사람이 변하면 빨리 죽는다. 술을 안 마시고 무슨 재미로 살려고 그러느냐?"

걱정과 위로와 협박 아닌 협박의 전화들이다.

술을 안마신지 1달이 지났다. 몸이 변하는 것 같다. 우선 속이 편하다. 설사를 자주하던 것이 완전히 없어졌다. 회식자리에서 술을 마시지 않기 때문에 대리운전을 부를 필요가 없어졌다. 당초 목표로 했던 2017년 9월 4일이면 66일이 지났다. 인제 평생 술을 안 마실 작정이다.

술을 끊고 나니 나를 생각하는 기회가 많아졌다. 그러고 보니 평생 나 자신을 되돌아보는 시간은 단 1초도 없었다. 나를 위해 투자한 것도 없었다. '나를 사랑해 보자! 나의 내면과 얘기해 보자! 나 자신을 사랑하자!'

나를 위해 투자하기로 마음을 먹었다. 독서리더 과정도 참여하고, 독서모임도 만들고, 책도 써보고, 몸에 좋은 약도 사 먹고, 백만 원을 들여 세미나도 참석하고, 꿈을 이루는 청춘도다리 모임도 참여한다. 요즘의 생활은 너무 행복하다. 하루라도 빨리 술을 끊지 않는 것이 후회가 되지만, 지금이 가장 소중하다. 그래서 '지금(Present)을 선물(Present)'이라고 한다.

옛날 속담에 '외상이면 소도 잡아먹는다.'는 말이 있다. 현금 100만 원을 술값을 계산하라고 하면 돈이 아까운 줄 알지만 카드로 결재하면 눈에 당장 보이지 않기 때문에 결제를 쉽게 한다.

『김밥 파는 CEO』의 김승호 대표님은 내가 존경하고 닮고 싶은 인물이다. 그는 빚이 1원도 없다고 한다. 현금이 없으면 아무리 차가 노후 되어도 구입하지 않았다고 한다. 카드는 체크카드만 쓴다고 한다. 재산이 많아서 얼마인지도 모르는 CEO인데 그런 사고방식이 존경스럽지 않는가?

건강한 사회는 가정에서부터 출발한다. 모든 사회문제의 원인과 해결책은 가정에 있다. 술을 끊으면 건강한 가정을 만들 수 있다. 그 결정은 여러분의 몫이다.

요즘 식당간판을 보면 원조라는 말을 많이 쓴다. 사람들은 오래된 처음 것을 좋아하는 것 같다. 원조처럼 내가 좋아하는 단어가 있다. 모든 사람이 기본으로 돌아갔으면 좋겠다. 그래서 나는 이 말을 좋아한다.

"수신제가치국평천하(修身齊家治國平天下)"

하루 1시간 책읽기

최근 5개월 동안 42권의 책을 읽었다. 1년에 1권도 읽지 않았는데, 기적 같은 일이다.

술을 끊고 나니 책 읽을 시간이 늘어났다. 술을 안마시니 술친구들의 연락이 뜸해진다. 모임에 가는 시간이 아깝게 느껴진다. 1년에 최소한 50권의 책을 읽으라고 한다. 왜 50권인가? 책을 1권 쓸 때도 50권의 책을 참고하며, 논문 1편을 쓰는데도 50권을 참고한다고 한다. 1년에 50권의 책을 읽으려면 일주일에 1권 하루 1시간의 책 읽는 시간이 필요하다. 일주일에 1권의 책을 읽으려면 시간을 별도로 정하여 꾸준히 실천하는 것이 필요하다. 성공한 사람들은 대부분이 좋은 습관을 많이 갖고 있다고 한다. 습관은 하루 세끼 밥을 먹는 것처럼 책 읽는 것도 밥 먹듯이 습관화되어야 한다.

무엇보다도 책 읽는 시간을 우선순위로 확보하는 것이 중요하다. 회사에 출근하면 시간은 내시간이 아니다. 퇴근 후 시간도 언제 어떤 일이 일어날지 모른다. 그래서 예전보다 빨리 일어나는 방법을 택했다. 처음에는 아침 5시에 기상했다. 5시부터 6시까지 책을 읽었다. 책 읽은 시간이 1시간 확보된다. 요즘 새벽 4시에 일어나는 습관을 들이고 있다. 잘 일어나지지 않지만 계속 습관을 들이고 있다. 기상 알람소리를 듣고 우선 이불부터 갠다.

손을 번쩍 들고"야! 오늘도 한 가지 성공했다."고 외치며 하루를 시작한다. 새벽시간 4시에 일어난 것을 자축한다.

새벽의 1시간 글 읽기는 집중이 잘 된다. 내가 사는 곳은 조그마한 사찰 아래 아파트에 산다. 아내가 부동산 아주머니 소개로 어쩌다 산속까지 오게 되었다. 처음엔 너무 산속이라 아내를 원망했지만 요즘은 이 아파트가 좋다. 여름이라 새벽 4시가 되면 산새와 함께 아침잠에서 깬다.

창문을 열면 산속의 시원한 바람이 방안으로 가득히 들어온다. 심호흡을 하고 새들에게 인사를 하고 독서를 시작한다. 맑은 공기를 마시며 책 읽는 기분은 말로 표현할 수가 없다. 새들도 장단을 맞추어서 지지배배 소리를 지른다.

처음 독서를 시작할 때 하루 50P읽기를 목표로 하고 3P바인더수첩에 이번 주에 읽을 책 제목과 하루하루 읽을 분량을 기록한다.

1권을 읽고 나면 제일 뒷장에 읽은 날짜와 느끼고 깨달을 것을 적어 둔다.

좋은 책은 '1124독서법'으로 읽는다.

'1124독서법'이란 사람들은 하루 지나고 나면 70%를 잊어버린다고 한다. 그래서 1일 지나서 재독을 하고, 1주 지나서 3독, 1달 지나서 4독을 하면 우리 뇌는 안 잊어버리려고 뇌의 기억저장소에 저장한다고 한다.

책을 덮고 나면 아무것도 기억이 나지 않는다. 기억나지 않으면 책을 안 읽은 것과 같다. 좋은 책은 오래 기억하기 위하여 이 독서법으로 읽으라고 독서리더과정(독서전문가)에서 배웠다.

아침에 일찍 일어나지 못하는 사람이면 점심시간을 이용해서 독서를 하면 좋다. 내가 알고 있는 분은 시간확보를 위하여 도시락을 싸와서 식사를 하고 자투리 시간에 독서를 한다고 한다. 구내식당을 이용하면 충분히 30분의 시간을 확보할 수 있다. 30분이면 50P는 읽을 수 있는 시간이다. 독서하는 시간대를 정하여 습관화를 시키는 것이 무엇보다 중요하다.

'05~06시, 12:30~13:00, 잠자기 전 23:00~23:30분'시간대를 정해놓고 독서를 하면 자신과의 약속을 지키기 위해 쓸데없이 낭비하는 시간이 줄어든다. 어떤 때는 책을 몹시 읽고 싶을 때도 있다. 그러면 퇴근하면서 도서관으로 달려간다. 집중해서 3시간 이상 책을 볼 수 있다. 집 근처 북 카페를 정해놓는 것도 책 읽는 좋은 방법이다. 요즘은 곳곳에 북 카페가 많이 생겼다. 커피를 마시면서 책을 읽으면 집중이 잘 된다. 특히 간간히 들려오는 음악소리, 소곤대는 연인소리는 백색소음으로 오히려 집중이 잘된다. 우리 집 근처의 북 카페는 밤 12시에 문을 닫는다. 요즘 같이 더운 날에는 더위도 피하면서 책을 읽을 수 있어 일거양득이다. 날씨가 더워서 그런지 피서차 오는 분들이 많아 카페가 북적일 때는 너무 자리를 오래 차지하고 있는 것 같아 미안할 때도 있지만 이것저것 다 신경 쓰면 책을 읽을 수가 없다.

회사 출근할 때도 항상 읽을 책을 가지고 간다. 지하철 안에서도, 누굴 기다릴 때도 자투리 시간에 책을 읽으면 집중이 잘된다. 항상 책을 들고 다니는 습관을 갖는 게 중요하다. 목욕탕에 갈 때도 책을 들 고가는 사람도 있다고 한다. 약속 시간이 있는 날이면 30분 먼저 도착해서 책을 읽는다.

이렇게 점점 책을 읽는 습관을 들여간다. 책을 읽다 보면 책속에서 추천하는 책이 있다. 추천도서리스트에 책을 기록한다. 갑자기 서점에 갈 기회가 있으면 무슨 책을 살지 모를 때가 있다. 어릴 때 추천도서 리스트를 보고 책을 사면 편리하다.

요즘 중고서점도 많이 생겼다. 중고서점을 이용하면 책의 가격도 저렴하고 많이 살 경우 할인도 되며 집까지 배달도 해 준다. 미리 책을 검색해서 가면 찾는 시간을 절약할 수 있다. 책 구입 시 적극 이용해 보길 권한다.

필자는 주말이면 항상 울었다. 슬픈 일이 있어서 울은 것은 아니다. 주말이면 TV리모컨이 내 친구였다. 일요일 저녁12시까지 TV를 보니 눈이 아파서 눈물이 안 날 수가 없다. 영화와 드라마를 좋아해서 눈에 눈물이 날 정도로 TV를 많이 봤다. 요즘은 TV채널이 많아서 시간 때우기는 안성맞춤이다. 책 읽는 것에 가장 방해가 되는 것이 TV다. 그래서 TV와 쇼파를 중고시장에 팔았다. 잘 팔리지 않아서 거의 공짜가격에 팔았다. 아까운 생각도 들었지만 TV를 보는 시간으로 소중한 인생을 더 이상 낭비하고 싶지 않았다. 책읽기로 불필요한 시간들이 점점 정리가 되어 가는 기분이 든다. 거실을 서재로 만들었다. 뭐하는 짓이냐고 스스로에게 반문 해본다. 과연 이대로 사는 것이 옳은 것인지?

거실에 책장을 넣고 책상과 의자도 새로 구입했다. 은은한 거실을 LED등으로 교체했다. 5개월 동안 꾸준히 책을 구입했는데도 책장 빈 곳이 아직도 많다. 책을 한 권 채워나가니 내 머리도 움트기 시작하는 것 같다. 돌 머리에 생기를 불어넣는 작업이 재미있다.

독서고수들이 많은데 평생 책 10권도 안 읽은 사람이 이런 말 할 자격도 없는 줄 안다. 여기 쓰는 내용들은 필자의 아는 지식범위가 이것 밖에 안 되니 이해해 주길 바란다. 하지만 분명한 건 매일매일 독서시간을 확보해야 하는 것,

매일 1페이지라도 책을 읽는 습관을 들여야 되는 것, 연간목표를 정하고 책을 읽어야 하는 것만은 추천하고 싶다.

최근 연간목표 50권에서 100권으로 상향조정을 했다. 100권을 읽으려면 일주일 2권의 책을 읽어야 하는데 별 어려움이 없다. 책을 읽을수록 속도가 자동적으로 올라가는 것 같다. 책의 좋은 내용들은 인용되는 경우가 많은데 책을 읽다가 보면 중복되는 부분은 그냥 지나간다. 중요한 부분은 천천히 별 관심이 없는 부분은 빨리 읽어가니 읽는 속도가 빨라지는 것 같다.

책 100권도 읽지 않은 내가 독서모임을 개설해서 2회 차 운영 중에 있다. 피드백을 받아보니 실수투성이다. 그렇지만 스스로를 격려 한다. 어제는 울산에서 개최하는 꿈의 모임'청춘도다리 1회'모임에 참석했다. 새벽 1시20분에 부산에 도착해서 잠을 잤다. 내일 7시에 있는 독서모임에 늦을 것 같아 자명종 시계 2개를 켜두고 토요일 아침 5시 30분에 일어났다.

토요일 새벽 7시에 독서모임을 한다는 것은 내가 생각해도 기적이다. 예전 같으면 불금이라 술이 만취되어 토요일 10에나 기상했을 텐데 말이다.

연습도 많이 하지 않고 많은 걸 제공하고 싶은 욕심에 나의 말이 너무 많았던 것 같다. 회원들의 의견을 충분히 듣는 게 필요한데……

진행과정을 연습해야 되는데 연습을 하지 못해 내 스스로 생각해도 실수가 많은 것 같다. 다음부터는 좀 더 준비를 철저히 하여야 되겠다. 어제는 독서모임 회원 중 한분이 아들을 데리고 함께 왔다. 고맙고 감동적이었다. 억지로 모임에 데리고 왔다고 소개를 했다. 아들이 잘생겼다. 눈매에서 빛이 났다. 부모님이 존경스럽다.'나는 왜 이제야 독서를 시작했는가?'하는 아쉬움이 든다.

그 아들이 한없이 부러웠다. 군에 있는 아들이 제대하면 꼭 데리고 와야지

하는 생각에 마음이 더 급해진다. 나도 좀 더 젊었을 때 책읽기를 시작했더라면 하는 아쉬움이 남는다.

어릴 때부터 책 읽은 습관을 갖게 해서 모든 국민이 머릿속에 도서관을 하나씩 만들어 주었으면 좋겠다. 그러다 보면 세계 어느 민족도 우리나라를 넘보지 못할 것이다.

독서 초보자가 독서모임을 운영하고 있다. 참여하는 회원들에게 유익한지? 괜히 그분들의 시간을 빼앗는 것은 아닌지 의문이 든다. 먼저 시작한 선배 분들이 그런 걱정을 하지 말라고는 하지만 내가 부족하기 때문에 걱정이 된다.

준비하는 과정에서 나 자신이 조금씩 성장하는 것 같다. 저자에 대해 연구하기도 하고 저자의 동영상을 검색해서 알아보기도 하고, 목차를 만들어 회원들에게 제공하고, 바인더를 만들어 양식을 출력 제공 하는 과정에서 나도 모르게 하나씩 배워나간다.

여건이 허락하든지 안하던지 누가 욕을 하던지 계속해서 독서모임을 운영할 예정이다. 다른 독서모임에 가서 진행하는 방법도 많이 배우고 싶다. 이 모임을 통해 책을 읽지 않는 한 사람이라도 그 삶이 변화된다면 그것보다 보람찬 일을 없다고 생각한다. 그것만으로 충분하다. 자꾸만 독서모임 시간을 변경하고 싶은 생각이 들기도 한다. 토요일 아침 7시에 독서모임에 참여한다는 것은 여간 힘든 일이 아니다. 우리 집에서 40분 거리다. 하지만 남들에게 도움이 될 수 있다면 이쯤의 불편은 계속 감수하겠다.

모임을 토요일 낮이나 밤에 하면 독서모임으로 많은 일정을 포기하는 경우도 생길 수 있지만 토요일 아침 7시 부터하면 독서모임하고 다른 볼일을 볼 수 있으니 시간활용에 더 유익하리라 생각된다.

직원들에게 시간이 있을 때마다 기회가 있을 때마다 책 읽는 이야기를 많이 한다. 직원들이 독서의 중요성을 느끼고 온 가정이 책 읽는 가정이 되길 바란다. 그러다 보면 자동적으로 가족 간의 대화의 길이 열린다. 독서하고 난 후 아내와 대화가 살아나고 소원했던 관계도 가깝게 되었다.

함께 북카페에 가서 책 읽는 즐거움도 있다. 내 주변에 가족독서모임을 하는 분들도 있다. 그분들의 이야기를 들어보면 냉랭하던 가족관계가 두터워졌다고 한다. 애들이 논리적으로 말하는 것을 느낄 수 있고 성적도 전보다 좋아졌다고 한다.

자신의 의견을 엄마, 아빠에게 논리적으로 이야기하다가 보면 학교나 사회에서 얼마든지 자신의 얘기를 논리적으로 얘기할 수 있을 거다. 별도로 논술공부를 할 필요도 없다. 독서를 하게 되면 국어 성적이 월등히 올라간다고 한다. 특히 요즘의 각종 시험을 보면 지문이 길어서 문장을 이해 못해서 문제를 못 푸는 경우가 많다고 한다. 독서를 하게 되면 긴 문장의 핵심을 파악하는 능력이 길러진다고 하니 아이들에게도 책읽기는 습관을 길러 주도록 부모님이 함께 책을 읽으면 좋겠다. 혼자서 하면 실패하기 쉽기 때문에 꼭 독서모임에 참석해 보길 권한다.

옛날 책을 '오래된 미래'라고 말한다. 비록 500년 전의 책이라도 인간의 생각과 사고는 비슷하다. 책 속에는 내가 살아보지 않는 미래가 담겨져 있다. 억지로라도 시간을 만들어 책 읽는 습관을 만들면 좋겠다.

인생의 등댓불
책 쓰기

평소 책도 안 읽고 더구나 쓰는 것을 싫어하는 내가 책을 쓴다는 것은 기적이다. 지금 이 순간에도 책 쓰는 것에 자신감이 없어진다. 독자들에게 욕먹지나 않을까 하는 생각이 앞선다. 책을 많이 읽고 글을 써야 문장도 매끄럽고 독자들에게 감동도 줄 것이고 삶에 지침서가 되어 두고두고 읽혀질 것이다. 나는 이렇게 생각하기로 했다. '단 한 사람이라도 내 글을 읽고 삶이 변하면 된다.'

글을 쓰게 된 동기를 얘기하려고 한다. 2017. 5. 5~ 5. 7일간 충북 제천에서 '단무지MT' 행사가 있었다. '단무지'란 뜻은 단순, 무식, 지속이란 뜻으로 2박 3일 말 그대로 합숙을 하면서 단순, 무식, 지속적으로 책을 읽는 모임이다. 올해가 8회째다. 가족과 함께 오기도 하고 연인과 함께 오기도하며, 부모님을 모셔오기도 한다. 전국에 있는 독서모임이 단체로 오기도 했다.

아내와 함께 여행을 하자며 아내를 설득하여 행사에 참석했다. 난생처음 그렇게 집중해서 책을 읽어 본 적이 없다. 인근 청풍호에 번지점프 하는 곳이 있었다. 창원에서 3가족들과 함께 온 일행들을 만났다. 알고 보니 독서기본과정 부산 1회 때 만난 분들이었다. 독서모임 중간에 함께 번지를 체험하자고 했다. 난생 처음 번지점프를 하는 것이어서 두렵기도 했다. 번지점프 장소로 가는 도중, 한 사람이 책을 써보라고 했다. 책쓰기 수업을 소개해줬고, 아내와 같이 시작하기로 했다. 번지점프를 하면서 '책 쓰기'를 외치며 뛰어내렸다. 책쓰기를 하기로 결정을 해놓고도 '나 같은 사람이 무슨 책을 쓰냐고? 말도 안 되는 소리다.'라는 생각이 들었다. 내 앞에 여중생 2명이 보기 좋게 번지점프를 했다. 두려움이 싹 가신다. 남자 체면이 있지 여중생도 뛰어 내리는데, 갑자기 두려움이 없어진다. 나는 책 쓰기보다 술이 끊고 싶었다.

"꼭 이루고자 하는 일이 있다면 술을 끊는 것이다." 그래서 "인구는 술을 끊는다!"라고 외치며 힘차게 창공에 몸을 싫었다. 한 마리 새처럼 멋지게 뛰어 내리고 싶었지만 뛰어내리자마자 정신없이 떨어졌다. 나도 모르게 "인구는 술을 끊는다!"를 외쳤다. 청평호의 멋진 풍광이 이제야 눈앞에 펼쳐졌다. 무섭지만 짜릿한 경험을 한 순간이었다. 함께 번지점프 한 사람들과 기념촬영을 했다.

독서기본 과정 때 보고 2번째 보는 사람들이지만 금방 친해졌다. 자기계발을 위해 노력하는 사람들은 만나면 인상이 밝다. 그리고 금방 친해진다. 모두들 긍정의 에너지가 넘친다. 참석한 사람들 중 내 나이가 제일 많았다. 책을 쓰면서 '진작 할 걸'이라는 단어가 많이 쓰인 것 같은데 나 처럼 어떤 일이든 좀 더 젊을 때 미루지 말고 바로 바로 실행했으면 좋겠다.

나쁜 일이 아니라면 일단 먼저 저지르고 생각하면 된다. 번지점프를 성공해서 그런지 모두들 표정이 밝다. 청풍호를 배경으로 찍은 사진이 참 잘 나와서 바탕화면 배경으로 만들었다.

창원에서 오신 분은 나보고 뛰어내리며 '책 쓰기'라고 외쳤냐고 묻는다. 귀찮을 정도로 책을 쓰라고 권유를 한다. 나는 '술을 끊겠다' 고 외치며 번지점프를 했다고 하니 실망의 눈초리다. 워낙 간절히 권유를 해서 책을 몇 권 읽지도 않은 사람이 책을 어떻게 쓰느냐고 물었다. 자기들도 얼마 전부터 창원에서 책 쓰기 과정 수료를 했는데 지금 책을 쓰고 있다고 꼭 써보라고 권한다.

단무지 행사를 마치고 얼마 되지 않아 그분한테서 또 연락이 왔다. 부산 4차 책 쓰기 강의가 있으니 꼭 수강하라고 한다. 지금 '독서리더과정' 과정을 하고 있는데 책 쓰기 까지 하면 힘들 것 같다. 아내와 의논을 했다. 이왕 하는 것 한꺼번에 다 끝내자고 한다. 아내는 한번 결정한 일을 바로 하는 성격이라 편하다. 특히, 결정을 못해 망설일 때는 의논하면 금방 해결책이 나온다. 급한 결정으로 때로는 후회할 때도 있지만 큰 문제는 되지 않는다.

얼마 전부터 '약속시간보다 30분 먼저 도착하기'를 실천하고 있다. 그래서 집에서 좀 빨리 출발했다. 일요일이라 거리가 한산하다. 지난 밤 술 취하여 곳곳에 버려진 커피잔과 술병들의 틈을 지나 강의장에 도착했다.

'자이언트스쿨, 작가수업의 이은대 강사님'이 먼저 도착해서 준비하고 있었다. 인사를 나누었다. 첫 인상이 글 쓰는 사람 같지 않았다. 사람은 외모를 보고 판단해서는 안 된다. 시간이 지나자 수강생이 한두 명 모여들었고 15명 정도가 참석했다. 강의가 시작되었다. 강사는 대기업 다니다가 퇴직하여 사업체를 운영하다가 실패를 했다고 한다. 자살을 몇 번 시도했으나 죽지 못했다고 한다. 마음을 잡고 다시 살기로 마음을 먹었으나 빚쟁이들의 독촉과 폭행 등을 견디기 힘들어서 다시 자살하려고 소주와 새우깡을 사서 차를 몰고 고속도로로 나갔단다. 비가 유난히 많이 왔는데 핸들만 틀면 자살 가능한 상황이었는데 가만히 차 앞을 보니 자살할 놈이 안주로 새우깡을 사 왔더란다.

"아직 살 마음이 있구나." 다시 생각을 고쳐먹고 죗값을 치르기로 마음을 먹었단다. 결국 경제사범이 되어 교도소 생활을 했고, 교도소에서 할 일이 없어 비치되어 있는 책 600여 권 모두 읽었단다. 그리고 배포 되는 교정노트에 매일 글을 미친 듯이 썼다고 한다. 그러다가 작가의 길을 걷게 되었단다. 글을 쓸 때는 가슴이 벅차오른다고 한다. 글을 쓰면서 삶의 의욕이 생기고 인생이 바뀌었다고 했다. 진솔하고 열정적인 강의에 매료되었다.

"전과자이며 암환자이다." 고 자신을 소개하며 책 쓰는 것이 얼마나 삶을 풍요롭게 하는지 모른다며 책을 써야 하는 이유를 온몸으로 설명을 했다. 책이 출간될 때 까지 끝까지 책임을 지겠다고 한다.

왠지 저 사람이라면 믿어도 되겠다는 생각이 들었다. 마음 한구석에서는 전과자인데 믿어도 될까 하는 의심이 없는 건 아니다. 하지만 왠지 책을 쓰지 않으면 안 되겠다는 생각이 들었다. 무엇보다도 마음에 와 닿는 것은 아무런 준비가 되어 있지 않는 나 같은 사람도 그냥 글을 쓰면 된다는 말에 용기가 났다. 글 쓸 주제는 얼마든지 있다고 한다. 삶을 30년 넘게 살아온 사람이라면 자신의 삶 그 자체가 글이 된다고 한다. 단지 표현을 하지 않은 것뿐이라고……

어릴 때 어른들에게서 이런 말을 자주 들었다. "내가 살아온 걸 글로 쓰면 한 트럭은 될 거다."그 말에 공감이 갔다. 글을 쓰는 지금도 졸필이어서 중도에 포기할까 많이 망설여진다.

이렇게 나의 글쓰기가 시작이 되었다. 매일 글쓰기를 하라고 한다. 한 줄이라도 좋으니 무조건 매일 쓰라고 한다. 쓸 얘기가 없으면 하루 일과를 초 단위로 써 보라고도 한다. 아무 얘기도 좋으니 하나도 숨김없이 마음에 있는 그대로의 글을 적으라고 한다. 억지로 시간을 내어 글을 적었다.

글을 적는 다는 것이 이렇게 힘든 줄을 몰랐다. 뭘 써야 될지 몰라서 컴퓨터 앞에 앉아 깜빡 깜빡이는 커서만 바라보고 30분 넘게 멍하니 있는 경우도 많다. 컴퓨터가 뭐 하느냐고 나무란다.

글 쓰는 동안 마음이 치유되는 것 같다. 지나 온 세월을 뒤돌아보는 기회가 된다. 용서하지 못할 것 같은 사람도 용서하게 되고 잘못 살아온 데 대한 후회로 가슴을 쥐어짜기도 한다. 마음속에 있는 쓴 뿌리가 제거되는 것 같다. 마음이 넓어지고, 삶에 대한 희망이 생긴다. 자식 학비를 위해 산나물을 꺾어서 손이 부르튼 부모님을 생각하고, 어린 자식들을 잘못 양육한데 대한 미안함에 눈물이 나서 글을 쓸 수가 없을 때도 있다.

아내도 글을 쓰고 있다. 글을 쓰다가 아내가 갑자기 무서운 얼굴로 나를 쨰려본다. 왜 그라냐고 물으니 "지금 당신 욕하는 글을 쓰고 있다."고 한다.

내가 생각해봐도 지나온 세월 동안 아내에게 잘못한 게 이렇게 많이 생각나는데 아내는 오죽하겠는가? 마음껏 책속에 쏟아 붓고 용서해 주기를 바랄 뿐이다. 그래도 잘 못한 것을 너무 많이 안 적었으면 좋겠다. 내가 가정에 충실한 착한 사람이라고 믿는 사람들도 있는데…….

하루에 사람이 생각하는 것은 몇 가지나 될까? 5만 가지가 된다고 한다. 그만큼 마음이 수시로 변한다. 5만 가지나 되는 생각을 글로 적는다면 얼마나 많은 글들이 나올까? 글쓰기 습관을 들이기 위하여 아내는 블로그에 푹 빠져 있다. 식사 때나 외출할 때 수시로 사진을 찍는다. 새벽 일찍 일어나서 블로그 작업을 1시간 정도 한다. 블로그에 글을 올리니 글 쓰는 실력이 좋아지는 것 같다고 한다. 책 쓰기 강사님이 글쓰기가 늘려고 하면 매일 일기를 써 보라고 한다. 그리고 칼럼을 매일 읽고, 필사해 보라고 한다. 글쓰기를 위해 칼럼을 읽고, 감사 일기를 쓰고 있다. 글 쓰는 실력이 금방 좋아지지는 않겠지만 조금씩 발전할 것이라고 생각한다.

글쓰기는 좋은 습관이다. 좋은 습관이 내 삶이 될 수 있도록 책 쓰는 일과 책 읽는 일을 계속 하려고 한다. 책을 쓰면서 많은 사람들을 알아간다. 책 쓰기 부산 4차 모임을 했다. 출간계약을 한 2분이 오셔서 그동안의 어려운 점이나 노하우를 알려 주었다. 슬럼프에 빠져 있던 나에게 용기를 주었다.

무슨 일을 하던 혼자 하는 것 보다 함께 하는 것이 좋다. 어려울 때 서로의지하고 격려하고 용기를 북돋아 줄 수 있다면 당면한 과제를 완수할 수 있는 용기를 얻게 된다. 항상 우물 안 개구리처럼 직장사람들만 만났는데 다양한 분야의 분들과 만나니 내 생각이 얼마나 좁은지도 알 수 있다. 특히 젊은 분들의 생각들을 조금 이해할 수 있고 그분들에게 배울 수 있을게 많아서 좋다. 늙어가는 내가 더 젊어지는 것 같다.

스마트폰에 빠져서 책도 읽지 않는 젊은이들이 많이 있다. 그런데 글쓰기를하고 독서모임에 참여하는 젊은 친구들을 보면 괜히 고마운 생각이 든다. 예전의 나와 비교되기 때문이다. 그런 젊은이들의 앞날은 보지 않아도 좋을 거라는생각이 든다.

4차 산업시대는 창의, 창조, 아이디어로 승부가 판가름 난다고 한다. 창의력이나 아이디어가 나오려면 책을 읽지 않고는 불가능하다. 책을 읽고 쓰는 사람이 4차 산업시대의 주인공이 될 것이라고 확신한다. 아내가 원고를 출판사에제출했는데 출간을 하자고 연락이 왔다며 좋아한다. 똑같이 시작했는데 아직도 나는 쓰고 있다.

스마트폰에 의존하면 생각의 뇌, 전두엽이 발전되지 않는다고 한다. 요즘 젊은 애들은 생각하기를 싫어한다. 생각뇌가 발전 하지 않기 때문이다. 책을 써보면 자꾸 생각하게 되며 손가락을 이용한다. 손에는 뇌의 30%가 있다고 한다. 과학이 발달해도 고칠 수 없는 치매예방에도 도움이 될 듯하다.

나는 오늘도 책을 읽고 글쓰기를 한다.

제5장
한번뿐인 인생

휩쓸려 살지 마라

TV프로 '동물의 왕국'을 보면서 교훈을 얻을 때가 많다. 치타는 사냥감을 정하면 전속력으로 사냥감만 보고 달린다. 다른 먹잇감에는 관심이 없다. 오직 목표로 정한 것만 향하여 죽을힘을 다해 달린다. 그러기 때문에 사냥감을 놓치는 일이 거의 없다고 한다.

마라톤을 할 때도 마찬가지이다. 10km, 하프, 풀코스의 목표가 정해지면, 목표를 향하여 온 힘을 다해 달린다. 힘들고 지치고 죽을 것 같지만, 땀을 닦고 물로 목을 적시다 보면 어느 순간 발이 자동으로 움직이는 것을 느낀다. 인생을 마라톤에 비교하기도 한다. 아무리 힘들고 어려워도 우리의 삶은 마감하는 순간까지 가야 한다.

나의 인생은 망망대해에 돛단배처럼 바람이 부는 대로 파도가 치는 대로 휩쓸리며 남들이 하자는 대로 하며 살아 왔다. 하는 일이 내 마음에 들지 않는다고 해도 상대방이 기분을 살피며 내 마음과는 상관없이 착하게 살아 왔다. 말 그대로 '좋은 사람'으로 위장하며 살아온 것 같다. 열심히 일은 했지만 내 세울 만한 결과는 없다. 아침부터 늦게까지 누구 못지않게 열심히 일해 왔다.

어릴 때 어머니는 '착한 사람이 되어야 한다.'고 말씀하셨다. 어머니에게 남들에게 착하게 보이려고 애를 쓰면서 살아 온 것 같다. 힘들어도 내색하지 않는다.

착한 사람으로 스스로 인식하여 누구의 부탁도 거절 못하고 인정받기를 좋아한 것 같다. 기왕에 들어주기로 한 부탁이면 즐겁게 해 주어야 되는데 겉으로 드러나진 않았지만 일을 하면서도 마음은 좋지 않았다. 나의 부족함을 감추려고 즐거운 척 한다.

술자리에서도 마찬가지이다. 분위기를 위하여 술 먹는 도중에 밖에 나가 온 동네를 뒤져서라도 양초를 사와서 예쁘게 촛불을 켜서 술을 마시기도 한다. 머리에 화장지를 두르고 화장지로 온 몸을 치장하여 무당처럼 만들어 술자리 분위기를 살리며 남들을 기쁘게 해 주려고 애를 쓴다. 사람들은 나와 술 마시기를 좋아한다. 남들이 하자는 것은 되도록 같이 하는 편이어서 나의 바람대로 직장에서 '좋은 사람'으로 통했다.

아내가 언젠가 말했다.

"이혼하려고 해도 내가 욕 얻어 먹을까봐서 못한다."

이혼하면 남편 잘못이 아니라 자기가 잘못해서 이혼하는 거라고 오해를 받기 싫어서 이혼을 못하겠다는 것이다. 가정은 소홀히 하고 직장에서는 마음 좋은 사람으로 통하니 당연히 오해를 받을 수 있다.

직장에서 토요일 1박 2일 가자고 하면 무조건 'OK'다. 아내의 동의도 받지 않는다. 유일하게 토, 일요일만 아이와 함께 할 수 있는 시간인데 산으로 바다로 다녔다. 가정이 편안할 날이 없다. 개념 없는 삶을 살아왔다.

제사가 있는 날에도 회사동료들이 술 한 잔 하자고 하면 '제사라고 안 된다고 하면 되는데 거절할 수가 없어서 또 따라 나선다.' 오늘 제사이니 딱 한 잔만 마시고 가자'고 마음을 먹는다. 아내는 왜 안 오냐며 전화벨이 불이 난다. 곧 간다고는 말을 하고 2차, 3차로 이어진다. 아내의 화난 얼굴을 생각하면 빨리 일어나야 되는데 일어나야 하는데 늦게까지 자리를 지킨다. 우리 집은 요즘은 제사를 조금 일찍 지내는데 예전에는 밤 12시에 맞춰서 지냈다. 시간에 겨우 맞추어 도착해서 혼난 적이 한두 번이 아니다. 아내는 속이 터져 인상이 좋지 않다. 집에 오면서 한마디 한다.

"다음부터는 제사 모시러 나도 안 올 거다. 자기 집은 자기가 알아서 모셔라."

아내는 일찌감치 회사를 조퇴하고 먼저 가서 음식준비를 하는데 남편이라는 사람은 전화도 안 되고 제사 직전에 술이 취해 도착하니 아무리 성인군자라 해도 화나는 것은 당연하다.

제사를 모시고 집에 오면 새벽 2, 3시다. 제사가 겨울철에 있어서 추위에 떨고 집에 오면 녹초가 된다. 또 다음 날 출근해야 되는데 얼마나 힘들겠는가? 두 아들까지 챙겨야 되니 그 마음이 오죽했겠는가? 거절 못하는 내 성격, 착한사람으로 보이려는 내 위선, 목적 없이 삶을 살아가는 내 모습이다.

추석이 가까워 오면 우편물이 폭주한다. 주말에는 배달부서가 아닌 직원들도 배달지원을 간다.

주로 아파트 지역으로 온 우편물을 조를 짜서 나누어 배달지원을 하게 된다. 집배원이 감당하기에는 배달물량이 많다. 배달지원은 오전에 마친다. 마치고 나면 우체국장님이 지원 온 사람들에게 점심을 사주셨다. 점심과 함께 술판이 벌어졌다.

"대낮에 술이 취하면 지 애미, 애비도 몰라본다."는 말이 있다.

점심과 함께 술판이 벌어지면, 2차, 3차까지 가서 정신이 혼미하도록 마셔야 끝이 난다.

다음날이 추석 전날이어서 추석을 지내러 가기 위하여 준비하고 있는 아내 화난 얼굴이 눈앞에 어른거린다. 애써 잊으려 한다. 술 분위기에 나올 수가 없다. 새벽녘에 집에 도착하자 아내는 화가 날대로 나 있다.

"전화기는 폼으로 갖고 다니느냐?" "전화 안 받으려면 전화기를 갖다 버려라." "같이 추석 지내러 못 가겠으니 혼자 가라." 며 노발대발이다. 왜 그랬을까? 이럴 줄 알면서도, 매번 이미 엎질러진 물이다. 죽을 맛이다. 점심만 먹고 집에 올 것을 왜 거절하지 못하고 또 끝까지 따라 갔는지, 한없이 자신이 미워진다. 잠이 쏟아지지만 아내와 다투다가 잠을 자는 둥 마는 둥 지친 몸을 이끌고 추석을 지내기 위해 아이들을 데리고 큰집으로 간다.

누군가가 내게 부탁을 해오면 '아니오'를 1000번쯤 한 후에 '예'라고 대답해야 한다고 했다. 하지만 나는 귀가 얇다. 주임시절 회사 앞 부동산 아주머니가 해운대 아파트 분양하는데 돈 벌수 있는 기회라고 나를 설득한다. 아파트를 분양받아 전매를 하면 이익을 남길 수 있다고 한다.

'정주임한테만 알려주는 것'이라고 인심 쓰듯 말을 했다.

그 당시 부산에서 가장 비싼 '해운대 대우마리나 아파트'를 분양 받았다. 국민은행에 퇴직금의 몇 배나 되는 돈을 빌렸다. 경력도 없고 최하위 공무원이라 은행에서 큰돈을 빌릴 수가 없었다. 그 당시 재무부에 다니는 지인을 알았는데 은행에 전화를 해 두었으니 가면 된다고 했다. 은행에 가서 지인이 소개한 사람을 찾아 갔다. 반갑게 맞이해 준다. 대출을 했다. 분양을 받자마자 전매를 할 생각이었다. 분양계약을 하자 어떻게 알았는지 전매를 하라고 많은 곳에서 연락이 왔다.

500만 원에서 1,000만 원을 제시한다. 그 당시는 꽤 큰돈이었다. 전매하려고 하는데 그때 대대적인 전매단속을 했다. 구청 공무원이 전매하다가 적발되었다고 신문지상에 떠돌고 있었다. 전매를 포기했는데 IMF가 왔다. 10년 동안 비싼 은행이자를 꼬박꼬박 물다가, 분양가격으로 아파트를 팔았다.

지금은 아파트 값이 상상도 못할 만큼 올랐다. 한 번씩 해운대를 들를 때 마다 아파트를 보면 아쉬움이 남는다. 6년 전에도 이와 비슷한 일이 있었다. 또 손해를 보고 팔았다.

삶을 사는데 고민을 해보지 않고, 남들에게 휩쓸려 그럭저럭 살아 온 직장생활이 벌써 55세가 되었다. 지금까지 아무런 목적 없는 삶을 살았다.

목적이 없으면 우선순위가 없게 되고 남들이 하자면 하자는 대로 가자면 가자는 대로 살게 된다.

삶의 목적은 컴컴한 밤하늘에서 비행기가 착륙할 때 보이는 활주로 등불처럼 우리의 인생길을 벗어나지 않게 하는 강력한 접착제 같은 역할을 한다. 활주로에 착륙하는 기장처럼 모든 신경을 집중하여 우선순위에 따라 하나씩 하나씩 조정 장치를 조정하는 것과 같다.

오늘도 새소리와 함께 자리에 일어났다. 새벽 4시 30분! 알람은 4시에 초점을 맞추었는데 30분 늦게 일어났다. 이불을 개고 만세를 부른다. 작은 일부터 한 가지 성취했다. 침대라 이불을 개지 않아도 되는데 나는 이불을 갠다. 그대로 두면 또 자게 된다. 잠의 유혹을 뿌리치는 가장 빠른 방법이고, 하루 중 첫 번째 성취다. 세수를 하고 거울을 본다. 거울을 보면서 '나는 긍정이 사람이다.' '나는 모든 사람을 사랑한다.' '나는 멋진 리더다.' 라고 자기 암시를 한다. 무엇보다도 중요한 것은 '나는 지금 어디에 있는가?' 삶의 목적대로 제대로 가고 있는가?를 생각하면서 마음을 가다듬는다.

긍정적 암시는 거울을 볼 때 마다 수시로 습관화 하려고 노력한다. 누군가 길을 물을 때면 그가 있는 위치를 먼저 물어 본다. 그래야 길을 찾아오는 방법을 가르쳐 줄 수 있다.

삶의 목적이 있으면 말과 행동과 습관이 바뀐다. 만나는 사람도, 생활환경도 바뀌게 된다. 이리저리 휩쓸려 살지 않고 푯대를 향하여 앞으로 나아갈 수 있다.

목적 없는 삶은 결코 행복해 질 수 없다. 목적의식 없이 삶을 살아왔다면 실망할 필요가 없다. 축구에서 전반전 끝나고 하프타임이 있는 것은 전반전을 망쳐도 회복할 수 있는 기회를 주기 위함이다. 지금 당장 인생의 후반전을 준비하자! 그리고 독수리 같은 눈빛으로 운동장을 힘차게 뛰어 나가자!

1분 1초를 아껴라

지금 내가 겪고 있는 불행은 언젠가 내가 잘못 보낸 시간의 결과다.
_나폴레옹

삶에 대한 목적의식을 가졌다면 이제는 시간 관리이다. 성공한 사람들은 누구나 시간 관리의 달인들이다. 고인이 된 정주영 명예회장은 새벽 3시에 기상하여 "왜 아침 해가 빨리 안 뜨냐?" 고 불만을 말할 정도였다고 한다. 새벽 일찍 일어나는 것은 그날 할 일이 즐거워서 기대와 흥분으로 마음이 설레기 때문이며 소학교 때 소풍가는 날 아침, 가슴이 설레는 것과 똑같다.

토마스 제퍼슨은 '태양은 나를 침대에서 본 적이 없다.' 벤자민 플랭클린은 '삶을 사랑하는가? 그렇다면 시간을 낭비하지 말라, 삶이란 바로 시간으로 이루어져 있기 때문이다.' 라고 했다.

아침에 일어나면 매일 시간 통장에 86,400초가 입금된다. 부자든지 가난한 사람이든지 젊은 사람이든지 늙은 사람이든지 남자든지 여자든지 누구에게 공평하게 입금이 된다. 오늘의 시간을 남길 수도 없고 내일의 시간을 당겨쓸 수도 없다. 쓰기 않으면 사라져버린다.

필자가 근무하는 우체국은 우편, 택배, 예금, 보험 등으로 세입을 창출해서 직원들에게 봉급을 지급한다. 하지만 IT의 발달로 인하여 우편물이 매년 2억 통 이상 줄어들고 있다. 최근에는 인터넷 은행인 'K뱅크'가 문을 열었고, '카카오뱅크'는 문을 연지 5일 만에 100만 명이 가입했다고 한다. 또한 택배는 민간업체와의 경쟁에서 이길 수가 없다. 가격을 낮게 책정하여 우체국과 거래하는 업체를 공략하는 마케팅으로 많은 다량발송 택배업체들이 민간업체로 이동하고 있다. 우체국이 앞으로 얼마나 존속할 수 있을지 아무도 장담할 수 없다. 공무원으로서 수익성과 보편적 서비스를 제공해야 하는 두 갈래 길에서 어느 것 하나 소홀히 할 수 없지만 수익이 되지 않는 우체국은 계속해서 폐국이 되거나 통폐합이 된다. 우편물 감소는 세계적인 추세이니 어쩔 수 없는 현실이다.

정년이 얼마 남지 않은 지금 후배들을 보면 걱정이 앞선다. 공무원으로서 언제까지 존속할지 의문이 들기 때문이다. 본부에서 알뜰폰 판매, 준등기, 당일특급, 보험, 예금 등 전 분야에 걸쳐 경영개선을 위하여 많은 시도를 한다. 하지만 급속하게 변화하는 환경에 따라가지 못한다. 기존의 시스템으로는 불가능하다. 위에서 아무리 끌고 갈려고 해도 하부조직에서는 움직이려 하지 않는다.

"정년이 보장되는 공무원인데 자르기야 하겠어?" "위에서 알아서 하겠지?" "설마 조직이 망하기야 하겠어?" 불만을 토로한다. 우물 안 개구리처럼 현실에 안주한다. 현재의 상황으로는 미래가 불투명하다. 한 단계 도약하던지 주저 않던지 기로에 서 있다. 앞으로는 지속적으로 업무를 아웃소싱하고 구조조정을 할 것이다. 선진외국의 우정사업을 보면 그 답을 알 수 있다.

우체국의 주 수입원인 통상우편물은 매년 수억통씩 감소하는데 급변하는 환경에 적응하려면 어쩔 수 없다. 민간택배사의 2배의 비용을 지불하고 배달하기에는 경영환경이 너무나 좋지 않다. 조직에 남아 있든지, 제2의 직업을 준비하든지, 끊임없이 자신의 가치를 높이기 위해 노력해야 한다. 지금 당장 회사에서 나가면 뭘 해야 될지 생각해 보기 바란다.

하얀 백지 명함에 단 세 글자 이름 밖에 없다. 가뜩이나 취업이 어려운데 나를 받아줄 곳을 찾기가 힘들다. 심도 있게 자기 자신을 되돌아보는 시간을 갖는 게 필요하다. 필자가 아는 지인은 공사에 다니는 50대 초반인데 매일 아침에 출근하면 '명예퇴직 신청서 1장'이 책상에 놓여 있다고 하소연한다.

퇴근하면서 쓰레기통에 버렸는데 다음 날 출근하면 어김없이 또 있다. 자기 동료들 절반이 명예퇴직 신청을 했다고 한다. 자신도 망설이고 있는데 밖에 나가봐야 아무런 대책이 없다. 아이들은 고2, 대학 1학년이 있는데 어떻게 키울지 앞이 막막하다고 한다.

시간의 속도를 연령별로 말하곤 한다. 10대는 시속 10Km, 20대는 20Km, 50대는 50Km……. 나이가 들어가면 갈수록 시간이 빨리 가는 것 같다. 나이가 들어가면서 시간의 소중함을 알아가기 때문인 것 같다. 현재 이 시간이 인생의 가장 젊은 날이다. 그리고 죽음을 향하여 시계 초침은 계속 움직이고 있다.

초등학교 시절 방학 때가 되면 도화지에 시계를 그리고 시간계획표를 만들어 방학을 보내기로 다짐하지만 작심 3일로 끝나고 한 번도 시간표대로 된 적이 없다. 시간 관리의 방법을 모르며 아무도 가르쳐 주지 않기 때문이다.

'1분 1초를 아껴야 한다.' 80세 까지 삶을 산다고 해도 결국은 1초들이 모여 하루(86 400초)가 되고 하루가 모여서 한 달이 되고 1년, 2년, 80년이 된다. 신이 정해놓은 시간의 법칙을 어느 누구도 거슬릴 수 없다. 중국의 진시황은 만리장성을 쌓는 등 무소불위의 권력을 가졌었지만 시간 앞에서는 어쩔 수 없었다. 불로불사를 위하여 기도를 하고 불사를 위한 온갖 약을 먹었다. 불로불사의 약으로 수은을 먹고 생명을 단축시키는 결과를 초래하기도 했다. 늙지 않기 위한 수많은 시도에도 불구하고 결국 시간의 흐름을 잡을 수는 없었다.

우리는 시간을 관리하는 방법을 알아야 한다. 시간을 관리하는 법을 어릴 때부터 가르쳐야 한다. 수많은 학원이 있지만 시간 관리하는 법을 가르치는 학원은 없는 것 같다. 우리나라 사람들이 하버드대학에 입학하고 나면 중도에 하차하는 사람들이 많다고 한다.

하버드 대학은 어떻게 시간관리를 하느냐에 따라 성패가 좌우된다고 한다. 학기 과목 신청에서부터 리포트 제출 등 시간을 철저하게 관리하지 않으면 따라 갈 수 없다. 우리나라 학생들은 삶의 목표가 '하버드대학 입학'까지다. 우리나라 학생은 입학이라는 목표가 도달되었기 때문에 다음에는 뭘 해야 될지 모른다. 중도에 하차할 수밖에 없다. 시간을 관리하지 않아도 평소대로 잘 살아왔는데 시간을 타이트하게 정하면 속박당하는 것 아니냐고 반문할 지도 모른다. 시간관리가 제대로 안 되면 오히려 시간에 종속되어 삶이 힘들어진다. 시간에 종속된 삶이 아닌 시간을 다스려야 한다.

필자는 시간관리, 지식관리, 독서경영 등 삶을 균형 있게 살아가는 방법을 가르쳐 주는 '3P바인더프로과정'을 들었다. 매일의 시간을 기록하며 견적을 내고 그대로 실행한다. 매일아침 4시면 기상을 한다. 아침 명상'QT(Quiet Time)' 시간으로 영혼을 맑게 한다. 그리고 하루 일정을 체크한다. 책을 읽고 책을 쓴다. 시작한지 불과 4개월이 채 되지 않았지만 좀 더 젊었을 때 시작하지 않은 것이 항상 후회가 된다. 아침시간은 낮 시간의 3배의 효율이 있다고 한다. 아침 4시~6시간(3시간)은 낮의 9시간에 해당하는 효과가 있다고 한다. 그 시간대는 신들과 이야기 하는 시간이라고 한다. 목사님이 새벽기도를 하고, 새벽 4시면 우리 집 뒤 사찰에서는 새벽을 깨우는 종소리가 들린다. 새벽에 기도하면 잘 이루어진다고 한다. 산만하지도 않고 모든 정신이 집중된다.

'오늘 좋은 일이 일어날 것 같다.'아침에 눈을 뜰 수 있음에 감사한다. 거울을 보고 웃는 연습을 한다. 최불암 웃음방법으로 바보처럼 웃는다. 왠지 기분이 좋아진다. 삶의 목표에 대하여 다시 한 번 생각하고 되뇌어 본다.

아침 7시30분에 출근을 한다. 출근시간을 30분만 앞당겨도 교통체증을 막을 수 있다. 그 만큼 시간이 절약된다. 그리고 하루 시간이 기록된 바인더를 책상 위에 놓고 우선순위에 따라 그날 일들을 처리한다. 헛된 시간이 줄어들고 여유가 생긴다. 여유 있는 시간에는 자기계발을 위한 각종 세미나에 참석한다.

예전에는 공무원으로 퇴직하면 연금으로 생활을 할 수 있었다. 평균 수명이 70세 안팎이어서 10여년만 연금을 받았다. 그러나 수명이 길어졌다. 우리나라는 곧 초고령사회로 진입한다. 평균수명이 80세라 해도 20년을 연금으로 생활해야 한다. 공무원 연금이 고갈되어 가고 있어 평생 동안 연금만 가지고 생활하기에는 부족하다고 전문가들은 말한다. 그러기에 항상 제 2의 인생을 위하여 준비하는 삶을 살아야 한다.

10년의 법칙이란 말이 있다. 앞으로 죽었다 생각하고 10년간만 자신의 가치를 높이는데 투자해 보길 바란다. 뭘 해야 될지 모르겠거든 책을 100권만 읽어보라고 선배 한분이 조언했다. 책속에서 3가지 아이템을 뽑아서 자신이 잘하는 것, 하고 싶은 일을 도전해 보라고 한다.

1개는 나의 주 직업이 될 것이고 나머지 2개는 포기할 수 있는 여분의 일들이다. 3개 분야에 대한 전문서적을 읽고 멘토를 만나고 현장에 직접 찾아가서 조언도 구하면서 지식을 습득하며 준비하라고 한다. 관심 있는 분야에 무보수로 일을 해서라도 직접 부딪쳐 보라고 한다. 딱 눈 감고 10년간만 1분 1초를 아껴서 자기의 가치를 높이는데 혼신의 힘을 쏟아보기 바란다.

"지금 당장 우물 안을 박차고 튀어라!"

세상에서 가장 소중한 내 가족

나는 2남 4녀 중 막내로 태어났다. 바로 위 2명의 누나, 형, 그리고 큰누나 2명이 있다. 소를 몰고 꼴을 먹이러 산위로 올라가면 섬진강 푸른 물이 고요히 흐르며 태양이 강물에 비추어 눈이 부셨다. 금빛 모래사장이 태양의 빛을 반사하여 산위에 있는 나를 오라고 손짓하는 것 같다. 그때는 잘 몰랐지만 내가 가본 우리나라 어떤 곳 보다 아름다운 곳이다. 하동은 산과 강과 바다가 모두 어우러져 있다.

어릴 때는 누나들로부터 사랑을 독차지하며 컸다. 철이 들 무렵 아버지가 안 계시는 것을 알았지만 별로 큰 의미를 두지 않았다. 좀 더 철이 들 무렵 형이 동네 형과 싸우는 것을 보았다.

'애비 없는 후레자식'이라는 말로 형의 친구가 욕하는 것을 듣고 그 뜻은 잘 모르지만 좋은 뜻이 아닌 것 같은 생각이 들어 기분이 좋지 않았다. 힘이 있으면 형을 도와 동네 형을 때려 주고 싶었다. 그때 가족의 의미를 처음으로 느낀 것 같다.

준비 없이 나도 어른이 되었다. 아내와 나는 회사 입사동기였다. 하동으로 첫 발령이 났다. 동기생이 총 4명이었는데 그때 아내도 함께 발령이 났다. 선배들이 얘기를 했다.

"술을 잘 마시는 사람이 일도 잘한다."

일도 열심히 하고 술도 많이 마셨다. 술보다는 술자리에서 어울리며 함께 하는 분위기가 좋았다. 자랄 때 외롭게 자라서 그런지 사람들과 이야기하면 기분이 좋다. 함께 하는 직원들이 가족같이 좋았고 뭐든지 주고 싶은 생각이 들었다. 술자리에는 빠짐없이 참석했다. 선임은 모두 나의 10회 선배였다.

아내도 나와 같이 막내로 태어났다. 나는 2층에서 근무하고 아내(나중 아내가 된 사람)는 1층에서 근무했는데 선배가 "밑에 강 주임은 신규인데도 업무 습득능력이 빨라서 수십년된 언니들 보다 잘 한다"고 칭찬을 했다. 나보다 더 잘한다는 소리로 들렸다. 그래도 별로 기분이 나쁘지 않았다. 그 당시에는 남자와 여자를 구분해서 공무원을 뽑았는데 여자는 극소수를 뽑았다.

부산, 경남, 울산 신규교육 동기기수 21명 중 여자가 4명 있었는데 그 중 한명이었다. 그러니 일을 잘하는 것은 당연한 결과라 생각되었다.

나는 하숙을 하고 아내는 직장선배들과 자취를 했다. 동기여서 서로 친하게 지냈다. 좀 더 친하게 사귈 무렵 아내는 부산우체국으로 발령을 받고 나는 승진해서 화개우체국으로 발령을 받았다. 화개는 조영남 노래 '화개장터'로 유명한 관광지며 쌍계사가 위치하고 있다. 쌍계사 인근에는 고시공부를 하는 곳이 몇군데 있었다. 고시 공부하는 사람들과 함께 7급 공무원 시험 준비를 할 때쯤 부산에 있는 아내에게 7급 수험서를 사서 보내 달라고 부탁들 했다.

이것을 계기로 아내와 사귀게 되었다. 아내가 부산에서 화개로 오면 함께 관광지를 다니면서 행복한 시간을 보냈다. 그리고 헤어지기가 싫어서 다시 부산까지 같이 와서 아내를 집까지 데리다 주고 화개로 내려가곤 했다. 일요일 부산에서 하동으로 내려갈 때도 별로 피곤하지 않았다.

1년쯤 지나 부산영도우체국을 발령을 받았다. 아내가 근무하는 부산우체국과 영도우체국은 영도다리 만 건너면 된다. 나는 항상 일을 늦게 마쳤는데 아내는 일을 빨리 마치고 내가마칠 때 까지 기다리곤 했다.

그러던 어느 날 아내에게서 다급한 전화가 왔다. 어머니가 아픈데 입원해야 된다고 도와 달라고 한다. 오빠가 서울에 있어서 당장 입원시킬 남자가 필요했던 것이다. 아내의 집은 연립 2층에 살았는데 어머니가 거동이 불편해서 업어서 병원에 입원시켜야 했다. 2층에서 어머니를 업고 내려오는데 엄청 무거웠다. 비까지 내려서 계단을 내려오는데 미끄러질까봐 온 힘을 다했다. 쾌유를 빌고 빌었지만 어머니를 입원하신지 얼마 되지 않아 하늘나라로 갔다. 슬퍼하는 아내를 위로했지만 마음의 상처가 큰 것 같아 마음이 아팠다. 이를 계기로 아내와 급속토록 가까워 졌다. 아내의 언니가 아직 결혼 전이었는데 아내의 어머니가 돌아가시고 난 후 곧바로 결혼을 하고 아내 형제들 3명이 한 달 간격으로 결혼을 했다.

결혼하고 몇 개월 지나서 첫 아이가 태어났다. 어릴 때부터 아버지가 없었기 때문에 아빠로서 아이에게 어떻게 해주어야 되는지 방법도 몰랐다. 지금처럼 육아에 대한 관심이 별로 없었다. 아이는 그냥 태어나면 스스로 커는 걸로만 생각했다. 아이 키우는 방법을 배우려고 노력을 했으면 좋았을 텐데, 그때는 가정에는 관심이 별로 없고 회사에만 신경을 썼다.

어릴 때부터 어머님은 남자는 부엌에도 오지 못하도록 하였다. 어머니는 여

자이면서 스스로를 낮추었고 딸들에게도 그렇게 교육을 시켰다. 그러다 보니 남자라는 권위만 배우면서 컸다. 아버지로서의 가정을 이끄는 법은 배우지도 못했고 남자의 권위만 배운 셈이다. 그래서 신혼 때부터 늘 아이 키우는 것은 아내의 몫으로만 생각했다.

회사에 가면 술 마시고 늦게 귀가하는 생활이 지속되었다. 어떤 때는 우유, 신문과 함께 집으로 오는 경우도 많았다. 아내도 막내로 태어났다. 아버지를 어릴 때 여의고 어머니 밑에서 자랐다. 어렵게 생활해 온 아내를 보살피고 건강한 가정을 꾸려야 하는데 양쪽 다 양친이 없었기에 아이를 키워줄 사람이 없었다. 출근할 때 아이를 맡겨둘 곳이 없어 이웃집 아주머니, 놀이방, 이모 집, 누나 집 수많은 곳을 옮겨 다니며 아이를 키웠다.

아침이 되면 전쟁 아닌 전쟁이 일어난다. 일어나기 싫어하는 아이를 억지로 깨워 들쳐 업고 놀이방으로 달려간다. 엄마와 떨어지기 싫어 우는 억지로 떼어 놓고 출근을 한다.

떨어지기 싫어 우는 아이를 보며 눈물을 훔치는 아내의 모습을 보면서 빨리 돈을 벌어 아내가 아이만 키우도록 해야겠다고 다짐해 본다.

'우리 어머님이 살아계셨으면 얼마나 좋아했을까? 그토록 아들을 원하셨는데……'.

어머니는 아들을 엄청 원하셨다. 형은 딸만 3명이다. 형수님이 막내딸을 출산할 때 또 딸인 것을 확인하고 탯줄도 끊지 않고 나가버렸다고 한다.

힘들어 하는 아내를 알지만 그것도 잠시였다. 퇴근하면 술집으로 향했고 아이를 데리고 오는 것은 아내의 몫이었다.

감성이 예민하고 사랑을 받고 커야 할 어린 시절의 귀중한 시기에 부모의 사랑을 주지 못했다.

퇴근 후 아이를 데리고 집으로 올 때는 하루 종일 보살펴 주지 못한데 대한 미안함에 아이가 원하는 장난감을 늘 사주었다. 그때 돈으로 장난감은 꽤 비쌌지만 돈 보다는 그때그때 상황을 모면하는 것이 급선무였다.

아내는 지나가는 말로 자기 동료를 부럽다는 말을 자주했다.

"누구는 친정어머니가 애를 키워준다더라~ 누구는 시어머니가 애를 키워 준다더라~"

혼자서 애를 키우기가 얼마나 힘들어서 그런 말을 할까 생각하면서 나의 무능함을 자책하고 일찍 돌아가신 부모님을 원망해 보지만 더 이상 내가 해 줄 방법이 없었다.

아이는 낮에는 남의 집에 있고 밤에 데리고 집에 오니 면역성이 떨어져서 그런지 수시로 폐렴을 앓고 병치레를 자주했다. 병원에 입원하는 경우가 많았다.

맞벌이 부부가 병원에 입원할 경우 엄청 곤란한 경우를 겪게 된다. 지금은 간병사를 고용해도 되지만 그때는 그런 제도가 없었다.

병원입원은 보통 일주일에서 2주간을 입원했는데 휴가를 내서 교대로 병실을 지키고 어떤 때는 병원에서 밤을 새우기도 했다. 링거를 꽂을 자리가 없어서 머리를 깎아서 링커를 꼽고 있는 아이를 보면서 가슴이 미어진다. 차라리 내가 아팠으면 좋겠다. 불쌍한 내 아들……

엄마의 따뜻한 품에서 자라야 면역성이 있어 병이 잘 걸리지 않는다던데 모두가 못난 아버지 탓이다.

어려서 말은 못하지만 엄마와 같이 있고 싶은 감정을 울음으로 표현했을 건데, 그런 감정을 무시하고 회사로 향하는 엄마, 아빠를 보면서 얼마나 원망했을까?

'부모님이 있었으면 얼마나 좋았을까?'해봤자 소용없는 생각을 자꾸 하게 된다. 병원 옥상에 올라가 컴컴한 하늘을 바라보면서 어머님을 불러 보지만 대답도 없고 볼에 눈물만 흐른다.

집에 오면 아내에게 늘 미안했지만 그때는 왜 그리 철이 없었던지, 회사만 가면 집에 가는 것을 잊어버리는 것 같다. 회사의 분위기와 어울려 회사를 최우선으로만 생각하고 올인했다. 새벽까지 술을 마시고 오는 나를 보고 "네가 회사를 운영하는 사람인가? 집에 오지 말고 회사나 술집에서 살던지~"라고 화를 낸다.

지금 생각해 보면 그때는 왜 회사 일에 모든 걸 올인 했는지 모르겠다. 그렇게까지 할 필요는 없었는데 회사에서 죽으라면 죽는 시늉까지 할 정도로 일했다. 술 마시는 것도 회사생활의 연장이라 생각했다.

삶은 삶이고 일은 일이다. 삶과 일을 분리해야 한다. 우리나라 사람들은 일을 가정의 연장선으로 생하고 일을 삶의 전체로 생각하는 경향이 있다. 상사가 퇴근하지 않으면 일이 없는데도 눈치만 보고 기다린다. 그렇게 30여년을 생활해 왔다.

열심히 한다고 빨리 승진시켜 주는 것도 아니고 기간이 되면 자동으로 승진시켜 주는데 회사 일에만 관심을 갖고 가정에는 관심이 없었다.

가족은 Family라고 한다. 하이패밀리 대표 송길원 목사 강의를 들은 적이 있다. Family를 'Father and Mother I love You'라고 했다. 마음에 와 닿는 내용이다. 엄마, 아빠가 서로 사랑하게 되며 자녀들은 부모님이 사랑하는 모습을 보고 형제, 자매를 서로 사랑하며 사랑을 배우고 남에게도 꼭 같이 사랑을 베풀 줄 알게 된다고 했다.

먼저 자신이 사랑받는 존재라는 것을 알아야 사랑을 베풀 줄 알게 된다. 시내물이 흐를 때 웅덩이에 물이 고여야 다시 흘러가듯이 내 속에 사랑이 있어야 남에게 나눌 수가 있다. 가족은 모두 사랑의 대상이다. 의무가 아닌 습관처럼 우리는 가족을 사랑해야 한다.

하늘에서 바라본 지구는 영롱한 푸른빛을 가진 아름다운 별이라고 한다. 우주에서 바라보면 푸른 빛을 띤 지구가 그렇게 아름다울 수 없다고 한다. 비행기를 타고 여행을 하다보면 하늘 아래 펼쳐진 산, 바다, 집들, 자동차들은 한 점에 불과하다. 그리고 그 중에서 사람이 있는데 크기는 더 작다. 창조주가 인간을 바라보면 이처럼 한 점으로 보이지 않을까 생각해 본다. 하지만 사람들에게는 동물들이 가지고 있지 않은 '영'이 있다.

그러므로 가난하든지 부자든지 누구나 태어날 때부터 소중하지 않은 사람은 없다. 그러기에 사랑 받을 만하고 또 사랑받기 위해 태어났다. 세상에서 하나 밖에 없는 것이 사람이다.

가족은 세상을 이루어가는 가장 기초적인 조직이다. 어릴 때는 집집마다 가훈을 '가화만사성'으로 만들어 액자에 걸어둔 가정을 자주 봤다. 한문으로 적혀 있어서 그때는 몰랐는데 나중에야 그 뜻을 알 수 있었다. 가정을 소중하게 여겨야 한다는 말이다.

'수신제가치국평천하'라는 말도 결국 가정을 먼저 세우고 나라를 다스리라는 말이다. 모든 출발점은 가족으로부터 시작된다. 힘들고 어려울 때 위로를 받을 수 있는 곳이며, 에너지를 보충할 수 있는 곳도 가정이다. 가정이 무너지면 우리 사회 전체가 무너지고 만다.

우리는 재난 영화를 볼 때 가족을 구하기 위하여 목숨까지 바치는 것을 보면서 가슴 뭉클한 가족애를 느끼기도 한다.

그런데 가까이 있어서 그런지 가족에게 상처받는 말을 자주한다. 직장에서 힘들었던 일을 가족에게 화풀이 하는 경우가 종종 있다.

몇 년 전 유럽에 여행을 간적이 있는데 9시가 넘으니 술집에 문을 모두 닫았다. 할 수 없이 호텔로비 카페에서 술을 사서 마셨다. 여행가이드의 말에 따르면

"그 나라에서는 남자들이 집에 몇 번 늦게 들어가면 이혼의 사유가 된다. 이혼을 하면 자녀와 아내의 평생 양육비를 아내에게 줘야 된다고 했다. 여자는 몇 번만 이혼하면 부자가 되고, 남자는 몇 번 이혼하면 거지가 된다."

그 당시는 이해가 되지 않았지만 지금 생각해 보면 빨리 집에 가서 가족과 함께 지내라는 의미가 담겨 있는 것 같다. 외국 사람들이 한국에 여행 오면 좋은 게 있다고 한다. 유명한 관광지가 아니라 바로 24시간 영업하는 술집이 많아 서란다. 한번 생각해 볼 대목이다.

유대인의 가정도 그렇고 기독교 나라의 대부분이 가정을 가장 소중히 여긴다. 물론 다른 종교는 가족을 소중히 여기지 않는 다는 말은 아니다. 드라마에 보면 아내는 남편을 욕을 많이 하고 남편은 아내 욕을 많이 한다. 엄마가 딸한테 아빠 얘기를 하면서

"너는 절대로 네 애비와 같은 남자와 결혼하지마라. 내가 도시락 싸다니면서 말릴 거다. 저런 인간만 아니면 다 결혼해도 된다."

드라마를 보던 아내가 나를 쳐다보면서 얘기한다.

"우리 딸이 있으면 내가 딸한테 똑같은 얘기를 했을 건데……."

나의 부모세대들은 일제식민지, 한국전쟁 등 어려움을 겪으면서 식사도 제대로 못하는 어려운 환경에서 자식들을 위하여 온갖 수모와 고초를 마다하지 않고 살아 왔다. 어려운 환경에서 엄마, 아빠의 사랑하는 모습, 격려하는 모습, 서로를 위하는 따뜻한 모습을 보지 못하고 살아 왔다. 그러기에 남편은 아내에게 따뜻하게 말하는 방법도 모르고 하려고 하면 아주 어색하다. 무엇이든지 처

음엔 힘들지만 자꾸 하다보면 쉬워진다. 마찬가지로 닭살이 돋더라도 아내를 격려하는 말, 사랑하는 말을 자주 해야 한다. 익숙하고 습관화 될 때까지…….

아이들이 부모의 모습을 보고 따라할 것이다.

모든 삶의 목적의 기본에 가족이 들어가면 좋겠다. 퇴직이 다 되어 가는 나이에 이제야 철이 드는 것 같다. 나의 삶의 목적을 만들었다.

'가족을 사랑하고, 이웃을 사랑하며 지식과 지혜를 습득하여 바쁜 일상으로 건강을 읽어가는 사람들에게 몸과 영혼을 건강하게 하여 활기찬 삶을 살아가도록 돕는 일에 헌신하겠다.' 라는 사명 선언문을 적었다.

좀 뜬 구름 잡는 것 같지만 하나하나 만들어 가고 있다. 가족을 사랑하지 않으면 이웃을 사랑할 수 없다. 열정이나 뜨거운 가슴이 있을 리 없다. 몸과 영혼이 건강하지 않아 사람들에게 선한 영향력을 전파하기는 어렵다. 모든 기초는 가족을 사랑하는 것이다.

평생 10분간도 대화를 하지 않았던 아내와 요즘은 각자 독서모임 1개씩 만들어 운영하며 서로 지원도 한다.

꿈을 키우는 모임인 '청춘도다리(도전하지 않는 젊은이여 다시 리셋하라)'에 함께 참여하며 새로운 것을 배우면서 여행도 간다. 3년 전에 아내의 이름을 강지원으로 개명을 했다. '지원'이란 이름으로 남을 위해 '강하게 지원'할 수밖에 없겠다고 한번 씩 놀리기도 한다.

아이들과의 편지를 주고받기도 하며, 전화도 자주한다. 가족밴드도 만들어 사진과 안부를 공유하기도 한다. 얼마 전 가족과 함께 해외여행도 다녀왔다.

다른 사람들은 일상일지 모르지만 필자에게는 획기적인 변화이다. 실천하기 위하여 매일 체크리스트를 두고 체크해 나간다.

때로는 술 생각이 나서 '몰래 마셔볼까?' 생각하다 고개를 저으면서 마음을 가다듬는다.

무자격 아버지가 되어 두 아들을 제대로 양육하지 못해서 평생 미안한 마음으로 살아 갈 것이고 최선을 다해 두 아들을 사랑하고 지원할 생각이다.

살아오면서 나의 삶의 목표가 아닌 다른 사람들을 위해서 아무 생각 없이 사람들이 가자는 대로 휩쓸려 살아왔다.

자신의 삶의 목적이 없으면 다른 사람을 위해 살아가게 된다. 또 영원히 다른 사람을 위해 자신의 삶을 살아가게 될 것이다. 그 삶의 목적 중심에 가족이 있다.

'Family(Father and Mother I love You)' 단어를 다시 한 번 생각해 보는 아침이다.

매 순간 성장하라

우리 집 거실에 행복나무가 있다. 이사 올 때 사온 나무인데 3년이 지나자 잎이 시들어 지고 병이 들었다. 나무가 잘 자라도록 비료를 주어도 소용이 없다. 영양분이 부족한 것 같아서 나무 잎들을 모두 잘랐다. 그리고 매일 아침 나뭇가지에 물 조리개로 나무순이 날 것 같은 곳에 물을 품겼다. 얼마 지나지 않아 새순이 돋아나기 시작했다. 연노란 싹이 살며시 웃으며 나를 반긴다. 기분이 좋아서 매일 아침 물을 주고 돌보았다. 어느새 나무가기가 푸른 잎으로 제 모습을 갖추었다.

어릴 때 몸에 종기가 많이 났다. 조금만 상처가 나도 종기로 이어졌다. 지금 생각해 보면 산으로 들로 다니면서 다친 것도 있지만 영양분이 모자라서 쉽게 아물어지지 않아서 생긴 것 같다.

종기가 다리의 5~6군데 나있고 고름도 있었다. 어느 날 누나가 냇가로 나를 데리고 갔다. 작정한 듯이 나를 잡고 상처부위를 피가 나도록 씻었다. 고름이 터지고 피가 났다. 아파서 울었다. 그때는 누나가 정말 미웠다. 하지만 얼마 지나지 않아서 상처부위에 딱지가 생기더니 완전히 나았다.

지금까지 내 삶을 나무가 죽어 가는대로, 종기가 나서 살이 썩어 가는대로 방치하며 살아온 것 같다.

푸른 가지에 더 이상 새싹이 나지 않았고 새싹이 나도록 노력도 하지 않았다. 몸에 종기가 있어도 그런 것을 치유 하려는 노력도 없었고, 치료해 줄 사람도 만나지 않았다. 하우스에 있는 화초 같이 태양이 오면 받고, 주인이 물을 주면 마시고, 물이 없으면 시들고 죽는다. 스스로의 노력도 아니고 타인의 관리하는 대로 떠밀려 인생을 살아왔다.

'시간을 낭비하는 것은 인생에 대한 죄악이다.'라는 말이 있다.

아침에 푸른 풀잎을 보라! 낮 동안 햇볕에 시들 하지만 밤새도록 새로운 아침을 맞이하기 위하여 달빛과 별빛을 흡수하며 새벽이슬을 머금고 아침을 맞는다.

시들시들한 모습은 보이지 않고 영롱한 푸른빛으로 나를 맞이하고 있다. 하우스의 풀잎과는 비교가 안 된다.

풀잎조차도 이런데 매일아침 축 처진 어깨로 출근하며 마지못해 상사가 시키는 일을 하고 퇴근하면 술친구 없나 이리저리 기웃거리다가 집에 오면 TV 리모컨으로 살아왔다. 어느 순간 퇴직이 눈앞에 와 있다. 특별히 내 세울 것도 이루어놓은 재산도 자식농사도 변변하지 않다. 중년 노인한 사람이 된 모습 외에는 남은 것이 없다.

얼마 전 회사 화장실 안에서 오하이오주에 사는 90세 노인 에지나 블렛(Regina Brett)이 나이가 들어가는 것을 기념하기 위하여 자신이 살아온 인생에서 배운 45가지 교훈이 적혀 있는 것을 보았다.

그 중에서 가장 인상에 남는 구절은

"성장해가는 노인이 죽어가는 젊은이보다 낫습니다."

"인생은 매우 짧습니다. 인생을 즐기십시오."

"당신의 과거와 화해하십시오. 그러면 당신의 과거가 현재를 망가뜨리지 않습니다."

시간을 낭비하고 살기에는 인생이 짧다. 머지않아 죽음의 문턱에서 또 나를 바라보게 될 것이다. 그때 후회하지 않기 위해서라도 지금부터 삶을 헛되이 보내지 않았으면 한다.

나는 새벽형 인간이 되어가고 있다.

아침 4시! 힘차게 이불을 박차고 일어난다. 먼저 이불과 책상을 정리하여 주변의 마이너스 공기를 제거한다. 창문을 활짝 열고 폐부 깊숙이 공기를 마신다. 새들이 자기가 먼저 일어났다고 자랑이나 하듯이 짹짹 거린다.

화장실로 간다. 세수를 하고 눈을 마사지한다. 거울을 보며 자신을 위로하고 격려하며 목적 있는 삶에 대한 자기암시를 하며 플러스 에너지를 심는다.

그리고 조용히 책상에 앉아 QT(Quiet Time, 경건의 시간)를 한다. 하루 일정을 검점하고 우선순위를 체크한다. 제일하기 싫고 시간내기가 힘들 일부터 먼저 한다. 경험상 제일하기 싫은 일부터 먼저 해야 다음 일하기가 편하다. 요즘은 책 쓰기가 제일하기 힘든 일이다. 평생 책 10권도 안 읽었고, 일기도 쓰지 않던 내가 책을 쓴다는 게 지금도 믿기지 않는다.

아침 7:00~7:30분 사이에 출근을 한다. 이른 시간이라 붐비지도, 막히지도 않고 시원하게 달린다. 차안에서 유명강사 오디오 북을 듣는다. 운진할 때 오디오 테이프나 CD를 들으면 좋다. 강의장에 가지 않고 차안에서 들으니 시간도 절약되고 좋다. 용기가 나고 자신감이 생기고 동기부여가 된다. 장거리 운전할 때도 이용해서 습관화 시키면 좋다. 자기계발에 좋은 내용은 별도 녹음해서 직원 교육 안으로 활용하기도 한다. 출퇴근 시간 왕복 1시간 20분은 나를 행복하게 만드는 좋은 강의장이다.

직장 체력단련실로 가서 운동을 한다. 40세가 넘으면 근력운동을 하는 게 좋다고 한다. 근력운동 위주로 운동을 하고 있다. 시작한지 3개월이 지났다. 가슴에 근육이 커지고 허벅지가 제법 단단해 졌다. 술을 끊고 부터는 고혈압이 정상으로 돌아왔다. 의사가 약을 먹으라고 했는데 안 먹기를 잘 했다고 생각이 든다. 고혈압의 초기단계라는 진단을 받고 혈압을 낮추고 관리하기 위해 혈압계를 사서 집에 두고 아침저녁으로 체크했는데 혈압이 내려갈 기미가 보이지 않았고 스트레스만 쌓였는데 이제 그럴 필요가 없다.

고혈압 초기단계는 운동이나 식이요법을 하는 게 좋은 것 같다. 필자의 경우 술이 혈압의 주범이었고 운동을 하고 술을 끊으니 정상으로 돌아온 것 같다.

운동을 하고 나서 거울을 보니 가슴에 근육이 생긴 것 같아 기분이 좋다. 운동하면서 꿈이 생겼다. 늦은 나이지만 5년 후 60세에 보디빌딩 대회에 나가는 것이다.

운동을 하면 금방 효과가 나타나지 않는다고 싫증을 내고 포기하는 사람이 많다. 대나무 모죽(毛竹)은 5년 동안 물을 주고 가꾸어도 도무지 자라지 않다가 5년이 지난 후 부터는 하루 80cm씩 자라서 30m까지 자란다고 한다. 보이지 않는 지루한 5년 동안 겉으로는 보이지 않지만 뿌리는 20m나 땅속으로 깊이 자라고 있었던 것이다.

수없이 반복운동을 하면 우리 몸에 '미엘린'이란 신경세포가 나이테 처럼 층층이 겹을 쌓고 두꺼워져서 어느 시점이 되면 폭발적인 효과를 나타나게 된다고 한다. 운동선수들이 지루하고 반복적인 연습을 지속적으로 하다가 폭발적으로 실력이 향상되는 것도 이러한 결과이다.

그러니 조급해 하지 마라 당장 급하게 생각하지 말고 지루한 시간을 거듭 하는 것이 지름길이다.

아침시간이 낮 시간의 효과보다 3배의 효과가 있다고 한다. 남에게 방해받지 않고 집중해서 할 수 있다. 낮 시간에는'전화, 이메일, 휴대폰, 상사, 고객, 부하직원, 회의'등 집중할 시간이 많지 않아 일하다가 중간에 멈추었다가 다시 일을 하게 되면 집중하는데 소모되는 시간이 많다.

아침은 아무도 방해 받지 않아 집중적으로 활용할 수 있다.

'3시간x3배=9시간'시간을 매일 축적해 나간다면 5년 후면 '모죽'처럼 눈에 띄는 성과를 보게 될 것이다.

아침시간이 힘든 사람은 내가 관리할 수 있는 저녁 시간대 집중시간을 정해서 해도 되지만 가능하면 아침을 깨우는 게 좋은 것 같다. 저녁시간은 나의 시간이 아니고 회사의 스케줄로 고정시간이 될 수 없는 단점이 있다.

회사 일을 마치고 사무실 빈방 조용한 곳에서 책을 1시간 읽고 퇴근을 한다. 하루 종일 일하고 1시간의 독서시간은 집중이 잘 된다. 휴대폰을 무음으로 두고 일부러 보지 않는다. 집중하기 위해서다.

집 앞에 있는 북카페에서 책읽는 시간도 유익한 시간이 된다. 집근처에 나만의 아지트를 만들기 바란다.

책을 읽을 때 어려운 책을 읽으면 금방 포기한다. 자신에게 재미있고 쉬운 책이 최고이다. 자기계발에 관한 책을 읽고 자신의 전문분야에 대한 책을 병행하여 읽기 바란다.

내가 맡은 업무에 대해서는 전문가가 될 필요가 있다. 내 전문 분야 책을 몇 권이나 읽었는지 생각해 보면 좋겠다. 본청에 근무할 당시 마케팅부서에 있으면서도 업무전문서적을 1권도 읽지 않고 업무를 했다. 그때 생각하면 쥐구멍에라도 들어가고 싶다.

책을 급히 읽을 필요도 없다. 빨리 읽지 못하는 나도 1시간이면 50p 이상을 읽을 수 있다.

읽을 책을 선정해서 일정표에 매일 체크를 하면서 읽는 습관이 중요하다.

월(1~50P), 화(51~100P), 수(101~150P), 목(151~200P), 금(201~완독)이렇게 하면 일주일에 1권의 책을 읽을 수 있다. 점심시간, 지하철 안, 버스 안에서 하루 1시간은 읽을 수 있다. 일주일에 한 권이면 1년에 50권을 읽을 수 있다. 해당분야에서 뛰어난 경험과 노하우를 갖고 있는 사람의 책을 50권을 읽고 본 것을 정리하고, 깨달은 것을 적고, 아이디어를 도출하여 회사에 적용한다면 회사에서 업무적으로 인정받을 수 있고, 성과를 낸 직원으로 당당하게 일하고 있는 자신의 모습을 보게 되지 않을까?

지금 당장 책을 읽은 습관을 들이자.

모든 사물에서 배우라. 삼라만상(森羅萬象)이 모두 배움의 대상이다. 어린 아이한테도 배우라는 말이 있다. 생각을 하면 스승이 아닌 것이 없다. 배움의 자세로 임한다면 그것이 무엇이든 상관이 없다.

필자는 습관들이고 있는 게 하나 있다. 모든 것을'본.깨.적'을 한다. '본 : 본 것을 요약한다. 깨 : 깨달은 것을 적는다. 적 : 개인, 직장, 가정 등 적용할 것을 분야별로 적는다.'

요즘은 15분 강의 '세바시(세상을 바꾸는 시간 15분)'유튜브를 자주 본다. 각 분야의 전문 강사나 유명인이 나와서 강의를 한다. 좋은 내용이 많다. 가장 집중할 수 있는 시간이 15분이라고 한다. 15분 동안 듣고 있으면 지루하지 않다. 엑기스만 요약하여 강의하기 때문에 이해하기도 쉽다. 15분 강의를 듣고 '본.깨.적'을 하며 노트에 정리한다. 일요일 목사님 강의를 들을 때도 '본.깨.적'을 한다. 예전엔 설교를 들으면 잠이 올 때가 많았는데 설교를 요약해서 적으니 잠을 잘 수가 없다.

모든 것을 배움의 대상으로 생각하면 의미가 있어 진다. 아무리 수만 권의 책을 읽고, 유명한 강의를 듣고, 감동 있는 영화를 본다고 해도 지나고 나면 남지 않는다. '본. 깨. 적'을 하고 한 가지씩 실천하면 분명 삶이 풍요로워 질 것이다.

깨닫기만 하고 실행하지 않으면 아무런 효과가 없다. 책을 읽으면서 실행할 것을 하나씩 노트에 적었다. 직장, 가정, 개인, 신앙 등 분야별로 나누고 즉시 실행할 수 있는 부분부터 실행한다. 3개월이 지났다. 하루하루가 행복하다. 적용 부분에서 '60살 보디빌딩대회 참가' '동료와 함께하는 배움터 만들기' '가장 깨끗한 우체국 만들기' 등은 계속 진행 중이다.

비록 허접할지는 몰라도 필자에게는 3개월 만에 기적 같은 일이 일어나고 있는 셈이다. 3개월이 모여 1년이 되고, 3년이 되고, 5년이 되고, 10년이 된다. 시간이 갈수록 몰라보게 성장해 있는 나를 보게 될 것이라 믿는다.

오늘(Present)! 통장에 들어 온 선물(Present)! 86,400초에 감사하면서 오늘도 힘차게 뛴다.

나를 칭찬하라

　나와 직접적인 연관이 없는 것까지 염려하고 걱정하면서 살아왔다. 하루 중 나 자신을 위해서는 하루 단 1초라도 생각해 본 적이 있는가? 오직 가족만을 위하여 자신의 인생을 송두리째 바치고 살아 왔는데 정작 중년의 나이에 나를 돌아보니 나의 존재 가치가 없다고 생각하며 우울증에 시달리는 여성분들을 주위에서 쉽게 볼 수 있다. 심한 경우 자살을 하기도 한다. 우리는 자기 자신에 대하여 칭찬하고 격려하기에 인색하다. 자신을 칭찬하는 방법을 모르기 때문이다. 몰랐다기보다 누군가에게 배워보지 않아서 습관화가 되지 않았기 때문인 것 같다. 우리 부모 세대들은 먹고 살기가 힘들었다. 먹고 살려면 아침부터 밤 늦게까지 일을 해야 했다. 자신을 칭찬하고 위로하는 것은 사치였을 거다. 그런 시절에 부모로부터 자신을 생각하고 격려하고 칭찬하는 것을 배우는 것은 무리라는 생각이 든다.

　점심식사 후 직원들과 차를 커피를 마시다가 '칭찬'에 대한 얘기를 주고받았다. 직원 중 한 사람이 "우리나라 부모들은 칭찬에 참 인색해."라며, 인터넷에서 본 이야기를 했다.

"중학교 2학년생이 성적을 60점을 받아와서 아버지에게 성적표를 내밀었다. 아버지는 성적이 왜 이래? 이것밖에 공부를 못하냐? 아버지가 클 때는 책상도 없어 배를 바닥에 대고 공부했다. 요즘처럼 환경이 좋으면 아빠는 대통령도 됐을 거다." 하면서 아들을 나무랐다.

이후 아들은 평소보다 더 열심히 해서 80점을 받아 학교를 마치자 집으로 달려와서 아버지에게 성적표를 내 밀었다. 아버지는 성적표를 보고 "100점 되려면 아직 멀었네!" 라며 성적표를 내팽개치듯 아들에게 던진다. 아들은 또 밤잠을 설쳐 가면 열심히 공부했다. 드디어 100점을 받았다. 칭찬을 잔뜩 기대하며 한걸음에 아버지에게 달려가서 성적표를 내밀었다.

아버지는 칭찬 대신 "이번 시험은 쉬웠는가 보네~~" 라고 말했다고 한다. 이후 아들은 공부를 하지 않았고 결국 문제아가 되어 교도소 생활을 하고 있다는 줄거리다.

물론 부모들이 모두 그런 건 아니지만 나도 아들 성적표를 보고 칭찬한 적이 한 번도 없었던 것 같다. 아니, 아들 성적에 별 관심이 없었다. 물론 아들이 성적을 100점 받아 오지는 않았기에 칭찬할 기회가 없었는지도 모른다. 하지만 100점이 아니라 80점을 받아와도 얼마든지 칭찬은 할 수 있는데 그런 칭찬에 인색하게 살아왔다.

인천상륙작전을 성공적으로 이끈 맥아더 장군은 어릴 때는 말썽꾸러기 동네 골목대장이었다고 한다. 늘 싸움만 하던 맥아더에게 할머니의 칭찬 한마디가 맥아더를 훌륭한 장군으로 만들었다고 한다. "너는 군인 기질이 있어 군인이 되면 큰 군인이 될 거야." 맥아더는 할머니의 칭찬에 동기 부여가 되었고 가슴이 뛰었다고 한다. 훌륭한 군인이 되기 위해 육군사관학교에 들어갔고 장군이 되었다. 인천상륙작전으로 한국전쟁을 승리로 이끄는 주역이 되었다.

장경동 목사님의 TV 강의 중에서 이런 얘기를 들었다. 초등학생이 성적표를 받아 왔는데 한 과목을 제외한 모든 과목의 점수가 '가'를 받았는데 유독 도덕 성적만 '양'을 받아왔다고 한다. 그런데 아버지는 애의 머리를 쓰다듬으면서 "애야, 너는 한 과목만(도덕) 집중해서 공부하니? 다른 과목도 좀 관심을 가져봐."라고 격려를 했다고 한다. 그후 아들은 용기를 얻고 공부를 열심히 해서 훌륭한 사람이 되었단다.

우리나라는 옛날보다 잘 산다. 그래도 여전히 칭찬 수준은 초등학생이다. 우리 부모도 부모님께 칭찬하는 것을 배우지 못했다. 대를 물려 칭찬하는 문화가 안 되어 있다. 칭찬에 인색하다. 칭찬하면 버릇이 없어진다고 말한다.

남에게 굳이 칭찬을 바라지 않아도 된다. 우리 사회가 칭찬에 인색하면 내가 나를 스스로 칭찬하고 격려하면 되지 않을까? 나를 사랑하는 사람은 가족을 사랑하고, 사회를 사랑할 줄 안다. 우선 나 스스로 칭찬하는 습관을 가져보자. 그것이 자존감 회복의 첫 걸음이다.

오늘 아침에도 새벽 알람을 맞추어 두고 새벽 4시에 기상했다. "정말 대견한 인구야~ 또 아침의 기적을 만들고 있구나. 넌 정말 보기 드문 사람이야~ 세상에 유일무이한 걸작품! 오늘도 힘차게 한번 뛰어보자!'며 칭찬하고 격려한다.

그리고 아침운동을 한다. 눈을 마사지 하면서 "오늘도 볼 수 있게 해주어서 고마워~~ 머리를 톡톡 치면서 치매가 걸리지 않게 해주어 고맙다. 코를, 입을, 귀를, 팔다리를 격려한다. 그리고 마지막으로 심장위에 두 손을 얹고 지금까지 수많은 시간을 쉬지 않고 뛰어 주어서 너무 감사해. 심장아 앞으로도 쉬지 않고 계속 뛰어 주기를 부탁한다. 미워하는 마음, 죄짓는 마음을 갖지 않고 항상 감사하는 마음을 갖게 해달라고 부탁한다."

일과 중에도 5분씩 나를 격려한다. 출근하여 먼 거리를 사고 없이 도착한 나를, 오전이 지나고 점심 전 오전의 성과를, 오후 지나고 퇴근 시 15분전, 마지막으로 다시 맞을 새날을 기대하면서 하루의 감사와 나를 격려하며 마감한다.

나를 칭찬하는 이런 생활을 한 달 정도 계속하고 있다. 빠지는 날도 있고 아직 완전 습관화되지는 않았지만 몸이 건강해지는 것을 느낀다.

주위 동료들이 "얼굴이 많이 좋아졌다." 며 요즘 좋은 일이 있는지 묻는다. 문득 나를 칭찬하는 Cafe' 를 만들어서 운영해 보고 싶은 생각이 든다. 나 혼자만이 아니라 주위 사람들과 같이 하고 싶어진다. 꽃들에게 희망을 주는 나비처럼 나를 격려하고 칭찬하는 운동을 널리 펼쳐 모든 사람들이 자신의 존재에 감사하며 격려하는 삶이 생활화되기를 기대해 본다.

어릴 때 나는 시골에서 살았다. 학교 갔다가 집에 오는 길에 담벼락에 여름부터 늦가을까지 호박넝쿨이 길에 늘어져 있고 곳곳에 애호박이 열린다. 호박꽃은 크기가 크기 때문에 벌이 꿀을 얻기 위해 호박꽃 안으로 들어간다. 호박꽃 입구를 오므리면 벌이 안에 갇혀 윙윙거린다. 벌이 힘들겠지만 재밌었다. 한 번씩 벌 소리에 놀라기도 했다. 그러다가 잘못해서 벌에 쏘인 적도 있다.

학교 오가는 길에 담벼락에 열린 호박 하나를 선택하고 손가락을 돌리며 "골매~골매~골매'(골매:사투리로 썩으라는 뜻)" 라고 주문을 외운다.

2주쯤 지나면 다른 호박은 싱싱하게 자라는데 그 호박은 시들시들 하다가 썩어서 결국 떨어진다. 그 당시에는 그게 신기하고 참 재미있었다. 한참을 지나서야 TV에서 컵 2개를 두고 한 컵에는 저주의 말을, 다른 한 컵에는 감사의 말을 한 후 실험을 한 결과를 보여준 적이 있다. 저주를 한 컵은 물이 썩었지만 감사하며 칭찬을 한 컵의 물에는 육각수가 형성되어 있는 것을 보았다. 그때 호박이 썩었던 이유를 알게 되었다.

우주에서 나와 같은 사람은 단 한 사람도 없다. 비록 쌍둥이일지라도 어디가 달라도 다르다. 이 지구상에 나는 한 사람이다.

이런 '소중한 나'를 위해 칭찬의 말, 격려의 말을 단 1초도 하지 않고 살아왔다. 시험에 합격을 했을 때도, 승진을 몇 번을 했을 때도, 월급을 받았을 때도, 상여금을 받았을 때도, 표창을 받았을 때도, 사랑스런 아이가 태어났을 때도, 결혼을 했을 때도, 나를 향한 위로의 말, 사랑의 말, 격려의 말을 한 번도 한 적이 없다. 어디로 향하고 있는지도 모르고 폭주기관차처럼 계속 앞만 보고 달려왔다. 자신을 원망하고, 열등감 속에서 살아왔다. 어떨 땐 자학하면서, 자살하려는 마음을 수없이 하고, 이혼을 생각하기도 했다.

나를 미워하고 있는 나를 본다. 벽을 보고 쪼그려 앉아 있는 어린 아이인 나, 뭘 잘못했는지는 모르지만 잘한 게 훨씬 더 많았음에도 잘한 것은 보지 못하고 한없이 작아져 벽을 보고 있다.

나는 대단한 존재다. 누워서 뒤척이지도 못하던 내가 뒤집을 수 있었고, 엎어지고 넘어지기를 여러 번 해서 걸음마를 하게 된 나, 부모들이 그 기적의 현장을 보고 얼마나 기뻐했던가? 주위 사람들에게 자랑하고 기쁨을 안겨주었던 나 자신이다. 태어난 사실 만으로도 기쁨과 행복을 안겨줬던 그 시절의 어린 아이로 나를 인정해주면 안 되는 건가?

앞에서 말한 '호박' 사례와 '물 테스트' 처럼, 미워하고 저주하는 말을 계속하게 되면 썩어버린다. 나를 위로하고 사랑해주면 싱싱하게 자라는 애호박과 건강에 좋은 육각수처럼 우리의 삶도 행복한 삶으로 영위될 것이라고 생각한다.

매일 감사 일기를 쓰고 있다. 감사할 일이 없어도 억지로라도 쓴다. 감사해서가 아니라 쓰면서 감사하게 된다. "아무 일이 없도록 해주셔서 감사합니다." 매일이 소중한 날, 그 안에 살고 있는 나! 감사하지 않을 이유가 없다.

내 인생의 멘토를 정하라

.

　중학교에 다닐 때 매주 월요일 날은 한문시험과 영어 시험이 있었다. 특히, 한문시험의 경우 1문제를 틀리면 10대씩 종아리를 맞았다. 내 종아리는 늘 매 자국과 피멍이 들어 있었다. 창피해서 집에서는 긴 옷을 입었지만 학교 갈 때 짧은 교복바지 때문에 할 수 없이 매 자국을 남에게 보일 수밖에 없었다.

　토요일, 일요일은 농사일을 도왔기 때문에 공부할 시간이 없었다.

　아버지는 내가 2살 때 돌아가셨다. 술과 도박을 좋아하셨고, 경제적인 능력은 없으셨다.

　어머니는 남의 집 날품팔이, 행상, 산나물을 채취하여 말려서 장날에 팔고 온갖 어려움을 겪으면서 우리 6남매를 키웠다.

　우리 집이 먹고 살고 있었던 주 요인은 봄에 송아지를 사와서 1년 내내 집에서 키워서 다음해 봄에 소를 파는 것이다. 요즘처럼 사료가 있으면 키우기가 쉬운데 먹을 양식도 부족한테 사료를 사는 것은 불가능하고 그 당시에는 사료도 없었다. 소가 좋아하는 풀을 낫으로 베서 소를 먹이던지 아니면 들로 산으로 소를 몰고 가서 풀을 먹게 해야 됐다. 중학교 때 나의 담당이 소 키우는 일이었다.

중학교 때 한문 선생님과 영어선생님은 엄청 무서웠다. 월요일이면 한문 시험 10문제를 풀어야 했고 한 문제를 틀리면 10대의 매를 맞는다. 걸상 위에 올라가서 종아리를 걷고 선생님이 1대씩 매를 때릴 때 복창을 해야 한다. '아버지 사랑을 달게 받겠습니다.' 제일 매를 많이 맞는 때는 한문을 5개 틀려서 50대의 매를 맞았던 기억이 난다. 요즘은 귀한 자식 때렸다고 학교 찾아가서 난리를 치겠지만 그때는 매를 맞는 게 당연하다고 생각했다. 중학교 처음 입학했을 때 한문 시험 10번 문제에 '자기 이름을 한문으로 적어라' 는 문제가 있었는데 내 이름을 한문으로 어떻게 쓰는지 배워 본 적이 없었다.

원래 정답은 '정인구(鄭仁九)'인데 '正人九' 답을 적었다. 성적 발표 할 때 선생님이 내 이름을 불렀다. 한참을 보시더니 웃으면서 앉으라고 했다. 앞으로 한문을 열심히 하라고 그랬는지 그 문제를 맞게 해주셨다.

영어 시험은 교과서를 통째로 외워야만 시험문제를 풀 수 있었다. 읍내에 있는 친구들은 공부만 했지만 나는 소를 키워야 했기 때문에 영어책과 옥편을 손에 들고 산에 가서 소는 꼴을 먹도록 풀어 놓고, 꼴을 베어 지게에 담아 놓는다. 해야 할 일을 대충 정리하고 돌 위에서 공부를 했다.

매를 맞지 않기 위해서 공부했다. 그때 공부한 한문 덕분에 웬만한 한문은 알 수 있다. 영어도 고등학교 입시시험에서 만점을 받았다. 나를 위한 공부가 아니라, 시험을 위한 공부를 하다 보니 재미가 없었다. 집안 형편이 넉넉하지 않아 공고에 입학했다. 중학교 때와 달리 소를 먹이지 않아도 되었고 시간적 여유가 많이 있었다. "나도 읍내 친구들처럼 시간이 많으면 공부를 열심히 할 수 있을 건데……." 하고 부러워 했었는데 막상 공부할 수 있는 시간이 왔는데도 공부는커녕 놀기만 했다. 공부를 많이 하지 않아도 상위권에 맴돌았다. 사람은 환경에 지배를 받는 동물이다. 동기들이 대부분 고등학교 2학년만 되면 대기업에 자동으로 취업이 되었다.

초등학교때부터 취직때 까지 나의 앞날을 이끌어 주고 비전을 심어주는 사람은 아무도 없었다. 대기업 1년을 다니다가 공무원시험을 치른다고 사직서를 제출할 때도 아무한테 상의하지 않고 사직했다.

상의해 볼 생각조차 상의할 사람도 없었고 찾지도 않았다. 어릴 때부터 내 스스로 나의 일을 알아서 했던 습관 때문인지도 모른다.

조언해 주는 멘토도 없었다. 하루하루 생활하기가 힘겨운 가정환경이었기에 나까지 부담이 되기 싫어서 가족을 찾아가서 얘기 할 수도 없었다.

가난한 가정 환경 탓에 스스로 공고를 선택했을 때도 선배나 부모, 선생님에게 내 장래를 위해 상담하고 조언을 해 보지 않았던 것에 후회가 됐다. 책이라도 읽었더라면 책을 통하여 내 꿈을 가질 수 있었을 텐데……. 꿈과 목표를 가졌더라면 멋진 삶을 살아오지 않았을까?

생각 없이 퇴직 후 공무원으로 임용되었다.

입사 후 윗분들의 멘토나 조언을 받지 않고 닥치는 대로 일했다. 나는 어느 때부터인가 윗분들이나 동료들에게'좋은 사람'으로 평을 받았지만 마음은 편치 못했다. 내 진심으로 우러나오는 삶이 아니었다. 아파트를 2번이나 사서 헐값에 넘기는 실패의 경험도 남이 좋다고 하니까 따라 했다가 이득도 보지 못하고 팔았다. 무슨 일이든 생각하지 않고 조언도 받지 않고 즉흥적으로 무슨 일이든 결정을 했다.

선배 중 한 분이 대학원에 간다고 했다. 선배 따라 아무런 목적도 없이 부산대학교 대학원 석사과정을 마쳤다. 석사학위 논문 쓴다고 곤욕을 치르기도 했다.

『부산체신청 100년사 TFT』 팀장 역할을 충실히 수행하여 2년만 100년사를 성공적으로 완수했다. 공무원중앙제안 동상을 수상하여 다른 사람보다 4년 먼저 특별승진대상자에 들었다. 승진대상이 남들보다 빨리 올라가다 보니 메일 등으로 악성댓글에 시달렸다. 본부감사관실에서 평판조사 댓글에 대한 현지실사를 했다. 본부에서 현지실사를 하기 위해 왔다.

"정 계장은 일은 안하고 공부만 한다고 하던데 맞나요?" 그 말을 들으니 황당하기도 하고 억울했다. 밤낮 없이 열심히 일했는데, 더 이상 할 말이 없었다. 어쩌면 일은 안하고 공부만 했는지도 모른다. 퇴근 후에 대학원에 가서 공부를 했다. 대학원 안가고 퇴근 후 회사 일을 더 열심히 할 수도 있었을 테니까 말이다. 하지만 석사학위 논문 내용도 회사업무에 관한 내용이었고, 나의 논문을 통하여 물류분야 업무개선과 업무의 현장적용을 통하여 업무 효율성 증진에 많은 도움이 되었다.

지금까지 살면서 인생에 조언을 해주거나 이끌어 주는 멘토를 갖지 못했던 게 후회가 많이 된다.

혼자서는 아무리 똑똑해도 한계가 있다. 지혜를 배우려거든 노인에게 배우라는 말이 있다. 노인이라서 지혜가 있는 것이 아니라 그만큼 경험을 했기 때문에 지혜롭다.

회사 업무를 처음 맡을 때는 선배에게 물어보는 게 혼자서 고민하는 것 보다 훨씬 더 빨리 습득할 수 있다. 어떤 선배는 후배와 원수가 되기도 한다고 한다. 자기는 가르쳐 주고 싶은데 후배가 한 번도 물어본 적이 없다고 했다. 멘토가 있으면 고민이 있거나 슬럼프에 빠지면 언제든지 조언을 구할 수 있다. 방향을 잃어버렸을 때도 언제든지 길을 수정하여 올바른 방향을 설정할 수도 있다. 멘토가 꼭 사람일 필요는 없다. 책속에서도 멘토를 구할 수 있다.

경영학을 발명한 피터 드러커를 나의 멘토로 삶을 수도 있다. 그 분의 책속에서 나의 길을 찾을 수도 있다. 나는 김밥파는 CEO 김승호 대표를 멘토로 삶고 있다. 그분의 책 '생각의 비밀'을 보면서 어떻게 삶을 살아야 되는지를 방향을 잡을 수 있었다. 책을 읽으면 책속의 수많은 저자들을 멘토로 삶을 수 있다.

아무리 큰 꿈을 꾸려고 해도 내가 아는 것 만큼만 보인다. 아는 것이 없으면 다른 사람의 뇌를 빌리면 된다. 사람이든 책이든 상관이 없다. 인생의 멘토를 구하라. 아무리 능력이 뛰어난 사람이라도 혼자서성공하기는 어렵다.

나의 고민에 대하여 상담을 하고 싶어도 그 사람한테 피해가 될까봐 묻지 않았다. 직장에 상사가 되어 보니 부하직원이 물을 때 기분이 좋았다. 나에게 묻는 것은 그만큼 나를 인정해 준다는 생각이 들었다.

부하직원들이 부탁해 오면 부하직원의 고민에 대하여 해결하려고 최선을 다하게 되었다. 내가 모르는 부분은 자료를 찾거나 책을 찾아보고 아는 지인을 물어서라도 최선을 다해 해결해 주었던 기억이 있다.

왜 나는 고민을 상사에게 묻지 않았던가? 그 많은 시간을 혼자 고민하고 괴로워했던가?

지금 생각해도 후회가 많이 된다.

독서기본과정 강의 때 강사는 책속의 유명한 저자를 만나러 갈 때는 질문할 것을 50가지 이상 준비해 갔다고 한다. 질문내용을 보고 저자가 감탄을 하여 아직도 멘토 삼아 인생의 길잡이가 되고 있다고 한다.

그런데 지금은 책속에 있는 유명한 저자를 만나고 싶으면 자신이 알고 있는
인적 네트워크를 이용하면 의외로 쉽게 그 저자와 만날 수 있는 길이 있다고
한다.

유명한 저자 특강에 가도 되고, 세미나에 참석해도 된다. 그런 모임에 가주
가다보면 좋은 분들을 많이 만난다. 또 그분들이 알고 있는 좋은 분들과 네트
워크가 형성되어 멘토를 소개 받을 수도 있다.

우물안 개구리처럼 세상밖에 무엇이 있는지 혼자 고민하지 말고 세상 밖으
로 힘껏 뛰어 나와 보면 나를 도와줄 멘토들이 곳곳에서 기다리고 있는 것을
알게 될 것이다.

영과 육을 건강하게

필자는 키는 164cm이다. 키 크고 체격이 좋은 사람을 보면 부럽고 주눅이 든다.

"하늘에서 키를 재면 내가 제일 크다." 이런 말로 나를 위로한다. 세계의 유명인 나폴레옹, 칭기즈 칸, 마오쩌뚱 등 모두 키가 작다. 키는 살아가는데 문제가 되지 않는다. 그래도 키가 컸으면 좋겠다는 생각을 한다. 요즘 사람들은 자녀들의 키를 키우기 위해 관절 수술을 하기도 하고 약을 먹이기도 한다. 그리고 운동으로 농구와 줄넘기를 한다. 그러나 필자는 한참 성장할 시기인 초등학교, 중학교 시절에 키가 클 수 있는 운동은 고사하고 위에서 무거운 것으로 눌렀다. 그것이 바로 짐을 나르는 운반용 지게다.

학교를 마치면 봄부터 가을까지는 몸무게의 2배~3배가 되는 소꼴을 베어 지게에 가득 싫고 집에 오는 게 나의 일과 중 중요한 일이었다. 또한 겨울방학이면 겨울 동안 소죽을 끓이기 위하여 땔감을 해 오는게 나의 일이다. 해발 800m

이상을 올라가면 갈수록 땔감이 많이 있었다. 산에 산을 넘어야 되므로 한번갈 때 가능하면 많이 해 왔다.

내 몸무게의 수배에 달하는 땔감을 지고 내리막을 3시간 넘게 내려와야 집에 올수 가 있다. 무거운 짐을 지고 내려올 때 몇 번을 쉬고 온다. 땀은 비 오듯이 흘러내렸다.

키를 늘리는 농구를 해도 클까 말까 한데 아마 나의 키는 환경에서 자랄 수 없었을지도 모른다. 겨울방학이 거의 50일이 된다. 매일 한 짐씩 나무를 지게에 지고 와서 차곡차곡 나무를 재우면 50개의 나뭇짐이 쌓인다. 방학이 끝나갈 무렵이면 나뭇짐을 싸놓은 것을 보면 기분이 좋아졌다.

초등학교 3학년 때부터 중학교 3학년까지 방학동안 늘 이런 생활을 했다. 맑은 공기에 자동으로 운동이 되었으니 몸은 건강해졌다. 키는 크지 못했지만 하체 힘은 엄청 좋다. 나보다 덩치 크고, 키 큰 웬만한 사람과 씨름을 해서 져 본 적이 없다. 아침 일찍 일어나서 소꼴을 베어놓고 학교에 등교를 했기 때문에 습관이 되어 아침에는 일찍 일어났다. 고등학교 때도 자동으로 아침에 일찍이 일어났다. 별다른 할 일이 없어서 아침마다 운동장을 뛰었다. 기초체력은 튼튼해졌다.

초등학교 때 달리기는 늘 1등을 했다. 릴레이 선수로 뛰었고 운동회가 되면 어머께서 좋아하셨다. 1등을 하면 상품으로 노트를 받았다. 운동회 단거리, 장거리, 이어달리기 등 달리기로 받은 상품으로 1년 동안 노트를 사지 않아도 되었다.

지금 생각해 보니 별도로 운동을 하지 않아도 달리기를 잘한 것은 산에 땔감을 하느라 하체 근육이 단단했기 때문이라는 생각이 든다.

젊은 때의 건강이 평생을 간다는 말이 맞는 것 같다. 거의 일주일 내내 새벽

2~3시까지 술을 먹고 출근을 해도 별로 피곤하지 않고 견딜 수 있었던 것은 산에 땔감을 하러 다녔던 어린 시절의 신체단련의 결과가 아닐까 하는 생각이 든다. 얼마 전 건강검진을 받았다. 건강결과지를 들고 자랑스럽게 아내에게 내밀었다.

"아무 병도 없다고 하더라."

아내는 웃으며 얘기한다.

"대장에 그 흔한 용종도 하나 없나? 보험금 탈 수 있는 절호의 기회인데……."

얼마나 감사한 일인가? 돈보다 건강이 중요하다는 것은 말을 안 해도 다 아는 사실이다. 나이가 들어갈수록 근육도 떨어지고 예전 같지가 않다. 건강을 위하여 탁구 동호회에 가입하여 열심히 운동도 했다. 동호회는 좋은데 운동하고 나면 늘 술을 마시게 되어 오히려 건강에 걱정이 되었다.

술을 마시면서 스스로를 위로한다.

"운동을 안하고 술을 마시면 해로운데, 운동하고 술 마시면 본전이니 괜찮다고."

퇴직 5년이 남았다. 나이 40세가 넘어가면 유산소 운동보다 근력운동을 해야 한다고 한다. 꿈 리스트를 적던 중 60세에 보디빌더 대회에 나가는 꿈이 생겼다. 운동한지 2개월이 된다. 필자의 현재 모습을 사진을 찍어 놓았다. 5년 후 60세의 내가 바라는 모습을 현 보디빌더 선수의 몸에 나 사진을 합성하여 사진을 출력하여 수첩에 넣고 다닌다. 그리고 직원들에게 공유를 했다. 5년 후 대회에 참가할 내 모습을 공개했다. 공개 효과는 끌어당김 법칙에 의해 바라는 형상대로 가게 된다고 한다.

1주마다 사진을 찍어 변한 내 모습을 보지만 별 차이가 나지 않는다. 혼자서 근육을 키우기가 무척 힘이 들고 슬럼프에 빠지고 있다.

　오늘은 헬스장 다니는 직원들의 조언을 받았다. 매일 회사 체력단련실에서 30분 넘게 운동을 한다. 운동은 이를 닦는 것처럼 이미 습관이 되었다. 아침 8시 출근하여 자동적으로 회사 헬스장으로 간다. 땀을 흘리고 남들보다 한 가지를 더 하고 있다는 생각에 기분이 좋아진다. 운동 후 일을 시작하면 일의 효과가 두 배로 올라가는 것 같다.

　목표를 세워야 몸이 따라 간다. 5년 후 대회에 나오는 내 모습을 상상만 해도 뿌듯하다. 자신에게 맞는 운동을 습관처럼 지속적으로 하는 것이 필요하다.

　아내가 일본어를 배우고 싶어서 야간 대학에 입학을 했다. 어느 날 아내가 퇴근해서 집으로 왔다. 다음 주부터 교회에 가자고 한다. 웬 뜬금없는 교회냐고 물었다. 학교 교수님이 새 가족 반 행사에 초대했다고 한다,

　혼자 가라고 하니 창피하다고 꼭 같이 가자고 한다. 하는 수 없이 교회를 따라갔다. 집에서 30분 정도 차를 타고 가니 교회가 나왔다. 교회는 착한 사람이 가야되는데 나 같은 사람이 가도 되는지 의문이 들었다. 예전에 교회에 간 적도 있고 해서 큰 부담은 없었다. 예배 중 가슴이 뭉클한 것을 느꼈다. 예배를 마치니 안내하는 집사님이'새 가족반'이라는 곳으로 안내를 하고 교회에 등록신청서를 주었다.

　'새 가족반'은 새로 온 교인을 5주간 신앙교육을 받게 하는 프로그램이다. 예배시간 1시간도 지겨운데 새 가족 교육까지 받아야 되니 짜증이 났지만 왠지 고향집에 온 것 같은 푸근한 마음이 들었다.

　'새 가족반'에서는 왜 예수님은 십자가에 돌아가셨는지에 대하여 강의를 했다. 강사분이 전도사였는데 얼굴이 온화하고 푸근했다. 예수님을 믿으면 아내도 저런 얼굴이 될까? 아내가 변할 수만 있다면 열심히 다녀야겠다고 생각했

다. 새 가족반 5주를 무사히 마쳤다. 새 가족반을 수료하고 그때부터 아내는 나를 교회에 맡겨 놓고 더 이상 가지 않았다.

나도 교회를 가지 않으려고 했는데 당시 우리 구역 담당 집사님이 늘 주일 아침이면 나를 데리러 우리 집 앞으로 왔다. 어쩔 수 없이 교회에 가게 되었고 금요일 저녁이면 다락방이라는 소모임에 참석했다. 하지만 소모임에는 회사 행사로 늘 빠지는 경우가 많았고 가기가 싫어 핑계를 대기도 했다. 집사님은 늘 나를 소모임으로 인도하려고 무진 애를 썼다. 이 자리를 빌어 집사님에게 미안하고 감사하다는 말을 전한다. 교회를 다니면서도 예전과의 생활을 변함이 없었다. 늘 술로 세월을 보냈다. 회사 행사가 있으면 아침 첫 예배를 보고 행사에 갔다. 교회로 인하여 회사 행사에 빠진다고 욕먹기는 싫었다. 토요일 1박으로 놀러가도 새벽 일찍 일어나서 교회를 가기 위해 혼자서 집으로 오기도 했다. 주일날 교회는 꼭 가야될 것만 같았다. 그러지 않으면 하루종일 찜찜했다.

아내가 교회를 떠난 지 7년이 된 어느 날 가자기 이번 주에 교회에 갈 거라고 한다. 얼마나 기분이 좋은지 몰랐다. 아직도 신실한 크리스천이 아닌 무늬만 크리스천인 나인데 왜 그렇게 기분이 좋았는지 모른다.

혼자 교회에 갔을 때는 다른 부부가 함께 교회 오는 모습이 부럽기만 했다. 나도 아내와 함께 교회에 갔다. 얼마나 방황하며 생활했던 지난 시간이었던가. 설교를 듣는 도중에 아내는 한 번씩 눈물을 훔치는 것을 봤다. 나도 덩달아 눈물이 난다. 왜 눈물이 나는지도 모르겠다. 그리고 얼마 지나지 않아 아내가 세례를 받기 전에 받아야 하는 학습교육을 신청했다. 세례교육을 받고 세례를 받았다. 세례를 받는 날 아내는 어찌 그리 울던지…….

분명 나와 부부 싸움을 할 때 서러워서 우는 눈물은 아니었다. 참회의 눈물인지 모르겠다. 우리는 이렇게 교인이 되었다. 아직은 예수님을 잘 알지도 모른다. 아내도 나도 점점 하나씩 배워간다.

올해 1월부터는 닮고 싶은 신실한 크리스천인 국장님이 우리 국에 부임해 오셨다. 서기 때 같이 근무한 상사이기도 하다. 그때는 계장으로 모셨다. 그때와 지금은 확연히 다르다. 술을 많이 마시고 집을 못 찾아 파출소로 아내가 찾으러 오곤 했던 기억이 난다. 그러던 국장님이 지금은 매년 여름이면 10일간 해외로 단기선교를 간다. 올해도 함께 가자고 했는데 여건상 함께 가지는 못하고 국장님 혼자 다녀왔다.

국장님이 있을 때 좀 더 신앙이 깊어지면 좋겠다. 매주 화요일은 우리 국 직장선교회로 모여서 성경공부와 교제를 나눈다.

7월1일이면 인사이동이 있다. 전년 12월이 전보가 있을 예정이었는데 발령이 나지 않았다. 필자가 근무하는 우체국에 3년 이상이 있어 옮겨야 되고 옮기고 싶었다.

특히, 우리국의 매출을 크게 기여했던 택배업체가 민간으로 이탈된 상태였다. 12월말이면 경영평가 점수가 좋지 않을게 뻔하다. 그러면 나의 연봉평가에도 불이익이 미친다. 내가 원하면 우체국을 분명히 이동할 수 가 있었지만 본청 인사담당과장에게 부탁하여 인사발령이 나지 않도록 부탁을 했다.

연말이면 퇴직을 하는 국장님을 마지막으로 보필하고 싶었고 무엇보다도 신앙을 전수 받고 싶은 생각에서이다.

점점 신앙이 성장하는 것 같아 기분이 좋다. 아침 4시에 기상하면 성경통독 단톡방에 들어가서 성경을 3~4장 읽는다. 그리고 QT(Quiet Time)묵상을 하고 하루 일과를 시작한다. 하루 일과를 마치고 나면 취침 전에 감사 일기를 쓴다.

감사할 일이 없는 경우에도 '그럼에도 불구하고~' 수식어를 부치면서 감사한다. 감사 일기를 쓰다 보면 감사할 일이 억지로 생긴다. 얼마 전 퇴직한 지원과장님은 매일 아침 108배를 한다고 했다. 108배하면서 건강이 무척 좋아졌다고 한다. 수십 년 108배를 해 와서 그런지 얼굴을 보면 윤기가 흐르고 실제 나이보다 10살은 어려 보인다. 내가 아는 선배도 108배를 하는데 108배를 하다 보면 방석이 자꾸 다른 곳으로 가고 해서 방석을 나무랐는데 나중 보니 방석은 가만히 있는데 자신이 다른 곳으로 움직였다는 사실을 알고 늘 남의 탓만 하는 자기를 반성하게 되었다고 했다.

육체적으로 아무리 잘 먹고 운동을 열심히 해도 건강하다고 할 수 없다. 우리 몸은 영과 육으로 구성되어 있기 때문이다.

아침 일찍 조용히 QT(Quiet Time)로 하루를 시작하고, 감사 일기로 하루를 마무리하고, 운동 시간을 정해 습관처럼 운동을 하고, 헬스대회를 목표로 조금씩 몸을 만들어 간다. 만취되어 새벽에 우유하고, 신문하고 함께 퇴근하던 나의 예전 모습과는 확연히 다르다.

마치는 글

입사하면 초창기는 아무것도 모르고 앞만 보고 달린다. 회사의 방침이나 상사들의 지시에 따라 정신없이 뛴다. 어디로 가고 있는지 생각할 겨를이 없다.

차츰 주임이 되고 팀장이 되면 회사 일에 어느 정도 익숙해진다. 자신의 생각대로 일을 하게 되고 기존에 해 왔던 일에 대하여 자신만의 노하우를 적용하여 성취감을 맛보기도 하고 일이 제대로 잘 되지 않아 좌절을 하기도 한다.

책임자로 승진하게 되면 업무량은 줄어드는 대신에 성과를 창출해야하는 책임이 따르기 때문에 정신적인 부담감이 생긴다. 바쁜 회사생활 속에서도 자신을 현재 위치를 생각하고 끊임없이 자신의 가치를 높이기 위하여 노력해야 한다.

성과를 낸 사람들의 공통점은 매일 30분 이상 책을 읽고 자신의 수입의 3~10%를 자기계발을 위하여 쓴다고 한다. 요즘 사내 사업독려 문서를 보면 수십 년 전에 하던 일과 특별히 다른 게 없다.

앞 사람이 했던 것을 보고 답습하기 때문이다. 직장에 취직하거나 공무원에 임용되고 나면 공부에 손을 놓는다. 특히 공무원들은 더 그런 것 같다. 필자는 공무원으로 임용된 후 책을 10권도 읽지 않았다.

자신의 전문분야에 관한 책을 150권 읽으면 전문가가 되고, 250권을 읽으면 전국적인 전문가, 350권을 읽으면 세계적인 전문가가 된다고 한다.

사람은 생각의 크기만큼 삶을 살아가게 된다. 더 큰 생각을 갖게 하려면 자신의 분야에 관련된 책을 읽고 끊임없이 자신업무를 개선하고 창의적으로 일을 해야 성과를 높일 수 있다.

책을 읽으면 좋다는 것은 누구나 알지만, 우리나라 월평균 독서량은 0.8권에 지나지 않는다고 한다. 하루 30분~1시간 책을 읽으면 일주일에 1권, 1년에 50권의 책을 읽을 수 있다. 새로운 공기를 마시면 정신이 맑아지듯이 책을 읽으면 영혼이 맑아지고 새로운 아이디어가 솟아난다.

책 읽는 것을 제대로 배우고 전파하기 위하여 300만 원을 투자하여 '독서과정'을 마치고 최근 독서모임을 만들어 6회째 운영하고 있다. 필자가 생각해도 독서모임을 한다는 것은 기적이다. 술이 취미였던 필자가 독서를 한다고 하니 지인들은 믿지 않는 눈치다.

"50대를 변화시키려면 달리는 자동차에 타이어를 바꾸는 것만큼 힘들다고 한다." 50대 중반인 내가 변한 걸 보면 기적에 가깝다. 사람은 좀처럼 변하지 않는다. 현실로 돌아가려는 적응력이 강해서다. 변화하려면 책을 읽는 방법이 좋은 것 같다.

독서모임을 운영하고 다른 독서모임에 참여해 보면 부부관계가 회복되고 자녀들과 소통하게 되며, 직장에서 사업이 잘된다는 간증을 많이 듣는다. 더욱 더 독서모임을 활성화 시켜야 되겠다고 다짐한다. 필자도 부부관계가 '원수에서 친구'로 바뀌었고 가정이 점차 회복되고 있다. 퇴직 후에라도 후배들에게 독서방법을 전하고 부산시내 동단위 205개를 목표로 열심히 독서모임을 운영하고 배우고 있다. 죽을 때까지 독서모임을 통하여 이웃에게 선한영향력을 끼치고 싶다.

아무런 준비 없이 결혼을 하고 아들이 태어났다. 가정은 등한시한 채 일에만 몰두했다. 자녀들은 성장 시기마다 부모들의 역할이 있다. 그 시기를 놓치면 영영 다시 돌아오지 않는다.

자녀의 성장 시기에는 끊임없이 자녀가 무엇을 생각하고 있는지, 무엇을 좋아하는지 관찰하고 재능을 키워줄 수 있도록 지원하는 게 필요하다. 성경에 '또 부모들아 자녀를 노엽게 하지 말라. 오직 주의 교훈과 훈계로 양육하라'고 기록되어 있다. 자녀는 부모의 소유가 아니다. 우리가 잠시 맡은 기업이다. 그 기업이 성장할 수 있도록 거름과 비료를 주며 꿈을 키워 주어야 한다.

모든 사회문제는 가정에서 출발하고 해결책도 가정에 있다. 가정이 무너지면 사회가 무너진다.

'살인자의 기억법'이란 영화를 봤다. 주인공이 17세의 어린 나이에 아버지의 폭행에 못 이겨 아버지를 죽이게 되고 평생 살인자로 살아가는 불행한 삶을 보면서 가정의 소중함을 다시 한 번 깨달았다. 가정이 바로서야 한다. 가정의 중심에는 아버지가 있다. 아버지는 가정의 기둥이다. 아내를 사랑하고 자녀를 잘 성장하게 하는 것이 출발점이다. 가정이 모여서 사회구성원이 되고 국가가 되기 때문이다. '수신제가 치국평천하'란 단어를 좋아하게 되었다. 내가 그렇게 살지 못해서 안타까웠기 때문인지 모른다. 독서모임과 병행하여 가정을 지키는 일을 평생 이어가고 싶다.

지난 30여 년 공직 생활을 되돌아보면 자기계발을 위하여 돈을 쓴 적이 거의 없다. 앞날에 대하여 생각해 본적은 있지만 구체적으로 심각하게 고민해 보지 못했다.

'남이 하자는 대로 하고 남한테 보이기 위한 삶'에 끊임없이 자신을 채찍질하며 살아왔다. '집 - 회사 - 술집 - 집'이 생활의 전부였다. 회사 울타리에서 우물 안 개구리처럼 살아왔다. 정해진 틀에 맞추어 주변의 '눈치'를 보면서 살았다. 자신이라는 존재는 없고 틀에 맞추어진 상자 안에 나를 억지로 끌어 넣으려고 했다. 가정과 회사, 모두 실패작이다. 퇴직이 눈 앞에 둔 지금에야 후회가 된다. 하지만 돌아갈 수 없는 시간이다.

우리가 사는 삶은 하나의 점이다. 점들이 이어져 선이 된다.

하나의 점을 잘 만들어야 멋진 선들이 이어진다. 점을 만들기 위해 '단 1초라도 생각해 본 적이 있는가? 나의 존재는 이 지구상에 유일하다. 행복해지기 위해서는 나를 존중하고 사랑하지 않으면 안 된다. 삶의 방향을 설정해야 된다. 삶의 목표가 없으면 목표를 세워라. 그리고 우선순위를 정하고 기회가 있을 때마다 자신의 값어치를 높이기 위해 끊임없이 노력하라. 그러다 보면 자신의 주위에 긍정적인 사람들로 가득 채워질 것이다.

내 삶에 대해 생각하고 깨닫는데 55년이란 세월이 흘렀다.

최근 6개월의 생활이 '32년이란 긴 공무원 생활'의 삶보다 알차고 행복하다.

세월을 낭비하고 살기에는 인생이 너무 짧다.

유명한 영국의 극작가 조지 버나드 쇼(1856~1950)의 묘비에 새겨진 말이다.

"우물쭈물하다가 내 이럴 줄 알았다.(I knew if I stayed around long enough, something like this would happen.)"

필자가 죽으면 묘비명에 이렇게 기록될 뻔했다. "평생 주관도 없이 술만 마시고, 가정은 돌보지 않던 놈이 병들어 여기 잠들다." 새로운 묘비명을 개선하려고 노력하고 있다.

40년 동안 마셔온 술을 끊고 꿈을 가지고 살아가고 있다. 꿈을 이루기 위한 구체적인 목표관리는 물론, 타인에게도 선한 영향력을 끼칠 수 있도록 투자와 공부를 한다.

끝으로 목적 없이 살아온 내 삶의 터닝포인트가 되게 해준 나의 멘토인 『3P 자기경영연구소』 강규형 대표님에게 깊은 감사를 드리며, 책을 쓸 수 있도록 용기를 준 자이언트스쿨의 이은대 작가님과 옆에서 물심양면으로 도와준 아내에게 감사드린다. 특히, 서툴고 거친 글을 끝까지 읽어주신 독자 여러분에게 머리 숙여 감사드린다.